O
ANARQUISTA
SOLITÁRIO

WILSON
ALVES-BEZERRA

O
ANARQUISTA
SOLITÁRIO

UMA BIOGRAFIA DE **HORACIO QUIROGA**

ILUMINURAS

Copyright © 2024
Wilson Alves-Bezerra

Copyright © 2024 desta edição
Editora Iluminuras Ltda.

Capa e projeto gráfico
Eder Cardoso / Iluminuras

Imagem da capa
Horacio Quiroga em sua oficina. San Ignacio, Misiones — Argentina. Fotógrafo desconhecido.

Preparação de texto
Patrícia de Oliveira Leme

Revisão
Eduardo Hube

Este livro segue as novas regras do Acordo Ortográfico da Língua Portuguesa.

CIP-BRASIL. CATALOGAÇÃO NA PUBLICAÇÃO
SINDICATO NACIONAL DOS EDITORES DE LIVROS, RJ
A477a

    Alves-Bezerra, Wilson, 1977-
       O anarquista solitário : uma biografia de Horacio Quiroga / Wilson Alves-Bezerra. - 1. ed. - São Paulo : Iluminuras, 2024.
       256 p. ; 23 cm.

       Inclui bibliografia
       ISBN 978-65-5519-195-0

       1. Quiroga, Horacio, 1878-1937. 2. Escritores uruguaios - Biografia. I. Título.
24-92511   CDD: 928.6
              CDU: 821.134.2(899.27)

Gabriela Faray Ferreira Lopes - Bibliotecária - CRB-7/6643

2024
Editora Iluminuras Ltda.
Rua Salvador Corrêa, 119 - 04109-070, Aclimação - São Paulo/SP - Brasil
Tel./ Fax: 55 11 3031-6161
iluminuras@iluminuras.com.br
www.iluminuras.com.br

ÍNDICE

O velho anarquista revisitado

Era no fim de fevereiro de 1937 e o escritor comunista uruguaio Elías Castelnuovo, que há anos vivia em Buenos Aires, recebeu uma encomenda: escrever para a revista *Claridad* o artigo de capa em homenagem ao recém-falecido contista uruguaio Horacio Quiroga.

Castelnuovo não tinha muito a dizer sobre a obra do morto. Nunca foi seu admirador, nunca foi seu leitor, nunca foram amigos, nunca foi crítico literário e suas aproximações foram poucas e circunstanciais. Nos cinco meses em que Horacio esteve internado no Hospital das Clínicas, não esteve lá uma única vez.

Claro, se lembrava de quando, sete anos antes, militante comunista, tentou convencer Quiroga de que ele tinha que conhecer a União Soviética. Os tempos andavam difíceis: na Argentina tinha acontecido o golpe militar e o General Uriburu

Capa da revista *Claridad*, edição de março de 1937.

tomara o poder, empastelando o jornal *Crítica*. O Uruguai também ia de mal a pior. Era a hora de escritores populares como Quiroga devolverem à sociedade, de modo sistemático, algo do que tinham sempre recebido dela. Conhecer a realidade soviética e voltar para divulgar seus princípios era o mínimo que ele tinha que fazer. Daquela vez, ingênuo, pensou: Quiroga tinha consciência social, não ia recusar o convite.

O que recebeu como resposta: um muxoxo ou nem isso. Ele disse que não iria, que não podia ir, que não ia simular um sentimento que não era o seu. Se Buenos Aires já o asfixiava, não ia ser no leste europeu que ele poderia respirar os ares de que necessitava. Castelnuovo nunca esqueceu aquela insolência.

Horacio Quiroga tampouco. Para ele, já era tempo de sair de Buenos Aires, voltar à selva que tantas vezes o acolhera, ao povoado de San Ignacio, no pobre e inóspito Norte argentino, onde o guarani era ouvido pelas ruas de terra, os peões indígenas eram explorados como se não houvesse o Estado e Horacio se deixava estar na sua casa de pedra, construída no alto de uma meseta com vista para o Rio Paraná, plantando um pouco de cana e um pouco de erva-mate. Era a sua selva, onde se sentia livre. Desde que tivesse um amor, papel para escrever, terra para semear plantas que o bom senso dizia não vingar naquela meseta cheia de basalto, com um sol duro, acima de quarenta graus no verão, e com temperaturas perto de zero e geadas nos invernos mais rigorosos. Mas ainda assim ele plantava tudo quanto houvesse de mais improvável: ananás brasileiros, orquídeas, ginkgo biloba. Fazer nascer o que fosse no solo infértil. Essa sim era sua profissão de fé. Não esperava mesmo que Castelnuovo entendesse sua recusa. Anos depois, escreveu uma carta ao amigo Estrada: "um solitário e valoroso anarquista não pode escrever para a conta de Stalin e Cia", arrematando, logo em seguida, "Castelnuovo é um bom rapaz, mas é tonto como o quê".[1]

Tonto ou sagaz, Castelnuovo tinha, é certo, algum respeito por Horacio. Uma obra como a dele não se construía todo dia, mas... Enfim, não ia ser difícil escrever sobre ele um belo obituário, ainda mais agora que ele andava meio fora de moda, esquecido, depois de ter dado as costas à capital e se enfiado no meio das cobras, na beira do rio Paraná. Era a chance de revelar novas facetas do escritor, cumprir com seu dever histórico e começar a promover o julgamento pelo qual cada homem deve passar: pessoal, político, moral.

Enquanto caminhava pela rua, naquela tarde de sol, pensava como ia fazer o artigo. Um perfil pessoal, político e ideológico. A reflexão que os leitores precisam. A recusa de seis anos antes — isso! — era a partir dela que ia construir o texto. Afinal, como é que um escritor que conheceu de perto a exploração dos capitalistas sobre os peões madeireiros nas barrancas do Rio Paraná podia ser tão resistente à causa do socialismo?

Não topava com a resposta. A única coisa que sabia de Quiroga eram histórias de família, contadas por um parente da outra banda do Rio da Prata que agora vivia em Buenos Aires. Umas histórias de arrepiar. Mas da boca de Horacio nunca ouvira nada. Também ele falava tão pouco. Quantas vezes não tentou chegar perto e tomou logo um fora? Quiroga fora seu fracasso. O escritor com maior potencial revolucionário e no entanto, limitou-se a uma espécie de gênio atormentado. Uma pena.

Cercado pelos pensamentos vagabundos que o assolavam, se sentou para finalmente escrever o artigo. O primeiro retrato póstumo do escritor, para ser publicado na maior revista de esquerda do país, ia vir da sua máquina de escrever. O perfil era assim: "Horacio Quiroga era um homem adusto, pontiagudo, arisco. A seu lado, tinha-se a impressão sempre de estar diante de uma planta selvagem, enredada, espinhosa, que era preciso contemplar sem se aproximar muito, para não se espetar."[2] Ficou satisfeito, seguiu:

"Compreendi que Quiroga era assim. Pouco expansivo, reservado, arisco, solitário. Compreendi de pronto que cada um é como é e não como se quer que seja. Desde esse dia fui amigo dele sem desrespeitar, no entanto, a distância que seu modo de ser me impunha. Por isso, repito, agora que estou diante de seu cadáver não me atrevo a deixar cair uma lágrima sobre seu rosto nem a lhe dar um beijo na fronte. A deixar de modo algum ante minha consciência qualquer sinal de despedida."[3]

Isso. A cada linha que avançava era como se ele se redimisse da relação falhada. Aquele homem incompreensível para ele ia se tornando, no papel logo liberado do cilindro da máquina de escrever, finalmente seu. Podia na página moldá-lo e tocá-lo como antes sempre houvera sido impossível. Mas queria mais. Dizer o que não fora dito em público, escrever as histórias ouvidas da boca da família. Mostrar a todos as razões daquele homem arisco. O germe da conversão de Horacio Quiroga em seu personagem trágico. Quiroga era todo seu e todos conheceriam a verdade:

"Ninguém conhecia a tragédia de sua vida. Porque a vida de Horacio Quiroga começou e terminou tragicamente. Quando tinha seis meses, segundo me contou um primo irmão primo-irmão seu, Jorge R. Forteza, cujo testemunho evoco, enquanto a mãe o amamentava, um dia, trouxeram-lhe o pai morto com três tiros de espingarda. Aos doze anos, o padrasto, que foi o único pai que o garoto conheceu, sofreu um ataque de amnésia e se esqueceu de tudo: da palavra, da escrita e do caminhar. Horacio Quiroga, que sentia por ele um grande afeto, começou a ensinar tudo a ele, desde o princípio. Quando conseguiu restituí-lo à vida normal, outro dia, em sua presença, o padrasto se suicidou. Já moço, foi o padrinho de um duelo no qual participava o seu melhor amigo, e enquanto inspecionava as armas, outro dia, escapou-lhe um tiro e o matou. Finalmente, casou-se com uma mulher que também se suicidou na presença dele. Sem contar o final, o próprio suicídio, temos a história de quatro acontecimentos singularmente trágicos."[4]

Pronto, agora todos teriam diante de si seu perfil. Já tinha o retrato trágico, mas era preciso ainda falar do homem alienado. A dor improdutiva, a insistência árida de querer ir a Misiones ao invés de ir à União Soviética. Voltar-se sobre seus passos para desfazer o que chamara de a tragédia do escritor e projetá-la na tela fria da ideologia. Afinal, todos têm problemas pessoais, mas por que não dar de si um quinhão ao outro? Voltou à carga:

"O escritor que luta pela emancipação de uma classe sabe que a tragédia não está na constituição da vida humana, mas na constituição da sociedade.

E que o punhal não é manejado pela musa da poesia, mas pela musa da economia. Sabe que todos os conflitos, os mais graves — a revolução, a guerra, a crise — não reconhecem em sua base nada além disso. Se sofrer, saber que não sofre por sua culpa, mas por culpa da sociedade que o adoece e que o oprime ou que o explora e o envenena. E sabe que sua dor é um zero à esquerda se não se somar à dor dos demais, e ao invés de se pôr a bulir em suas próprias chagas, vai bulir nas chagas da sociedade. E ao invés de se conformar com sua dor, vai contribuir com sua experiência e com sua ação para criar outra sociedade na qual não sejam possíveis nem a dor nem a tragédia."[5]

Sim, agora sim. De que adiantou escrever aqueles contos, que tantos gostariam de ter escrito? Talvez eu desse meu braço esquerdo para ser o autor de "Os desterrados", "Os precursores" e "Os pescadores de toras". Mas de que valem essas páginas, se nada foi revertido à causa do homem que sofre? De agora em diante, ninguém vai supervalorizar a obra dele. Vão pensar não no que ele fez, mas no que ele poderia ter feito por nós. Horacio Quiroga está longe de ser o modelo de escritor de que nós precisamos. Quanta tinta desperdiçada em folhetins para a sociedade burguesa, quanto idílio amoroso a serviço da alienação... O velho conto do amor. Tanto talento desperdiçado. Vamos terminar logo com isso:

"Apesar disso tudo, eu penso em sua tragédia. Não penso em sua literatura. Penso em tudo o que aconteceu e sinto horror. Horror por sua vida e horror por sua morte."[6]

Pronto. Tudo estava dito. Sentiu-se satisfeito. Estava escrito. Era sem dúvida o melhor artigo sobre Horacio Quiroga, o mais refletido, o mais ousado. O texto estamparia a próxima edição da revista *Claridad*. Agora todos pensariam duas vezes ao ler um texto de Quiroga, e pensariam na história que ele, Elías Castelnuovo, contou. Recolheu as folhas ao lado da máquina e dirigiu-se à rua San José, para entregar o texto.

Motorista de madame

A pouco menos de cinco quilômetros dali, num pequeno quarto de um luxuoso casarão de três andares e 24 sacadas, na esquina das ruas Viamonte e Florida, onde funcionava redação da revista *Sur*, acontecia uma reunião da revista. Era a hora de acertarem os detalhes para encerrar a edição de fevereiro da revista, já quase pronta. Estavam reunidos Eduardo Mallea, Jorge Luis Borges, Adolfo Bioy Casares e Ramona Victoria Epifanía Rufina Ocampo Aguirre, ou simplesmente Victoria Ocampo, descendente direta de

Lope de Aguirre, o colonizador, sim, ela, fina flor da aristocracia portenha, dona e senhora da redação de *Sur*.

Victoria não sentia nenhum afeto ou interesse por Horacio Quiroga. Seu olhar não o alcançava, por assim dizer. *Sur* era para ela a revista de elite cultural, da qual, segundo seu conceito, o uruguaio barbudo não fazia parte. Tal como acontecera em *Claridad*, Quiroga também nunca havia publicado uma linha sequer em *Sur*. Por outro lado, era impossível ignorar sua morte: ele era famoso, publicava naquela cidade há quase quarenta anos, centenas de contos, de artigos, de críticas de cinema, folhetins... havia contos seus traduzidos na Europa, nos Estados Unidos, não era possível ficar em silêncio.

Os outros membros da direção da revista pensavam o mesmo, ainda que torcessem o nariz para o morto. Jorge Luis Borges sempre aproveitava as oportunidades para fazer pouco de Quiroga, a quem chamava de superstição uruguaia: popular demais, vulgar demais, que até ousara emular — *imitar mal*, nas palavras de Georgie — os contos que Kipling escrevera melhor. Adolfo Bioy Casares, o cunhado de Victoria Ocampo e então ainda um escritor em início de carreira, passaria toda a vida achando que quem admirava Quiroga era irrecuperável. Eduardo Mallea, romancista e editor do caderno cultural do jornal *La Nación* há seis anos, entendia que aquela morte era incontornável.

Lançaram mão então de Ezequiel Martínez Estrada, funcionário público dos correios, escritor pelo qual tampouco nutriam afeto. O aclamado autor de *Radiografia da Pampa* era amigo de Horacio. Sabia-se que ao longo dos últimos dois anos havia sido próximo dele, já doente na selva missioneira antes de se decidir vir tratar-se dos incômodos de sua próstata em Buenos Aires. Coube a ele dizer as mais efusivas palavras no seu funeral. Caberia também a ele homenagear Quiroga nas páginas da revista *Sur*. Ainda melhor, decidiram reproduzir o discurso que fizera, o que permitiria que o texto fosse publicado ainda naquela edição, sem apressamentos.

Publicado nas páginas finais daquele número da *Sur*, antes de ser uma homenagem, o artigo era uma concessão. Antecedido por uma nota editorial que, por mais que quisesse ser impessoal e discreta, terminava sendo enfática ao explicitar aos leitores que aquele não era o lugar dele. O mineiro só é solidário no câncer, parece nos repetir Nelson Rodrigues do fundo dos tempos. Naquela lacônica nota final, embora não sejam descritas, as diferenças estéticas são ressaltadas: "Um critério diferente da arte de escrever e do caráter geral das preocupações que acreditamos imprescindíveis em tal arte nos separavam do excelente contista que acaba de morrer em um hospital de Buenos Aires. Como testemunho de respeito à sua memória, em um país no qual apenas se atrever a ter ideias e ousar expressá-las em termos de beleza pressupõe heroísmo, transcrevemos hoje estas palavras pronunciadas por Ezequiel Martínez Estrada diante do corpo de Horacio Quiroga."[7]

Se as diferenças entre o grupo de *Sur* e Martínez Estrada eram grandes, entre eles e Horacio Quiroga eram já abissais. A popularidade do uruguaio, tido como rude e arisco, feria a afetação da elite local, identificada ao imaginário do velho mundo. Horacio, parecia-lhes, nada tinha a oferecer: era demasiado brutal para o ideal europeísta do corpo diretivo da revista. Se fosse para falar de feras selvagens, que fossem as da Ásia ou de outras terras distantes, não as do Norte argentino, como fazia ele. Quanto à literatura fantástica, já se sentiam saciados com a de Maupassant, Poe e os locais José Bianco e Santiago Dabove. O barbudo uruguaio, para eles, sobrava.

Horacio, por sua vez, tampouco nutrira qualquer simpatia por aquele grupo, não eram do seu mundo. Já ironizara Victoria num conto antigo, do tempo em que morava em Buenos Aires chamado "O motorista dela", publicado mais de uma década antes, em 1925.[8] Era sabido que a família Ocampo educava suas filhas com preceptoras inglesas e francesas, para que as meninas aprendessem a falar, ler e escrever naqueles idiomas antes do espanhol. Victoria queixava-se com frequência, já adulta, de suas dificuldades para se expressar por escrito na língua de seu país natal. Dizia sentir-se mais à vontade escrevendo em francês, e era naquele idioma que escrevia parte importante da sua correspondência pessoal, inclusive com amigas argentinas, como Delfina Bunge.

Horacio não lhe perdoava a afetação. Em "O motorista dela" cria uma história impagável: duas jovens irmãs, da alta sociedade, divertem-se discutindo arte e cultura em francês na frente dos empregados, aquela turba inculta. Não poucos leitores, contemporâneos e futuros, entenderam a alusão a Victoria e a alguma de suas irmãs.

No conto, um dia, o motorista particular das garotas provocativamente cita Proust em francês enquanto elas conversavam com as amigas. Eram o tipo de mulher, diz o motorista, que só tem olhos para seus iguais ou seus subalternos. Gente que se compraz de sua posição socioeconômica e que goza com ela: "Mas não basta ser motorista de uma garota mundana para despertar o interesse dela. É preciso ter o mistério da contradição entre o ofício e o homem, do mesmo modo que os menininhos burgueses conseguem tornar sua conversa interessante fazendo se passar por revolucionários. (...) Uma sacudida literária, o terrível alvoroço de ter a seu serviço um universitário — humilhá-lo um pouco e paquerá-lo outro pouco — parecia-me o mais eficaz dentro do gênero."[9] É assim que o personagem produz um curto-circuito na cabeça da patroa, seduzindo-a.

É bem pouco provável que Victoria Ocampo tenha acusado o golpe ou mesmo se inteirado do conto. Ela era figura muito mais dada a se encantar do que a se decepcionar. Na sua lista de encantos estão Virginia Woolf, Le Corbusier, Drieu La Rochelle, Ortega y Gasset. Horacio Quiroga, definitivamente, não. Seu nome sequer é mencionado nos seus caudalosos livros de memórias, publicados em diversos volumes. Mas os destinos de Horacio Quiroga e Victoria Ocampo, enfim, tinham esbarrado naquele espaço incomodamente cedido, nas páginas finais da revista da elite portenha. Ficaram para os leitores as palavras de Ezequiel Martínez Estrada, aprendidas de Horacio: "Ele nos ensinou que o sangue é a melhor tinta."[10]

Um corpo em disputa

A fumaça das chamas do corpo recém-cremado de Horacio ia alto, seu verbo se separava de sua carne. Restava o escrito — publicado ou guardado —, mas restavam também o lembrado e o inventado com essa lembrança. Ezequiel Martínez Estrada e Elías Castelnuovo construíam a memória daquele a quem ninguém mais veria vagando por Buenos Aires, San Ignacio ou por sua Salto natal. E "o cheiro das palavras sobre o corpo",[11] esse não se dissipava jamais, seja por aqueles que conviveram com ele, seja por como esse cheiro seria evocado, narrado, descrito, por tanta gente a partir de então.

Quem teria afinal a autoridade para falar daquele homem que amealhou para si reações finais tão apaixonadas quando já não estava presente para interceder no debate? Quem era aquele que fizera jus aos dois atípicos obituários?

Ser o anarquista solitário tinha o preço de haver poucos dispostos a defendê-lo. Castelnuovo o dissera e as fotos publicadas nos jornais confirmavam que havia pouca gente no funeral de um escritor que tanta fama tivera ao longo da vida. Se seu talento e sua força sempre o permitiram, ao longo de sua trajetória, ocupar os espaços públicos, de publicações as mais diversas, ao longo das três últimas décadas, naquele início de ano de 1937, e nos tempos que antecederam sua morte, Horacio, mais do que um escritor, era um homem prematuramente cansado, envelhecido e esquecido.

O primeiro desagravo argentino veio apenas no ano seguinte, de modo curioso e imprevisto. No Congresso Argentino, o senador Alfredo Palacios, do Partido Socialista, fazia um discurso que reunia os recém-desaparecidos Horacio Quiroga e Alfonsina Storni a um terceiro homem, tão diferente deles em tantos sentidos, mas de convivência próxima em alguns momentos-chave: Leopoldo Lugones. Dos três escritores suicidas, dizia, o senador, o seguinte:

"Em dois anos, desertaram da existência três de nossos grandes espíritos, cada um dos quais bastaria para dar glória a todo um país: Leopoldo Lugones, Horacio Quiroga e Alfonsina Storni. Algo vai mal na vida de uma nação quando, ao invés de cantá-la, os poetas partem, com um gesto de amargura e desdém, em meio a uma glacial indiferença do Estado."[12]

O ano era 1938, e os poetas e escritores entregavam-se à morte e sofriam com singulares necrológios. A quem pertence uma vida, uma obra? Quem constrói a memória dos que já não estão?

CAPÍTULO 2

A chuva se transforma em dilúvio e o vento em furacão — fazer-se escritor

O jovem Horacio em sua bicicleta, anos 1890.

Às margens do Rio Uruguai fica a cidade de Salto, no extremo oeste uruguaio. Do outro lado do rio, Concórdia. Até hoje Salto é a segunda maior cidade do país. Lá nascera Horacio, o quarto filho da uruguaia Pastora Forteza e do argentino Prudencio Quiroga. O garoto se deixava seduzir desde a infância pelo movimento, pelo funcionamento das coisas, pelas ciências e pela poesia.

É aos dezenove anos de idade que o encontramos, pequeno, musculoso, em busca de aventuras e tomado de um desejo pioneiro: em parceria com seu amigo Carlos Berutti, do Clube Ciclista de Salto queria atravessar de bicicleta os 120 quilômetros que separam as cidades de Salto e Paysandú. Iam de bicicleta, engenhoca inventada há pouco mais de trinta anos e de tecnologia ainda rudimentar.

Era um veículo ao qual bem poucos tinham acesso: Horacio, filho de diplomata, era dos mais abastados entre seus amigos. O trajeto escolhido, entre a cidade que morava e a grande cidade mais próxima, tinha o atrativo de ser feito por uma estrada mais ou menos próxima ao leito do Rio Uruguai, sempre ao sul.

Viajar, porém, não basta. Mais do que vencer a rota de bicicleta, era preciso dar ao acontecimento um caráter épico. Não queriam apenas fazer, queriam contar o que fizeram. Dar à estampa, dar à luz, publicar! Assim, no *continuum* entre o desejo da aventura e o do relato nasceu "Para os ciclistas",[13] a crônica da trilha desbravada ao longo de dois dias por terrenos lamacentos, charcos e chuvas torrenciais da primavera uruguaia. O texto apareceu no dia 3 de dezembro de 1897, assinado por "Dois ciclistas". Foi o primeiro texto publicado de Horacio. Talvez tenha sido sua estreia como escritor. Quando é que se é escritor realmente?

O editor encarregado de publicar a façanha foi um rapaz ainda mais jovem que Horacio, Alfredo Lagos (1880-1926), o responsável pelo recém-surgido jornal *La Reforma*, que "saía de tarde, era noticioso, comercial e de interesse geral",[14] ou seja, um jornal sem grandes atrativos, que mais diz sobre o momento de florescimento da imprensa da América do Sul, com pequenos veículos de caráter comercial e tocados por jovens, do que qualquer outra coisa.

Montar na bicicleta e depois galopar a caneta no caderninho. Atravessar os charcos da vizinhança e depois relatar como se tivesse cruzado mares bravios. Amplificar as dificuldades sentidas pela primeira vez e contá-las como se fossem as maiores que um ser humano sobre o planeta já enfrentou. A travessia de bicicleta era outra coisa. Robert Louis Stevenson vibrava na ponta da caneta de Horacio. Os mares se abriam, as aventuras eram possíveis, e era possível contá-las.

À maneira de um diário de bordo, "Para os ciclistas" é sintético e descritivo. Lembra as notas de viajantes desbravadores, mas, ao mesmo tempo, mostra aos leitores que também eles podem realizar aquele mesmo trajeto: "Em resumo: com tempo seco e sem vento algum de frente, a viagem é bem factível."[15] Mas assim como a travessia de bicicleta não quer ser apenas uma travessia de bicicleta, mas experiência libertadora, também o artigo não quer ser apenas artigo, mas um relato de aventura com desejo de literatura. É assim que, na caneta inexperiente de Horacio, "a chuva se transforma em dilúvio, e o vento, em furacão".[16] Alguma coisa nascia para além da piora do clima, alguma coisa se magnificava.

A primeira viagem e o primeiro artigo e os primeiros traços de um estilo. Aquilo que se espraia no branco da página, meio ao azar, meio inadvertidamente, não era o que Horacio imaginava para si.

Ele tinha seus clubes secretos, com os amigos de Salto: primeiro Os Mosqueteiros, depois o Consistório da Gaia Ciência. Neles, todas as experiências literárias eram com a poesia, com a livre associação, com as estéticas em voga na época: os garotos queriam ser mosqueteiros, cavaleiros, poetas, não um novo Stevenson. Mas não importava, era tempo de experimentar. E Horacio ficou orgulhoso do seu artigo a quatro mãos, sob pseudônimo.

Assim, a estreia foi uma surpresa para o próprio Horacio. Naquelas páginas diárias, solares, impressas, do *La Reforma,* e não nas páginas poéticas, noturnas, manuscritas, dos cadernos da juventude, foi que Horacio se acomodou pela primeira vez com o texto impresso.

Tomaria gosto, é certo. Repetiria ritualmente viagens e escritas. Para quem nasce à beira do rio, toda vida é travessia. Em seus anos futuros, Horacio cruzaria com uma canoa a remo a cidade de Posadas e o povoado de San Ignacio, por um caudaloso Rio Paraná;[17] deliraria uma jornada a pé de dois velhos peões septuagenários numa tentativa de voltar das Misiones ao Paraná natal, depois de anos de ausência. O desejo que ali irrompia era o de se deslocar, a despeito das adversidades, ou talvez impulsionado por elas, de rasgar caminhos, de empurrar horizontes.

Tudo começava com aquela bicicleta no barro, com aquela tinta no caderno. O relato da viagem de bicicleta de Horacio fala que ele e seu amigo são rebocados por um cavalo, lançados nalgum momento de desatenção sobre um pedregal, noutro que ficam semi-submersos em charcos. Viver e contar nasciam juntos naquela viagem.

Em qual desses dias, Horacio, você se tornou escritor? No dia em que convenceu Carlos a fazer a viagem contigo? No dia em que pegaram a estrada? No dia em que você viu seu texto publicado. Você nega. Você diz que não. Que não foi em nenhuma dessas vezes.

Já velho, você se volta sobre seu passado e diz outra coisa: sua épica pessoal nunca foi esportiva, mas econômica. Que nalgum momento você decidiu ser escritor profissional, e que tudo começou quando resolveram lhe pagar os primeiros trocados pelas suas linhas escritas: "Eu comecei a escrever em 1901. Naquele ano, *La Alborada* de Montevidéu me pagou três pesos por uma colaboração. A partir daquele instante, pois, decidi ganhar a vida escrevendo."[18]

Tinhoso, você transformou em sinônimos "começar a escrever" e "começar a receber", dando por subentendido "começar a publicar". Quando você publicou aquilo, Horacio, às vésperas de completar meio século neste mundo, você não fazia mais que repetir uma concepção de vida que viria se forjando ao longo dos anos: aquela segundo a qual ser escritor não é um dom, não é uma arte, mas antes um ofício, e que, portanto, tem que ser remunerado como outro qualquer. Que a inspiração é uma quimera. Que os escritores devem ser tratados como profissionais e que seus descendentes devem ter o direito, como herança, a receber os direitos autorais por um prazo maior do que os meros dez anos então vigentes na lei argentina.

Aquela era sua imagem pública, assim se forjara: escritor profissional. Praticamente não houve página sua que não tenha sido remunerada. Depois de adulto, nada de revistas literárias, nada de favores, nada de forcinhas: jornais de grande circulação, magazines — remunerado como tem que ser. Quem tenha cruzado seu caminho chamando-o de mestre, com um tapinha nas costas, inevitavelmente saía com uma história para toda a vida, nunca impressa no papel, mas na memória, como essa que conta César Tiempo: aconteceu em 1925, quando seu jovem admirador te procurou com um convite para colaborar com um texto na revista de amigos da escola secundária, da qual ele era editor:

"Eu precisei levar para ele um copo de água e aproveitei a ocasião para lembrá-lo de que eu tinha escrito para ele, pedindo uma colaboração destinada a uma revista de jovens, ex-companheiros da secundária, cuja direção me havia sido confiada:

— Você sabe que eu vivo do que escrevo? — disse-me olhando-me diretamente nos olhos. — Não creio que vocês estejam em condições de me pagar. Me deixou mudo."[19]

Enquanto o escritor maduro se afirmava no ofício em cenas como essa, acontecidas no ano de 1925, o jovem continua pedalando, com uma confiança no futuro, de contornos que ele sabe serem os melhores, mas cuja configuração está ainda distante demais para sequer se começar a imaginá-la. Contar uma verdade racional para esconder as verdades que você já não ousa confessar, isso eu sei bem. Não vou te confrontar, não vou te julgar. Vou apenas contar umas histórias sobre você.

Escrever contra a indiferença

Digamos somente, com ar de fábula: a paixão de Horacio pela bicicleta continuou. A outra paixão também. Escrever era um bom modo de se fazer notar, de fazer a própria voz se alçar naquela cidade plana. Começou com furor a publicar.

Primeiro num semanário chamado *Gil Blas*, dirigido por seus amigos Asdrúbal Delgado e José María Fernández Saldaña, o Maitland. Lá derramava sua verve lírica, nascida das experiências conjuntas — afetivas, químicas e literárias — que, com os amigos Alberto Brignole, Julio Jaureche e José Hasda, produziam-se no grupo dos mosqueteiros. Horacio, o Dartagnan, tinha uma necessidade de se fazer ouvir.

As revistas e jornais que floresciam em Salto naqueles tempos eram a possibilidade de que os versos e ideias mosqueteiras ensaiassem voos mais ousados, entre iguais e para além das noites de farra e poesia, e que ganhassem a letra impressa e a luz do dia. Nas páginas de *Gil Blas*, já em seu quinto número, Horacio se arriscará com seu primeiro texto literário: um poema em prosa chamado "Noturno".

Um risco calculado, porque o rapaz mais uma vez oculta seu nome. Dessa vez, o pseudônimo escolhido é Guillermo Eynhardt, o protagonista do romance do húngaro Max Nordau (1849-1923), *Fin de Siècle* (no Brasil, lançado como *Moléstia do Século*), muito em voga naquele momento. Do texto, curtíssimo, restam poucas lembranças, dentre as quais as mais eloquentes são aquelas que dão conta do lirismo do estudante de química apaixonado por galvanoplastia que então era Horacio: "A lua aparece; e, à sua luz galvânica, cada folha é um pedaço de prata, e cada raio de luz, um sonho. (...) Tudo é mistério: desde a Lua, que se assemelha a um arco voltaico, até o vento, que parece uma carícia."[20]

As revistas se sucediam, abriam e se fechavam como vagalumes na noite de Salto. Os garotos experimentavam-se como editores, jornalistas, diretores de redação, poetas, e depois, finda a experiência, iam viver uma vida de adultos, como médicos, engenheiros, advogados ou comerciantes.

No ano seguinte, quando fundaram *La Revista Social*, Horacio passou a praticar ainda um terceiro gênero, a crônica de costume. Com a perícia que lhe garantiam seus vinte anos de idade, passou a se insurgir, nas páginas da revista, contra toda sorte de convencionalismos: o luto, as formas adequadas de dançar em público, os modos de expressar o amor, entre muitos outros. Sua diversão consistia em provocar os leitores e as regras sociais. Ele era a autoridade.

Não satisfeito com escrever na revista dos outros, Horacio decidiu fundar também a sua. O título era pomposo e sisudo: *Revista del Salto. Semanario de Literatura y Ciencias Sociales*. Era um contraste e tanto com o pícaro espanhol homenageado pelo periódico de seus amigos, *Gil Blas*. Contrastava até mesmo com o espírito brincalhão da fraternidade dos mosqueteiros.

Mas era preciso que fosse assim, a nova tarefa de Horacio era transformar a sociedade local, segundo suas próprias palavras. Era preciso dizer a que veio. Foi uma tarefa tão breve quanto frenética: ao longo dos vinte números, publicados ao longo de seus cinco meses de existência, entre 11 de setembro de 1899 e 4 de fevereiro de 1900, Horacio assinou 24 textos dos mais diversos gêneros: notas editoriais, crônicas de costume, poemas, contos, crítica de teatro, textos programáticos. Mais importante: pela primeira vez, atreveu-se a lançar mão do nome próprio.

Era sua revista, seu nome estava exposto na primeira página; no seu editorial, um verdadeiro chamado à batalha convocava os "veteranos da velha guarda" e os "tímidos iluminados" a ocuparem as colunas da publicação, lançando seus ataques. A cada edição a tipografia ia melhorando, embora sempre no fim das oito páginas de cada exemplar o editor lamentasse, ora a falta de ilustrações, ora a falta de espaço para concluir um texto. A partir do número oito, a revista ganhou sobrecapa, com um sutil aviso na contracapa, convidando comerciantes e empresários que se animassem a anunciar.

Também esse chamado foi atendido, embora um pouco tardiamente, na primeira edição de dezembro de 1899 da revista, de número 13: eram dezoito anúncios, de alfaiates, drogarias, advogados, desenhistas, professores de música, homeopatas, relojoarias e de uma carpintaria polivalente, a Central, que fabricava persianas, caixões e ainda oferecia serviço fúnebre completo. Os fiéis comerciantes locais acompanharão a revista até o seu número final.

Até que acabou. O fim da *Revista del Salto* aconteceu com a publicação do vigésimo número, prematuramente. O número final foi preparado com esmero: além da nota final, estrategicamente posicionada nas páginas finais da revista, assinada por Quiroga — "Por que a Revista del Salto não sai mais" —[21] há também uma Carta Aberta de Atilio C. Brignole, dirigida ao editor: em ambos os textos se acusa a "indiferença do meio" pela desaparição. O editor queixa-se de que o espaço estava aberto, mas não quiseram comprar a revista, não quiseram escrever na revista, pois então a revista vai acabar!

Um índice onomástico, após a nota do editor, como que corrobora a ideia de que aquele foi um projeto com começo, meio e fim. Nele, vemos os 24 textos de Horacio Quiroga, além de nove colunas sociais não assinadas. Quase meia centena de autores tiveram seus textos publicados: quarenta e sete, para maior precisão. Os principais foram Horacio e o amigo Atilio Brignole. Depois vinham outros confrades — como Alberto Brignole, José María Fernández Saldaña, Asdrúbal Delgado —, parentes — Eduardo Forteza — e os poetas da predileção dos editores: Bécquer, Gutiérrez Nájera, Heine, Hugo, Lugones, Catulle Mendès e Amado Nervo.

A decepção de Horacio, em suas palavras finais, foi mostrada sem meias tintas. O editor fazia pouco de seus leitores, dizia que buscavam mais a distração que a reflexão e deixava claro seu incômodo com a recepção fria que recebera a revista. Parecia gritar: basta! Seu ideal não encontra lugar naquele mundo provinciano. Horacio queria mais, podia mais. Por isso mesmo, ia partir.

Não sou de Salto. Eu sou de Paris!

Depois das emoções com a bicicleta, da poesia, da vida nos cenáculos, da edição de uma revista para chamar de sua, depois disso tudo, o quê? É certo que Horacio tinha tido satisfação com cada uma daquelas aventuras, mas tudo lhe parecia pouco. À medida que ia publicando, outros planos maiores vinham-lhe à mente: e se fosse a Paris?

Gestava-se a ideia. Argumentos para partir não lhe faltavam: apenas a palavra Paris, por si só, já se antecipava a todos eles. Ainda assim eles rondavam sua cabeça para planejar o grande salto, a viagem que o lançaria a novos horizontes: era o ano da Exposição Universal na Cidade Luz, a primeira do novo século; era a chance de se aventurar como ciclista nas corridas locais; poderia conhecer poetas e escritores que tanto admirava, franceses e latino-americanos, como o nicaraguense Rubén Darío; ia conhecer as francesas; ia ser reconhecido como grande escritor. Por que não ir? Tinha o dinheiro da herança pela morte do pai e a mãe poderia ajudá-lo mensalmente até que ele se arranjasse. Iria.

Embriagado de si mesmo e de seu talento, Horacio partiu para cumprir o seu grande destino. Destino literário, claro. Queria ser escritor, embora tanto lhe custasse, até então, assinar com seu próprio nome, oscilando entre o personagem de Nordau, nomes portugueses e qualquer coisa que pudesse velar a assinatura própria, enquanto se descobria e construía propriamente como autor.

Horacio, e quando em 30 de março de 1900 você embarcou com destino a Paris no *Città di Torino*? Sei que você vacilou diante da ficha de identificação e terminou preenchendo no campo "ocupação" algo que remetia não aos cenáculos, nem aos passeios de bicicleta, mas a seu trabalho das últimas semanas: "giornalista". Nem escritor, nem poeta: jornalista.

A *Revista del Salto* era o que ele tinha de sólido. Era inclusive a mais sustentável das justificativas sociais para sua viagem: atuaria como correspondente do *La Reforma* para a Exposição Universal e para algumas competições de ciclismo. Enquanto descobrisse os meandros

Cartão Postal com imagem do vapor *Città di Torino*, da Companhia *La Veloce Navigazione Italiana a Vapore*, no qual Horacio viajou à Europa.

da Cidade Luz, iria contando para os leitores de Salto. Quem sabe agora, se seus artigos viessem de Paris não lhes dariam mais importância...

Dez dias antes de viajar, embora família e amigos o tivessem acompanhado ao porto de Salto para o primeiro trecho da viagem, Horacio viajaria sozinho. Sua primeira e mais importante companhia eram duas cadernetas que lhe serviriam de diário. Aos 22 anos, rumava ao desconhecido. O pequeno vapor *Montevideo*, que o levaria do rio ao mar, desenhava seu trajeto nas estreitas águas pela enésima vez, propondo ao rapaz uma série de possibilidades e desejos que ele não lograva fixar, perdido entre ideais intangíveis e uma impaciência brutal.

Suas primeiras linhas registradas na caderneta não tinham a intimidade de quem se acostumou com a própria voz, mas tentavam prematuramente forjar literatura. Nos dez dias que passou contornando o país, pelos rios, Horacio guardou de si no diário uma imagem monumental, que se manteve até o momento de se lançar ao mar: "Pensei notar no olhar dos amigos uma despedida mais que afetuosa, que ia além do barco, como se me vissem pela última vez. Achei até que as pessoas que lotavam o cais me olhavam fixamente, como a um predestinado..."[22]

Grandioso como se sente, Horacio lê e escreve. Longe dos olhares que ele podia considerar críticos, a ideia de escrever seu primeiro romance veio à tona: "Ouço muita música, músicas conhecidas, que me deixam completamente visionário. Germina em minha cabeça — faz dias — a ideia de escrever um romance. Deixo a ideia obrar, não me animando, por enquanto, a provocar um parto que, creio, seria prematuro. Em Paris, ou Buenos Aires, tentarei... Além do mais, me tomaram umas auréolas de grandeza, como talvez nunca tenha sentido. Acredito-me notável, muito notável, com um porvir, sobretudo, de glória rara."[23]

Ele quer ser grande, mas, ao mesmo tempo, a matéria do livro tem de ser a matéria vivida. A escrita quer a terra para se concretizar, mesmo que seja numa Paris ainda intangível ou numa Buenos Aires que ainda não é parte de seus planos concretos. O período infinito sobre as águas, no entanto, ia turvando os planos que já eram pouco concretos quanto à sua imagem de grandeza. Diferentemente dos amigos que o admiravam no porto, não havia quem o notasse no navio: "Que peso mortal! Que tédio tão enorme! Às vezes me fastio terrivelmente em Salto, entre meus amigos, minhas coisas, etcétera. E como não será aqui, entre italianos, genoveses e napolitanos, grosseiros e indiferentes! Pensar que isso ainda vai durar vinte dias!"[24]

Era ainda o fim de abril. Os dias custam a passar. O destino grandioso ia dando rapidamente lugar à saudade de casa, o porvir glorioso ao aconchego do conhecido; as mulheres de Paris à sua namorada de Salto. Uma semana depois, já registrava: "Vem à minha cabeça, em rajadas, a ilusão de que eu poderia estar em Salto, na esquina, vendo passarem as pessoas que conheço, numa noite amena, suave, vendo-a, ou talvez dançando... Nesses momentos, renego formalmente ter resolvido fazer esta viagem, a mais estúpida das que já fiz, estúpida, sim, estúpida; me transformarei em idiota e genovês..."[25]

O tédio o dominava, o desespero de já ter partido e não ter chegado a lugar algum. A lembrança da garota que ficou em Salto e cujo nome não se pode dizer toma-o sob a forma da saudade romântica, para logo se desvanecer. São trinta e quatro longos dias de solidão sobre as águas, entre Salto e Gênova, dedicados a diversas leituras que levara na bagagem, em geral romances, como *Sonho de Rapina,* do uruguaio Carlos Reyles, o recém-lançado *Fecundidade,* de Émile Zola e também livros mais antigos, como *Manon Lescaut,* de Prévost.

No dia 23 de abril, ao cair da noite, depois de uma solidão nunca vivida e de um silêncio e um tédio sem par, finalmente chegava a Gênova. Trôpego, saiu do navio sem se despedir de ninguém, com sua recém-adquirida ojeriza aos locais e foi jantar num restaurante da Via Balvi, a rua principal da cidade, no centro histórico. Com alívio, sentiu as pernas novamente funcionando e se movendo. Estava livre do interminável mar.

Se os planos foram sempre de grandeza, faltou ao moço, no entanto, planejar os passos para chegar a ela. Tudo era difuso, como nas primeiras narrativas impressionistas do jovem escritor. Horacio também não sabia ao certo o que fazer na cidade. Para já, o que lhe restava eram os trens, primeiro de Gênova a Módena, e logo de Módena a Paris, destino final.

Na estação de Módena, sentou-se a escrever, lamentando a sensação de invisibilidade: "Estou escrevendo e esperando o trem para Paris em Módena, estação de fronteira (...). Estou bastante desanimado com esta viagem, todas as caras desconhecidas, sem admirar grande coisa porque estou sozinho, sem comunicar a ninguém minhas impressões. O idioma eu entendo bastante bem, apesar de às vezes soltar alguma expressão em castelhano pela dificuldade de encontrar a equivalente em francês."[26]

Não havia, no entanto, quem o visse. O invisível sul-americano sentia-se mal. Acostumado a exibir seus dotes — de dândi, de poeta, de ciclista — em sua cidade, depois de quase um mês e meio sem que ninguém o notasse, tinha ao menos a esperança de se fazer perceber, do outro lado do oceano, por seus artigos sobre a Europa, publicados para o deleite dos locais. Era a única chance de recobrar sua imagem, reavivando o olhar generoso dos amigos e da família na despedida em Salto. Para tanto, ele teria de guardar o amargor para o caderninho pessoal.

O jornalista deveria ter palavras mais objetivas para o seu público leitor, as do artista sul-americano inquieto com as descobertas do novo ambiente. O editor assim o apresentava aos leitores em seu primeiro artigo publicado: "Horacio, como o chamamos os mais íntimos, propõe-se a visitar a Exposição Universal, tendo contraído conosco o compromisso de nos relatar por carta suas impressões, as quais serão publicadas em nossas páginas como valiosas colaborações."[27]

Diante do papel, porém, seja com finalidade pública ou privada, Horacio era a imagem do desarraigo. Era estranho estar longe de casa, longe dos seus. Quando ele tomava o lápis, escrevia: "Para nós, pobres desterrados da suprema intelectualidade, a visão de Paris é a saudade de um lugar que nunca vimos e que, hoje ou amanhã, nos leva a conhecê-lo. Eis-me, finalmente, em Paris. A primeira impressão que se sente ao contemplar as cidades destas latitudes é tristíssima. Estamos acostumados às casas de telhados planos, acabadas no alto com sacadinhas ou outra coisa qualquer, separadas, por assim dizer, e com cores de mais ou menos bom gosto. Aqui as casas ficam tão juntas que parece que um frio terrível as comprimiu em grupos empretejados, gélidos e esfomeados. De Gênova até Paris não se vê outra coisa além de casas

Cartaz da Exposição Universal de 1900: Palácio Ótico. Litografia de Paul Georges Leroux.

de meia água que nunca foram pintadas nem lavadas — janelas pequenas, sem nenhum bom gosto —, casas altas que mais parecem muros perfurados, casas úmidas de quatro a dez andares — seis, em geral — amuralhadas sobre uma rua de quatro metros, e que para nós, filhos do horizonte e do sol pleno, são motivo de mais de uma amarga nostalgia."[28] Era o trecho inicial do artigo "De Paris I", que ia ser publicado em Salto, no dia 29 de maio. Embora tivesse se empolgado por escrevê-lo, logo se deu conta de que nos próximos tempos não saberia nem de longe que impressão suas palavras causariam em seus amigos.

O que não era desarraigo, era assombro com a cidade moderna, os veículos, a turba, o movimento. Lembrava-sè da passante do poema de

Baudelaire e acreditava vê-la numa esquina do Quartier Latin, ele, o próprio homem na multidão de um certo contista norte-americano que, por aqueles tempos, já começava a perturbá-lo.

A sensação de estar invisível na metrópole de três milhões de habitantes pagava-se com a vertigem da massa humana, experiência para ele inédita: "A vida dos grandes bulevares — de que tanto se conta, é agitadíssima, acima de qualquer ponderação. Calcular o número de carruagens que passam diante de si é tarefa hercúlea — para usar a frase feita. Em duas filas, em três, em quatro, em cinco, em seis; duzentas carruagens, oitenta bicicletas, quinze automóveis, mil pessoas, tudo em uma quadra de bulevar, de dia, de noite, a qualquer hora, apinhados, apertados, amassados, assombrados, esperando que o guarda civil dê a ordem de caminhar, porque outro igual número de veículos está cruzando por uma esquina qualquer. Isto se repete a cada dois minutos. Não é fácil atravessar impunemente os bulevares; é preciso correr, parar, afastar-se, voltar a correr, retroceder: brecar (perdão, Valbuena), correr de novo e tudo isso em apenas quinze metros."[29]

Não era apenas a massa indistinta e o movimento que o tomava. Ficava também seduzido pelo que havia de singular, os rostos, as roupas e os adereços, de mulheres e homens, sobretudo de homens: "Passam indivíduos de quarenta centímetros de cabelos e oitenta de barba (sem exagero); cidadãos que não satisfeitos com guardar luto no chapéu, guardam-no em longas tarjas de fita preta; sujeitos de rostos lindíssimos e barbeados, com seus chapeuzinhos de palha italiana, provocativamente inclinados sobre os sedosos cachos artificiais, envoltos em capas que chegam até os pés, e vão caminhando lentamente, suavemente, exibindo o cômico feminismo de seu andar e de seus rostos pintados. Passam os tipos mais extravagantes e vulgares que se possa imaginar; passam armênios, passam turcos, passam chineses, passam árabes, todos vestidos à moda de seu país. Passa, enfim, tudo o que pode passar numa cidade de três milhões de pessoas, magnificamente heterogênea. Menos negros. Isso sim, nos doze dias que estou em Paris, só vi três. E mesmo aqui, onde de tudo há e nada espanta, chamam a atenção."[30]

Naquela fauna de tipos exóticos, Horacio ainda estava por descobrir o que para ele seria o principal: como ele próprio seria visto? Começava a descobrir que lá não seria mais o dândi de boa família, conhecido por todos, admirado por tantos e com um futuro promissor. Pouco a pouco ele descobriria ser, em Paris, mais um dos tipos exóticos que ele mesmo vira passando. Num primeiro momento, era um ponto a seu favor: uma moça que conhecera o chamava de *petit jolie arabe*.

Das despesas nos cabarés não anotava nada em sua contabilidade pessoal. Quanto aos outros custos, não conseguia silenciar, e começava um cálculo neurótico para saber o quão generosa a cidade ia ser com ele: "Comprei um pão por dez centavos e entrei num café para tomar um idem: vinte centavos. Que jantar magnífico! Voltei a dormir às dez da noite, e agora acabo — 8h — de falar com Escalante. Parece um bom sujeito. Expus a ele minhas intenções de viver com cinquenta pesos. Ele achou a coisa difícil, mas, procurando, se encontra. Vamos sair daqui a pouco. (...) A casa onde dormi custa cinco francos diários: supõe-se que é caro demais para mim, apesar de que no geral não é cara, considerando a qualidade do dormitório e a procura por quartos (...) Cheguei a Paris com oitenta e oito pesos, ou seja, quatrocentos e quarenta francos."[31]

Seria fácil de perceber, mas Horacio não percebia: a se considerar o preço do hotel, cinco francos por dia, para um orçamento inicial de quatrocentos e quarenta francos, logo faltaria dinheiro até para o básico. O destino era temerário, mas Horacio não se dava conta, embriagado que estava com seus vinte anos, com os carros, os bulevares, as francesas do cabaré e as casas mal lavadas de Paris. Registrar seus gastos no diário, acreditava ele, era a forma mais eficiente de fazer o seu recurso durar. Traçou então seu orçamento mensal, contando com o dinheiro materno: "De imediato, tenho duzentos e cinquenta francos de renda mensal, a serem divididos do seguinte modo: quarto, cinquenta francos; arrumação do mesmo, cinco francos; roupa lavada e passada, dez francos (deveria ser mais, mas penso em andar de bicicleta apenas vestindo camisa, e assim ficam eliminados colarinhos, punhos etc. Depois: cem francos que devo dedicar por mês para comer; talvez dez francos de alguns cafés com leite pela manhã. No total, cento e setenta e cinco francos; sobram setenta e cinco francos que vou gastar em cigarros e outras bobagens. Não é muito mais que, digamos, dezessete pesos por mês em Paris; mas, economizando de quando em quando alguns dias, não quero faltar às corridas."[32] Além de tudo havia a bicicleta que havia comprado para poder se dedicar ao ciclismo na Cidade Luz. O plano estava traçado, e era só esperar o cheque da mãe. Ele iria retirá-lo no consulado em poucos dias.

O cheque, no entanto, não vinha. Demorava-se no mar, pensava, muito mais do que ele próprio se demorara para chegar até ali. Era estranho. Os planos começavam a ir por água abaixo, apenas por aquele incômodo detalhe da falta de dinheiro.

No dia 25 de maio, para piorar, uma blenorragia começava a apresentar seus sintomas: anota lateralmente o ocorrido, falando de uma dama com a qual se encontrara outras noites, e que estava tratando a queimação com permanganato de potássio. Duas semanas depois, escreve, em código, que tem blenorragia e cancro; e, de maneira bem mais clara, diz que o cheque que foi buscar no Consulado ainda não veio.

Abaixo da cintura, tudo lhe arde, inclusive o bolso: Horacio tem já um atraso de vinte dias no aluguel e uma blenorragia persistente. Sente-se mal diante da agrura financeira, mas não perde o humor, embora não ache saída: "Uma situação maravilhosa pela frente, da qual não tenho ideia de como sairei. Esperemos."[33]

Ao longo das três primeiras semanas, Horacio se lançava num vórtice de penúria e desamparo do qual não dava nenhuma mostra de ter meios para sair. O dinheiro acabara inapelavelmente e não chegava nada do Uruguai. Trabalhar não era uma opção. Ocorreu-lhe penhorar os objetos pessoais. Sua indumentária de dândi ia, pouco a pouco, para o prego, seguida de perto pela bicicleta, a máquina fotográfica e um longo etcétera. Parte do dinheiro conseguida servia para pagar os telegramas de socorro que enviava à família. Mas as respostas não vinham. O cheque, tampouco.

Apenas em 4 de junho foi que a ideia de procurar um emprego surgiu, ainda que sob o signo da impossibilidade: "Começo a acreditar firmemente que vou morrer de fome. Como trabalhar aqui? De toda forma, amanhã vou ver o Gómez Carrillo. Pode ser que na Garnier me empreguem, mesmo que seja para corrigir provas. Mas não espero, nem entendo, nem suspeito como eu vou conseguir viver. É algo terrível."[34]

A situação se degradava e ainda assim a hipótese do trabalho não era forte o bastante. O guatemalteco Enrique Gómez Carrillo não era sequer amigo de Horacio, mas jornalista, escritor e tradutor que era, estava estabelecido e em condições bem melhores que ele. Duas semanas antes tinham tido um desentendimento. Horacio, que nunca se movera por espírito nativista, inventou de perguntar a Gómez Carrillo, no café Cyrano, se ele falava guarani. Diante do questionamento inesperado, o principal crítico latino-americano em Paris naquele momento, que até se sentia um local, foi rude: "Guarani?! Não sei o que é isso." E seguiu, após breve explicação de Horacio: "E você, por acaso, fala inglês? Fala alemão? Vocês, americanos, são muito ridículos! Ainda se lembram de suas coisas de lá..."[35]

Gómez Carrillo era o centro das atenções do café, rivalizar com ele era chamar para si a atenção, e a discussão — que Horacio registrou meticulosamente no seu diário — talvez tenha sido uma dura lição sobre o lugar subalterno do americano na Europa. Era preciso engolir o orgulho e ir falar com Gómez Carrillo, aquele que já se sentia tão europeu que podia se referir aos latino-americanos como "vocês".

Filho de uma família de situação financeira estável, Horacio nunca trabalhara. A dedicação à escrita surgira como atividade intelectual, antes de tudo. Considerar empregar-se numa editora como revisor era um primeiro passo naquela ocasião. Mas não havia mesmo nele condições de chegar a um segundo passo: passar à prática, melhor não.

No dia seguinte, antes que Horacio pudesse tomar café ou atinar como seria o dia, outro conterrâneo foi procurá-lo. Era Juan Fleurquin, que lhe trazia uma proposta tão salvadora quanto humilhante:

"Entre uns quantos amigos, vamos lhe dar dinheiro para você comer por uns dias. O que você tinha que fazer era ir embora depois. Vou falar com o cônsul e vou conseguir passagens para Marselha. Você tem a de volta no vapor, não é?"[36]

Juan lhe dizia, nas entrelinhas, Horacio, você fracassou. Seu porvir de glória deu em nada. Vá embora enquanto é tempo e não se humilhe mais. O gesto de solidariedade soava-lhe feito bofetada, porque sentia o rosto queimar. Aquela impunha-lhe a cicatriz de fracassado, de inútil, de quem há de se contentar com a caridade dos amigos do bar. O auxílio dos sul-americanos doía-lhe e estrangulava seu amor-próprio. Juan continuava:

" Todos os dias podemos lhe dar, cada um de nós, dois francos. Eu acho que dá para comer. Fazemos isso como ajuda a um companheiro que caiu em desgraça... — Agradeci de novo. Me deu dois francos. Senti que eu ficava vermelho, e com vontade de jogar na rua a moeda. A falta de costume!... Mas me contive e fui embora, apressado, querendo sumir de uma vez. Não conseguia pensar em outra coisa: me deram uma esmola! E vão me dar uma esmola todos os dias! E eu terei que receber essa esmola!"[37]

Horacio se sentia o último, o menor e o mais desimportante. Precisava ter seu próprio dinheiro. Pensou que carregar malas o dia todo por dois francos seria muito mais digno, mas não sabia nem onde tentar. Lamentou ter que voltar ao Uruguai sem ter conhecido Paris como gostaria. A cidade que era o palco de seu destino glorioso se transformava de repente no cenário de um inapelável fiasco. Foi perambulando pela cidade: visitou os jardins de Luxemburgo, contemplou o lago; foi ainda uma última vez ao museu do Louvre e passou pelo Café Cyrano para ver se conseguia alguma dica dos amigos. Não encontrou ninguém. Ao menos tinha umas moedas para poder comer. Quanto ao hotel, teria que pensar depois como fazer, a dívida se acumulava e não sabia como pagar.

Os dias se sucediam assim; queria escrever, mas a preocupação maior era aplacar a fome, conseguir dinheiro. Ia à Exposição Universal para passar o tempo, para não pensar. Mais que planejar, sua mente queria fugir. Não concebia como seguir o conselho de Fleurquin: como ia pagar o translado de carruagem, como ia comer na viagem? Como?

Parecia que o jeito era mesmo voltar para o Uruguai, humilhado. Para tentar se libertar da condição de miserável, Horacio anotou o dinheiro que lhe chegou das mãos de Fleurquin, dois pesos por dia, entre 5 e 11 de junho. A espiral da carestia seguia adiante.

Até que chegou o cheque. A ajuda tão desejada da família, o esteio de todos os seus planos, finalmente estava em suas mãos. Endividado como estava, aquela soma já valia bem menos. O dinheiro era de muita gente, não dele. De recurso antes naturalizado para bancar a sua aventura intelectual e artística, o cheque se tornava a via rápida para voltar para casa. Não conseguiu nem comprar uma terceira caderneta para seguir o diário. Horacio teve que subitamente parar de escrever. Depois de 10 de junho já não escreve mais nada.

Retorna silencioso, parece não haver mais nada a ser narrado, contado, parece não haver mais nada a esperar. Um mutismo profundo que ocupa o navio inteiro e faz até as aves marinhas se calarem.

Um fracasso notável

Ao aportar, semanas depois, no Uruguai, não era mais Horacio a ler os olhares dos parentes e amigos, mas o inverso. Foram eles a descrevê-lo para sua biografia futura: "Sua indumentária revelava à distância a dificuldade passada. Uma boina ruim na cabeça, um paletó com a gola levantada para esconder a falta de colarinho, umas calças de segunda mão, uns sapatos deploráveis constituíam todo seu enxoval. Custou reconhecê-lo. Do antigo semblante só lhe restava a fronte, os olhos e o nariz; o resto naufragava em um mar de pelos negros que nunca mais, talvez em memória de sua aventura parisiense, rasparia."[38] Horacio parecia encarnar, aos olhos de seus amigos biógrafos, o mito do homem endurecido, que retorna de uma viagem malograda trazendo a espessa e inseparável barba — crescida na dificuldade — como cicatriz. Mas não foi bem assim.

Horacio já tomara antes, ao embarcar, a decisão de ter outro rosto, mais de acordo com a imagem de escritor que forjara para si. Ao fim do seu primeiro mês de viagem, em 4 de abril, já associava a uma certa sensação de deslocamento e estranheza consigo mesmo sua nova barba: "Estou deixando crescer a barba, que já tem meio centímetro, o cabelo comprido e o corpo magro. Uns me tomam por tonto, outros por louco: sobretudo a primeira opção. Uma garotinha bem graciosa diz que eu sou o mais feio entre os que estão jogando. Meu Deus, talvez eu seja, não digo que não, porque os outros três ou quatro têm talvez a cara mais saudável, regular e feliz que se poderia ver."[39] A barba se torna, desde o índice de seu desajuste com as gentes e as coisas que o rodeiam.

O dândi, na verdade, já ia se desmontando desde a partida. A maquilagem derretida pelo suor, com a do personagem de *Morte em Veneza*. O dândi morria de fome. De fome e de realidade. Seu brilho pessoal só alcançava para conseguir uma esmola diária de dois francos. Desperdiçara a bala de prata: Paris não o transformara — num passe de mágica — em escritor de sucesso, adorado por seus pares, desejado pelas mulheres. Paris lhe oferecera fome, blenorragia e carestia, por obra de sua incompetência de lidar com a vida cotidiana. Voltara amuado e barbado: já não cabia em Paris e não mais caberia em Salto.

Tinha ainda Montevidéu e Buenos Aires em seu horizonte: as duas capitais. Em Montevidéu estavam os amigos, em Buenos Aires, a irmã mais velha. Pensou um pouco, não muito e decidiu se instalar na primeira, território no qual conseguia mover-se com desenvoltura, e onde também estavam seus amigos da adolescência, já então universitários.

Horacio fez reviver a fraternidade literária que estabelecera em Salto em homenagem aos mosqueteiros de Alexandre Dumas. Na versão montevideana, o grupo se organizava numa junta de cardeais: o Consistório da Gaia Ciência.[40] Tudo lá eram desdobramentos das experiências literárias de Salto e Paris: paraísos artificiais, leitura, escrita, declamação de poesia e jogos que antecipam a escrita automática.

Se o romancista fracassara na viagem por falta de dinheiro para comer e papel para escrever, o jornalista, sim, fora bem-sucedido: dois artigos em sua cidade natal como correspondente internacional, contando sobre Paris e a Quarta Exposição Universal. Do desajuste entre a pequena cidade natal e a capital cultural do ocidente na virada do século, restava-lhe o prestígio de algumas linhas publicadas. Melhor, restava-lhe ainda um laivo de possibilidade: ser poeta e contista em Montevidéu.

Instalado na capital, logo voltou a publicar alguns textos experimentais. Mas não era ainda a hora: velava as assinaturas sob o aquático pseudônimo português de Aquilino Delagoa. Ao fim desse já longo e intenso ano de 1900, Horacio decidiu enviar a um concurso literário da revista *Alborada* um texto que gestara em sua primeira caderneta de bordo, ainda no *Città di Torino*, em meio aos devaneios sobre a namorada de Salto, nunca nomeada. Era um conto, ou quase isso, e se chamava "Sem razão, mas cansado…".[41]

O texto tinha argumento simples e algo perturbador: um triângulo amoroso, formado por Luciano, Blanca e o escritor Recaredo. A narrativa, concisa, tinha descrições da paisagem fruto das leituras de poesia finissecular de Horacio: "O céu estéril, de uma transparência de vazio, caía como chumbo sobre a paisagem, sufocando-a."[42] O escritor Recaredo, ao descobrir que é objeto de uma traição, reage ambiguamente, inquirindo ao amigo Luciano: "Por que você não me disse que era o amante da minha mulher? (...) Você já conhece minhas ideias a respeito (...). Mas, ao menos, você a ama?"[43]

O escritor traído se mostrava mais descontente com a quebra de confiança do amigo do que com a traição da mulher. A cena final corroborava essa visão: após um longo passeio de barco, no qual Luciano terminava afogando Blanca num lago, os dois amigos vão caminhando juntos para casa. O limite entre a fraternidade intelectual e o homoerotismo irrompe diante dos olhos de quem lê o texto.

Nessa pequena página literária, Horacio propunha um esboço daquela cena literária da virada do século — com fortes traços misóginos — presente, por um lado, nos dois grupos de que participara e ajudara a forjar — o dos mosqueteiros e o atual Consistório da Gaia Ciência — e, de outro, figurando seus amores secretos: a garota morre em nome da Arte (ponhamos com maiúscula). O único amor que se pode sustentar, parece dizer o conto, é o amor à arte e à fraternidade artística. Por ela é que se mata e se morre.

O conto de feminicídio artístico calou fundo no júri do prêmio da revista *La Alborada*, e ele foi declarado vencedor em 26 de novembro, para logo ver o texto publicado na mesma revista em 9 de dezembro, ainda sob pseudônimo Aquilino Delagoa.

Horacio, ou melhor, Aquilino Delagoa, fora premiado, publicado e remunerado, na capital do seu país. Abria-se um horizonte: que seu texto valesse dinheiro. Os cheques já não precisariam vir da mãe, o dinheiro não precisaria ser a herança paterna apenas, nem a esmola caridosa dos amigos.

O jovem de brilhante porvir finalmente descobria que sob o significante "giornalista", uma palavra estrangeira que o permitiu não apenas triunfar medianamente entre os conterrâneos de Salto, como também viver o que escrevera e escrever o que vivia. Isso parecia satisfazê-lo de algum modo. Começava a se fazer conscientemente escritor.

Quase trinta anos depois, é daquele momento longínquo que Horacio se lembrará, num texto que não por acaso vai se chamar "A profissão literária" (1928).[44] Eram seus três primeiros pesos, ganhos meses depois de terem lhe faltado inclusive uns trocados para o pão.

Será que foi aí que começou, Horacio? Começo a me convencer de que sim.

CAPÍTULO 3

Sangue e pólvora

Signoles era um homem que, com seus modos sofisticados, sua boa educação, seu ar viril, era benquisto por seu círculo social. Um dia, estando com amigas e amigos em uma sorveteria, deparou-se com um impertinente que lançava olhares inadequados a uma das mulheres da mesa. O amigo de Signoles não queria confusão: "Se fosse para se ocupar de todos os insolentes que aparecem, isso não acabaria nunca."[45] Então é que Signoles, o forte, o bravio, o que havia convidado os amigos à sorveteria, o que envergava o título de visconde, tomou as dores da ofendida para si. Foi à mesa do impertinente e confrontou-o. Instado a reagir, Georges Lamil — assim se chamava o inoportuno — respondeu a ele com apenas uma palavra: duelo! Signoles não retrocedeu. Muito pelo contrário, ele aguardara aquele momento por toda a vida. Aquele homem, aquela noite, aquela oportunidade. Era seu homem, finalmente: "Quando eu for duelar, dizia ele, eu escolherei a pistola. Com essa arma, estou certo de matar meu homem."[46]

"A língua inglesa conhece a locução *kill his man*, cuja direta versão é matar seu homem, decifre-se matar o homem cuja morte era minha ou matar o homem que todo homem tem que matar",[47] explica Jorge Luis Borges, o homem das bibliotecas, o que nunca sequer levantou a voz para ninguém.

O imperativo de matar ou morrer, em nome da honra, era o que estava em jogo para Signoles. Era chegada a hora aguardada. Foi para casa, pleno de si mesmo. Confiante, estimulado pelos olhares atônitos dos presentes, que lhe conferiam ainda mais bravura e seguiam acompanhando-o sorveteria afora. Lá ia o bravo, o forte, o corajoso.

Ao chegar em casa, porém, e já liberto do efeito estimulante da discussão, dúvidas insidiosas começaram a inquietar aquele homem: quem é Georges Lamil? Por que ele aceitou tão prontamente o duelo? Será ele um grande atirador? A inquietação que diz respeito ao contricante foi logo substituída por outra, ainda pior — dúvidas quanto a si mesmo passaram a assaltá-lo:

"É possível sentir medo, a despeito de si mesmo?"[48] Sim, era. O medo crescia-lhe, tomava-lhe o corpo, tremores, pavor, que nem sucessivos goles de rum podiam aplacar. Signoles fraquejava.

Sentou-se para escrever seu testamento e mal conseguia concatenar as ideias. As horas se dilatavam e o medo do fracasso só crescia. Embora tivesse se preparado a vida inteira para aquele instante, na iminência do duelo a vacilação o abatia.

Signoles pensava: e se eu não for bom o suficiente, e eu não for ágil o bastante, e se eu na hora H der vazão a essa vontade louca de sair correndo?

Temia não apenas o poderoso Georges Lamil. Temia agora a si mesmo, tudo aquilo que se produzia na sua alma, a despeito dele mesmo. O que era dúvida logo se transformava em certeza: Signoles sabia que ia fracassar. Fracassar duplamente: não será melhor que seu adversário no duelo e tampouco poderá encarar novamente a sociedade, todos os olhares, por onde quer que ele passe, o reprovarão. O pânico o tomava.

Foi quando a ideia, que apenas se insinuara, tomou forma e se fez irreversível. Signoles finalmente tinha alguma clareza: finalmente conhecia seu verdadeiro inimigo. Ainda tremendo e sentindo o peso e os movimentos da pistola, empunhou a arma, fez a mira e deu um tiro preciso e certeiro em sua própria cabeça, pondo fim ao martírio. Signoles era seu próprio homem.

"Um covarde" é o nome dessa breve narrativa, escrita pelo francês Guy de Maupassant e publicada em 27 de janeiro de 1884. Como poucas, ela consegue captar o pânico que poderia acometer os homens, que precisavam ter a coragem como atributo na iminência de se bater num duelo. Encarar a morte a partir de uma ofensa feita ou recebida era uma tópica do universo patriarcal, no qual o duelo era uma das principais formas de lavar a honra.

O Conde de Chatauvillard, já em 1863, publicara um livro chamado *Ensaio sobre o duelo*,[49] no qual, logo na introdução, dava uma ideia do quão cotidiano e regrado era o duelo na sociedade francesa: "Cada homem é exposto a essa dura necessidade de arriscar sua vida para vingar uma ofensa, uma injúria. Trata-se, portanto, de algo realmente importante na existência, motivo pelo qual deve ser previamente regrado segundo as formas da cortesia e do direito."[50] Esse livro é lido com atenção por Signoles no conto de Maupassant. Signoles sabia de tudo e estava preparado. Ainda assim, ou por isso mesmo, Signoles sucumbiu.

O medo da morte ou da perda da honra assolava não só os homens da França, mas também os da América, porque o costume cruzara o oceano. No Rio da Prata vigia o princípio de se resolverem as diferenças afetivas, intelectuais, sociais ou políticas à bala, segundo um cuidadoso regramento. Em 1953, o presidente do Senado uruguaio, Alfeo Brum, e um jornalista da oposição, Ulises Pereyra, não apenas se bateram num duelo, como puderam ser acompanhados em sua luta pela honra através de uma estação de rádio de Montevidéu, do Aeródromo Boiso Lanza. Apenas em julho do mesmo ano, as transmissões radiofônicas das pelejas pela honra foram definitivamente banidas pelo governo uruguaio. Os duelos, porém, permaneceriam legais até o ano de 1992.

Assim, quando em 1902 o jovem poeta e jornalista Guzmán Papini y Zaz começou a ofender publicamente, num jornal de Montevidéu, o igualmente jovem Federico Ferrando, não era difícil supor os desdobramentos da polêmica. Guzmán era poeta, nascido no mesmo ano que Horacio Quiroga, e não vinha conseguindo se inserir em nenhum grupo literário: consideravam-no mau poeta e pessoa antipática. Por isso fora rejeitado tanto pelo Consistório da Gaia Ciência quanto pela Torre dos Panoramas, de Julio Herrera y Reissig. Seu livro, *Canto à batalha de Cachanga*,[51] recém-lançado, não apenas recebera acolhida fria, como ainda fora criticado negativamente por Federico Ferrando na imprensa local. Federico, amigo próximo de Horacio, compartilhava com ele o espaço de criação do Consistório da Gaia Ciência: Horacio era o pontífice; Federico, o arquidiácono.

Guzmán sentira-se ofendido com a resenha negativa de Ferrando e tratara de ir à forra, com um violento artigo publicado no jornal *La Tribuna Popular*, dedicado a Ferrando. O texto consistia em levar ao limite a imagem do poeta marginal, sem nomeá-lo: criava uma imagem repulsiva do retratado, associando-o ao roubo da joalheria Carrara, no centro de Montevidéu, episódio no qual o ladrão havia invadido o estabelecimento pela tubulação do esgoto. Assim, atacava e desqualificava aquele que não tivera a sensibilidade de entender seu livro. O artigo se chamava "O homem do esgoto":[52]

"Meu homem é um galicismo andante: a pior tradução ao castelhano de um boêmio francês. Oriundo de Salto, a saltos de mata anda em nossa literatura, perseguido por provocações incansáveis. Os artiguinhos bissextos que expele são um samba do crioulo doido de ideias alheias, um cancã furioso de incoerências; e como cancã desenfreado, pisoteiam as reputações que estiverem a seu alcance. Sente-se atacado pelo *delirium tremens* da irresponsabilidade. Considera-se o único, o privilegiado, o Messias."[53]

Linhas adiante, já antecipava que não estava disposto a duelo algum: "Se alguém se considerar aludido por este artigo, peço que não me envie os padrinhos, porque já não tenho idade para receber o batismo de emergência; e porque grandes gargalhadas não podem terminar em duelos: o riso e a dor se excluem reciprocamente. Por outro lado, quem vestir a carapuça do 'homem do esgoto', ao invés de me levar ao terreno da honra, me levaria ao terreno do fedor."[54]

Ferrando não deixou barato, e respondeu de imediato, em 27 de fevereiro, nas páginas de *El Tiempo*, onde, além de se defender, dizia que já havia desafiado Papini a um duelo e que ele havia fugido.

Papini retruca quatro dias depois, em novo artigo publicado em 1 de março. Ferrando, no dia 4, volta à carga no jornal *El Trabajo* com grande agressividade. O editor, em nota, dizia que o artigo só fora publicado "por respeito ao legítimo direito de defesa".[55] O último artigo de Papini veio no dia seguinte, 5 de março: era um retrato contra outro contemporâneo, Eliseo Ricardo Gómez, poeta e amigo do rival; o artigo, porém, não se limitava a provocar Gómez, mas também ao próprio Ferrando: "Ao senhor Federico Ferrando, 'O homem do esgoto'", eu agradeço as palavras elogiosas que me dedicou. Ao mesmo tempo, manifesto que agradecerei pessoalmente, quando puder encontrá-lo."[56]

Diante de tal escalada de agressões, Federico já havia pedido a seu irmão Héctor que lhe comprasse uma arma. Héctor lhe compra uma pistola, uma Lafoucheux 12mm de dois canos. Federico estava preparado e disposto a tudo.

Naquela mesma segunda, 5 de março, o amigo Horacio retornava de Salto. Federico quer seu apoio e sua possível intervenção como padrinho. Ao chegar Horacio, os dois almoçam no Hotel do Comércio e então seguem para a casa dos Ferrando. Já na casa, dirigem-se ao quarto de Federico. Ele quer mostrar-lhe a arma. Senta-se na cama e entrega a arma ao amigo. Horacio manipula a pistola e a mola parecia muito mais dura que o razoável: ele empunha a arma e fecha os dois canos para poder testar o mecanismo. Tal como no conto de Maupassant, havia uma bala repousando na arma. O tiro acidental encontra um destino imprevisto, a cabeça de Federico.

Horacio se antecipara ao desenlace do duelo ao alojar uma bala no osso occipital do amigo. Federico estava no chão e agonizava. Atraído pelo estampido, Héctor conseguiu ainda entrar no quarto para presenciar os últimos momentos do irmão. Horacio estava atônito. Era uma cena que se repetia em sua vida, pela terceira vez.

Um gatilho que não para de disparar

Todo movimento cessou, os pés se estacaram no chão. Sentia-se gélido. Naquela tarde de cinco de março, aos 23 anos de idade, o tempo perdia o sentido para Horacio. Não era a primeira vez. Perturbava-se. O horror é que passara de espectador a agente da cena. Fazia mais de vinte anos que acontecera pela primeira vez.

Da cela da cadeia, para onde fora levado, Horacio se lembrava da história primeira, contada a ele por um primo. Tudo acontecera num mês de março, como agora. Ele tinha então três meses de vida e estava nos braços da mãe, Pastora Forteza. O pai tinha ido caçar na mata, era sexta-feira. Ao descer do barco, satisfeito, depois da jornada mais ou menos bem sucedida e com suprimento de carne fresca para o fim de semana, Prudencio vacilou entre se equilibrar com a caça às costas e firmar o pé em terra firme. Naquele descompasso, terminou tropeçando na escopeta de caça. Um tiro certeiro, um tiro errático encontrou-lhe a cabeça.

O pequeno Horacio — entre os gritos de espanto da mãe, que se lançara ao encontro do marido — mal entendeu a cena da prematura morte do pai. Esse pai fantasmal do qual mal guardava lembranças: uns traços do rosto, algo da personalidade, e que ficaria para sempre inacessível.

Os primeiros anos de Horacio foram de tristeza familiar, discrição e luto. Ter um pai foi, para ele, uma construção posterior, infinitamente adiada ao longo de sua infância. Depois de onze anos do acontecido traumático, Pastora decidiu casar-se de novo. O escolhido, Ascencio Barcos, tal como seu falecido marido, era também argentino e estava estabelecido em Salto. Seria seu companheiro na velhice. Casaram-se no dia 28 de fevereiro e tiveram cinco anos de vida compartilhada. O então adolescente Horacio afeiçoou-se ao padrasto, que o estimulava nos estudos de química e nas experiências com galvanoplastia.

O derrame cerebral que acometeu Ascencio, porém, tirou-o do convívio da família. Semiparalisado e com sérias dificuldades para se comunicar, contou com a devoção de Horacio para fazer as vezes de intérprete. Entretanto, o golpe era demasiado duro para a honra do velho, em tudo dependente dos outros, até para as tarefas mais cotidianas.

Tomou então a decisão: num sábado, em 5 de setembro de 1896, com dificuldade tomou a escopeta e apontou o cano à boca. Com o único pé que ainda lhe funcionava, disparou o gatilho, pondo fim a seu sofrimento. Horacio foi o primeiro a vir em seu socorro, já não havendo nada a fazer. O disparo final fora certeiro. Sangue e pólvora.

De volta a 1902, a arma agora está nas mãos de Horacio, e a morte saiu dentre seus dedos para colher o amigo Federico. Ele volta seus olhos, consternado, a Héctor, para que o acompanhe à delegacia. Horacio não pronuncia uma só palavra. Héctor, entre a dor da perda do irmão e a comiseração pelo crime que atraiu para si o amigo, testemunha a favor de Horacio. O irmão do poeta Julio Herrera y Reissig, Manuel, fará as vezes de advogado de defesa.

Horacio permanece na cadeia enquanto aguarda o julgamento. Parecia ter ido longe demais, a um ponto no qual já não havia retorno. Suas maiores dores em Paris, sem comida, recebendo esmola de outros migrantes, demitindo-se do sonho de grandeza, ganhavam agora outra dimensão. Tudo se tornava juvenil e menor. Isso era ser um homem?

As noites foram de dor e culpa. Foram longas. O tempo freado para sempre e essa eternidade imóvel que ele passou na cadeia. Parte de si enredou-se na vida congelada. Isolado, não pudera participar do funeral do amigo. Não esteve ao lado dos amigos do Consistório e não ouviu os discursos que o desculpabilizavam e cantavam as virtudes do morto. Encerrado na cela, com seus pensamentos e as imagens que insistiam.

Ao fim de quatro longos dias e quatro infinitas noites, foi julgado, inocentado e posto em liberdade. Liberdade?

Também para a cidade, o acontecimento funesto teve consequências. Arrefeceram nos jornais as polêmicas literárias e os artigos de Papini desapareceram da imprensa. O último ofendido, Eliseo Ricardo Gómez, desistiu de responder à provocação recebida nos jornais: "Após o lutuoso acontecimento, toda réplica é impossível; a única resposta que posso dar a esse mal senhor, Guzmán Papini, é que daqui por diante, quando atacar alguém, que se olhe no espelho de sua vida e meça respectivamente o grau de cultura que possui com a de quem ele pretende ferir."[57] Era um basta, as polêmicas já não tinham o encanto das aventuras perigosas. Um inocente alheio tomara para si uma morte que não lhe pertencia.

O cenáculo de Horacio, agora desfalcado de seu arquidiácono, não voltaria nunca mais a se reunir. Nas palavras de seus amigos, "a juventude morria ali".[58] Posto em liberdade, Horacio decidiu sair de Montevidéu e lançar mão da sua segunda opção quando voltara de Paris: buscar apoio na irmã mais velha, María, que morava em Buenos Aires. Àquela altura, era sua única irmã viva: tinha perdido seus outros dois irmãos mais velhos, Pastora e Juan Prudencio, vitimados pela febre tifóide no Chaco argentino; a mãe, duas vezes viúva, continuava vivendo em Salto.

Era chegada a hora de ser adulto, ter um emprego. Em Buenos Aires, com o apoio do cunhado, Eduardo D. Forteza, começou a atuar como professor normalista, primeiro fazendo parte de bancas de avaliação e, a partir do ano seguinte, já como substituto do próprio cunhado, no Colégio Britânico de Buenos Aires.

A cidade portenha era a terceira capital à qual Horacio chega tentando se estabelecer. De Paris desistiu sem sequer ter tentado. Montevidéu parecia ter sido um prolongamento possível da capital parisiense, onde conseguiria continuar levando a vida juvenil e boêmia, com o dinheiro da família, sem ocupação fixa e sem muitas preocupações além das de esporadicamente escrever. Os fatos acontecidos, aos 25 anos de idade, de matar um poeta, um de seus melhores amigos, levaram-no a renunciar aos sonhos que tivera até ali: a poesia, gênero e vivência tão entranhavelmente associados àquele período da vida, não terá mais lugar em sua vida. Era tempo de renúncia, para poder continuar vivendo.

Horacio agora ia ser professor. Seus textos perderão o vigor da afronta sem mediação à sociedade e aos leitores; não ditarão mais regras de comportamento. As polêmicas em torno aos livros de versos dos montevideanos, da juventude vanguardista local, perderam a razão de ser. O jovem diretor polemista da *Revista del Salto*, o jovem ousado do primeiro livro de poemas *Os recifes de coral*[59] — lançado no ano anterior — ficariam sepultados naqueles acontecimentos erráticos dos anos anteriores. Era hora de experimentar outra coisa.

O crime do outro

O homem que chegava a Buenos Aires tinha planos mais sólidos do que os do viajante errático que ele fora um dia: ter uma casa e um emprego. E tão logo se estabelecesse, retomaria a tentativa de publicar literatura.

Não tardou muito. Após um ano e uma semana do assassinato involuntário de Federico, no dia 13 de março de 1903, era publicado na revista portenha *El Gladiador* o conto "Rea Silvia". Por sua estreia portenha, que também poderia ser chamada de redenção ou recomeço, Horacio recebe 15 pesos argentinos. Satisfeito também com a parceria, o editor abre a possibilidade de novas colaborações.

O passado, a juventude uruguaia e o espectro de Federico, como é de se esperar, ainda o perturbavam. Um dia, ao escrever uma carta ao amigo Maitland, Horacio percebe que ainda não consegue escrever o nome do amigo morto: "É curioso que, ao fim e ao cabo, de todo aquele bando de escritores, você continue mantendo erguida a bandeira da ação literária — coisa rara para um pintor. Será verdade o que eu um dia predisse a você sobre sua vocação? Brignole abandonado, Cirano morto, Asdrúbal abandonado, Julio idem, Muñecas idem. Sobramos nós dois. Quem sabe?"[60] Não conseguia escrever Federico e chama-o pelo nome consistorial. O véu do nome revela não apenas o arquidiácono perdido como ainda evoca o café parisiense onde, noutra medida, Horacio também se perdera.

Mas tenta não pensar nisso. Tenta não se deixar derrotar pela melancolia e a culpa. Existe já um veículo onde pode publicar. Afastar-se do romancista que nunca foi, do poeta que tentou ser, sem sucesso. Há sempre um outro gênero para experimentar. O conto.

Ao longo daquele ano, *El Gladiador* vai recebendo colaborações frequentes de Horacio: mais quatro contos seus são publicados: "Os amores de duas pessoas exaltadas, ou seja, a mulher que permaneceu menina e o palhaço que permaneceu homem", "Idílio (Lia e Samuel)", "A verdade sobre o haxixe", "O triplo roubo de Bellamore" e "A justa proporção das coisas". Horacio procurava sua voz no novo gênero: primeiro, com o tema do amor, pelo qual ele já fora premiado, três anos antes, em Montevidéu; depois, recorrendo ao realismo, ao tentar recriar sua experiência terrível experimentando uma grande dose de haxixe; finalmente com o conto policial. O grande desafio era fazer algo diferente.

Dois anos antes, em Montevidéu, tinha lançado um livro, *Os recifes de coral*, cuja recepção não fora das melhores. Como jovem que escrevia contra os leitores, contra o público, contra a sociedade, era difícil esperar benevolência da crítica. Um dos críticos, nas páginas da *Tribuna Popular*, qualificara sua estreia literária como "uma aberração do bom gosto, uma negação das belas letras, uma criação híbrida e estéril como as mulas".[61] Para ele, a obra "é decadente em grau tão superlativo que poderia ser qualificada de decrépita, senil e valetudinária".[62]

Não era para menos, o livro era uma coletânea de diversos gêneros, com textos de distintas procedências: fragmentos do diário de viagem a Paris, poemas em verso e poemas em prosa publicados na *Revista del Salto*, a reescrita condensada de um conto de Poe, além do conto "Sem razão mas cansado", republicado simplesmente como "Conto" e finalmente atribuído não mais a Aquilino Delagoa, mas a Horacio Quiroga. Aquela variedade, aquela busca por uma voz própria, a ousadia em experimentar o mistério e o lado sombrio da vida, nada daquilo poderia fazer o gosto da conservadora crítica montevideana, num momento em que não estavam em voga os experimentalismos e o hibridismo na América do Sul.

Aquilo ficara para trás. Horacio, o contista, acreditava que já era hora de pensar num livro novo. Por publicar pela primeira vez em livro na Argentina seria seu novo começo. Horacio começava a reunir os contos publicados ao longo dos últimos tempos, suas primeiras colaborações remuneradas: cinco textos do ano de 1903, em *El Gladiador*; outro, "Flor de Império" de 1902, publicado na *Revista Montevideo*. A outra metade do livro seria composta de contos inéditos, o que em sua nova situação significa dizer: contos que não conseguiu publicar em nenhuma revista ou jornal.

Entre os já publicados, um se destacava, por sua singularidade: "O haxixe".[63] Horacio passara os últimos anos de sua vida fazendo experiências as mais diversas, com a poesia, com a vida, com as viagens, profundamente tocado pelo pensamento e a estéticas de fim de século. Muito do que escrevera até então tinha a marca daquela fase.

Entretanto, quando ele resolveu registrar uma experiência que tivera com amigos, com uma grande dose de haxixe, algo diferente aconteceu. O relato inaugural sobre a travessia de bicicleta utilizava uma linguagem objetiva, com uns poucos arroubos de exagero; ao falar de amor ou fantasiar amores, sua escrita se torcia como o ferro decorado da *art nouveau*. Agora, na hora de contar os efeitos da droga, lançou mão de um recurso novo: ficção e realidade encontraram uma nova composição. Logo a primeira linha, sedutora, promissora, deixava o leitor cativo as próprias expectativas:

"Em certa ocasião de minha vida tomei uma forte dose de haxixe que me deixou à morte."[64] Além do forte efeito do testemunho, a experiência com a droga, ingerida sob a forma de pílulas, com a supervisão do amigo médico e poeta, Alberto Brignole, borrava as fronteiras entre a ficção e o relato, entre a crônica e o relatório médico, inclusive com excertos das anotações do personagem Brignole. A vida experimental de Horacio rompia a tela da ficção. O garoto que um dia fizera a travessia de Salto a Paysandú e escrevera uma crônica objetiva com pretensões épicas, finalmente conseguia metamorfosear o vivido e trazê-lo, sob o manto da objetividade, para o campo da literatura. Era uma mudança e tanto e os leitores perceberam que algo havia acontecido naquela página de revista:

"Me levantei: o coração batia em tumulto, com disparadas repentinas; abri os braços, com uma angústia de voo, uma sensação calorosa de deixar o chão; a cabeça rodava de um lado a outro. Não enxergava mais monstros. Entretanto, tinha a necessidade de olhar tudo detidamente, uma atenção sofredora que se fixava em cada objeto por dez ou vinte segundos, sem poder afastar a vista. Ao me livrar dessas fixações, desfrutava de uma profunda sonolência, com difusas ideias de viagens remotas. Gradualmente assim cheguei a uma completa calma. Eram quatro da madrugada."[65]

Exultante, Horacio escreveria no ano seguinte a Brignole para celebrar o achado e também o fato de que o amigo e mentor dos primeiros anos, o escritor argentino Leopoldo Lugones, qualificara o texto como "obra prima":

"Agora que me lembro, 'O haxixe' agradou muito, sendo o conto que mais chamou a atenção quando publiquei. Foi o que *me revelou*."[66] Anos depois, em sua biografia do amigo, Brignole comentará que a experiência da overdose de Horacio de fato ocorrera, salvo a magnificação de certos aspectos. Horacio, por sua vez, já sabia desde que escrevera o texto, que o que importava não era se o conto era fiel ou não à vida, mas se produzia vida em suas linhas. Ele tinha tocado algo.

Aquela experiência, no entanto, não se repetia no restante do livro. Além da meia dúzia de relatos de linguagem finissecular, assemelhada à linguagem da poesia, e cujos personagens por pouco não se desvaneciam diante do olhar do leitor, havia a outra metade, composta de contos que procuram sua sua voz na dicção do contista Edgar Allan Poe. Nesse conjunto, "O haxixe" era uma ilha.

"O crime do outro", conto que daria título ao livro, também tinha algo que o singularizava. Não era a declaração de admiração por Poe, ouvida da boca de um dos personagens:

"Poe era naquela época o único autor que eu lia. Aquele louco maldito chegara a me dominar completamente; não havia em cima da mesa um só livro que não fosse dele. Toda minha cabeça estava cheia de Poe; como se ela tivesse sido esvaziada na forma da Ligeia. Ligeia! Que adoração tinha por este conto! Todos e intensamente: Valdemar, que morreu sete meses depois; Dupin, em busca da carta roubada; as senhoras de Spanaye, desesperadas em seu quarto andar; Berenice, morta à traição, todos, todos me eram familiares. Mas entre todos eles, o Barril de Amontillado tinha me seduzido como coisa íntima minha: Montresor, o Carnaval, Fortunato eram-me tão próprios que lia esse conto já sem nomear os personagens; e, ao mesmo tempo, invejava tanto Poe que teria com gosto deixado que me cortassem a mão direita para escrever essa maravilhosa intriga."[67]

Era outra coisa. Aquele conto, tão nascido da literatura de Poe, tão colado à experiência de leitor de Horacio, não se descolava, no entanto, da vida cotidiana do seu autor. Da história em aparência fantástica e estapafúrdia, do protagonista neurastênico que tem um amigo chamado Fortunato, o mesmo nome do personagem do conto de Poe, havia um traço insistente, singular e perturbador da vida de Horacio.

Fortunato, seu personagem, tal qual um quixote moderno, parecia enlouquecer pela literatura, pela leitura dos contos de Poe. Os contos do norte-americano iam invadindo o cotidiano dos personagens, suas discussões, engendrando interpretações desconcertantes. Enquanto isso, o próprio narrador mostrava, sutilmente, ter perdido também sua cordura. Em certo momento, imaginava o que aconteceria se ele e seu amigo encontrassem "Poe e seus personagens".

Levando o espelhismo ao seu limite, ao final, o narrador tinha a ideia de, tal qual o personagem do "Barril de Amontillado", embriagar e emparedar o amigo Fortunato, com a vantagem, segundo ele mesmo, de que como Fortunato enlouquecera, não seria preciso nem mesmo cumprir a realizar a etapa da embriaguez.

É quando, no mundo ficcional de Quiroga, o protagonista e narrador realizava, pois, seu plano, mesmerizado por aquela força alheia, surgida também da literatura: "Sentei-me, então, coloquei a vela ao lado e como O Outro, esperei."[68]

Para além dos lugares comuns da literatura fantástica que aí se revisitam — o narrador enlouquecido, pouco confiável — o conto termina apontando para outra direção: a do crime nascido na literatura. O narrador se desculpabiliza pelo crime cometido, por sua aparente loucura, porque o crime não é dele, o crime é do Outro.

Morte literária e morte real se cruzavam no conto que Horacio escolhera para nomear seu novo livro. Embora estivesse orgulhoso do conto que o projetara para o público, "O haxixe", ele escolhera nomear o volume com aquele que traz menção ao assassinato do amigo. Quem é o Outro? — pergunta uma voz no fundo dos tempos. Um crime nascido da literatura não poderia encontrar outro lugar que não a própria literatura, para ser expiado, perdoado ou, ao menos, justificado. O crime não era seu, era do Outro.

O universo literário de Edgar Allan Poe oferecia acolhida aos tormentos de Horacio. No fim das contas, que outro autor tinha tantos personagens que matavam a seres mais amados, tomados por uma força inexplicável?

As primeiras loucuras de Horacio foram recreativas — clorofórmio, haxixe, álcool e cocaína — e a poesia era seu modo de revisitá-las. Para a loucura intransponível da morte de Federico era preciso outra coisa: era preciso narrar.

Edgar Allan Poe abria-lhe uma passagem, um caminho de consolo, para que o crime não seja horrendo. Com seus personagens assim trazidos da outra banda do globo, de um século, e mesmo sob o improviso imposto pela urgência de um relato ainda primário, Poe oferece consolo.

Aquela morte que o habitava e que o habitaria precisaria ser escrita ainda uma e outra vez, de modos diversos. Por ora, seria também com as palavras do Outro, até que encontrasse em definitivo sua própria voz.

CAPÍTULO 4

Escritor em fuga

Quando esteve na França, quatro anos antes, Horacio, o poeta, o ciclista, o aspirante a romancista ficou surpreso não apenas com os carros, as multidões, o movimento. Enquanto seu trem avançava rumo a Paris, ele anotava em sua caderneta o primeiro testemunho vivo de seu amor vegetal: "Sobretudo, duas coisas assombrosas na França: as estradas e o cultivo dos campos. Eles estão trabalhados com tanto carinho, com tanta pensativa laboriosidade; compreendem de tal maneira o cuidado e o amor que merece essa terra mãe; esmeram-se tanto na artística projeção das linhas e cores, que a França parece uma grande tapeçaria que um dia, estendida sobre o mundo, levará a toda parte a fecundidade regeneradora do romancista poeta."[69] A natureza desde sempre o seduzira, selvagem ou cultivada.

Na cidade estavam as livrarias, os cinemas, os cafés, onde o amor pela literatura fazia morada. Nascido, no entanto, no vasto campo uruguaio, ter uma vida de agricultor era coisa que nunca lhe saiu da cabeça. Enquanto iniciava o ano de 1904 e, ao mesmo tempo, concluía a edição de seu livro, *O crime do outro*, Horacio desenvolvia um plano paralelo, para poder sair da casa da irmã: com o que restava da herança paterna, estava comprando algumas terras na província de Resistencia, num povoado chamado Saladito, onde pensava plantar algodão e instalar-se definitivamente. Horacio já intuía que a riqueza não viria da literatura, e sim, esperava, dos vastos algodoais que teria em torno a si. Ao cair da tarde, poderia se sentar, um livro em mãos, o olhar vagaria entre as letras impressas no volume e a vastidão do campo por ele mesmo cultivado.

Emilio Urtisberea, o pioneiro de Salto, homem culto e dentista, era aquele que sempre que aparecia em sua casa povoava suas fantasias infantis com a fortuna nascida nos vastos algodoais do Chaco Austral, às margens do rio Paraná. Agora, já adulto, não tinha mudado muito: era ele a ajudá-lo com o projeto. Há tempos Horacio sabia, as terras mais baratas estavam ao norte da Argentina, no contínuo de mata virgem que vai dar no Paraguai e no Brasil. Para lá é que o progresso seguia, para lá é que era preciso ir. Como o plano de ser um romancista coberto de glórias ficara severamente prejudicado em Paris, era preciso avançar noutras frentes. Planejava sucesso tremendo para o Chaco, "onde ficarei para sempre, salvo as escapadas conseguintes. Creio fazer grande fortuna".[70] Planejava ainda sucesso tremendo para o livro, como escreveu certa vez ao amigo Maitland, "se eu der um golpe certeiro com este livro, talvez nos vejamos antes".[71]

O crime do outro sairia em março. A viagem para o Chaco estava marcada para logo depois, em abril. Caso a publicação fosse um tremendo fracasso, era mesmo bom estar longe — isso era o que Horacio não escrevia, mas pensava. Como planejado, parte rumo àquelas terras solitárias, sem companhia, sem experiência, apenas com a imagem de seus campos de algodão, uma criação de porcos e tempo para dedicar a literatura e para a carpintaria. Seu *desterro grato*.

Horacio se prevenira contra os males que o acossaram em Paris: tendo o campo à sua disposição, não passaria fome; tendo a casa para lhe abrigar, não teria carestia com hospedagem. No Saladito não pediria esmolas, teria a mão de obra dos peões indígenas, que trabalhariam muito a baixos preços. Realmente não via como as coisas poderiam dar errado. Além disso tudo, ainda poderia ler e escrever. Era o plano perfeito. Passados aqueles anos, a solidão já não era um problema para ele, pensava, estaria na companhia de si mesmo, que é do que um escritor precisa para escrever. Algo escapou, no entanto, a seu planejamento: o luto.

A solidão no Saladito foi atroz e paralisante. Sem contar já com o carinho e a presença da irmã, com o cotidiano da escola, com o movimento da cidade, os fantasmas do passado e da morte passaram a acompanhá-lo. Por mais que tivesse a presença dos peões, mal conseguia se entender com eles, o que o fazia sentir-se ainda mais só. Eles eram de outro mundo, alheios a qualquer aproximação. O Uruguai crescia como uma presença incontornável, com todos seus mortos — o pai, o padrasto, Federico, os irmãos mais velhos. Horacio não conseguia escrever uma linha sequer.

A carta que lhe sairia das entranhas, meses depois de um perigoso silêncio expunha para si mesmo, com todas as letras, o seu tormento diário: "Querido Maitland, você se queixa da sua solidão, com as brânquias ressecadas e fora d'água; mas se você visse os tormentos que eu tenho tido nestes seis meses, o desalento diário, sem fé absoluta em mim — e o que é mais triste, sem acreditar mais na arte — convencido de que eu estava morto para escrever, sentado numa lata de querosene, repetindo horas a fio um parágrafo de conto, incapaz de fazer qualquer outra coisa, no desabamento de toda minha vida valente, amortalhando-me melancolicamente com minha juventude de voo e ardente espera, tapando meu rosto com as mãos — sem metáfora — desfeito de dor pelo que havia sido. Sim, amigo, sofri todas as angústias de um indivíduo que como eu ama essas coisas, e me senti anulado já para todas estas coisas, quebrado aos vinte e cinco anos."[72]

Um ano duro. Horacio se descobrira inepto para a produção agrícola: perdia a plantação, não sabia lidar com a mão de obra indígena, interrompia a lida com os algodoais para embelezar seu jardim, plantar palmeiras ou tentar escrever. Um período de vacas magras e colheitas poucas. Na solidão das terras inférteis, sentia saudades do passado e de sua vida boêmia em Montevidéu. Em suas cartas, frequentemente se lamuriava pela falta dos amigos, as reuniões, o afeto. Horacio escrevia sempre aos confrades do

Consistório, sentindo falta daquele passado que já ia se tornando mítico. Aquela sorte de melancolia, que se compunha de histórias antigas, promessas de reencontro com os antigos parceiros literários, reminiscências de encontros e desencontros com mulheres, correspondia, em sua vida de escritor, ao completo silêncio público, acompanhado de angústia.

Um tempo de plantio demasiado longo, demasiado infértil. Pouca notícia recebia do seu livro de Buenos Aires e pouca coisa via florescer em seus campos. Suas promissoras publicações na revista *Gladiador* tinham se interrompido, sem que ele pudesse alimentá-las à distância, já que no papel, diante de si, nada surgira. A grande diferença daquele momento em relação a todos os anteriores era que Horacio se tornara um homem que insiste: permanecia cultivando o campo, tentando administrar o tempo entre algodoais e palmeiras, irredutível diante da temível folha em branco. Até que.

Algo finalmente rompia aquela ordem cruel: na primavera de 1904, depois de tanta seca, tanto silêncio, tanta melancolia, conseguiu num repente escrever um conto breve e, logo em seguida, com uma ideia meio disparatada, algo que poderia vir a ser um conto fantástico breve, ou um romance. Lançou-se à escrita do que, no fim das contas, não sabia bem o que era. Aquilo cobrava forma, um longo e estranho conto, depois de tanto tempo sem que nada vingasse. Seu nome, *Os perseguidos*.

Para o jovem escritor que ele um dia fora, sempre reticente em assinar o próprio nome, aquelas linhas que vinham à tona surpreendiam ao trazer entre os personagens o nome de um certo Horacio Quiroga, acompanhado em suas aventuras pelo escritor Leopoldo Lugones.

Uma filiação literária que colocava em cena a paternidade, dizia a impertinente voz de um psicanalista no fundo dos tempos. E era melhor sair correndo do divã, antes que algum selvagem se pusesse a interpretar o biografado.

Planeta Lugones

No princípio era um verso, um poema. Era no fim do ano de 1896, quando os jovens mosqueteiros de Salto descobriram a "Ode à nudez",[73] poema do livro de estreia de um poeta argentino chamado Leopoldo Lugones: *As montanhas do ouro*,[74] que seria publicado apenas no ano seguinte. O poema era uma revelação: atrevido, revelava a cada verso os mistérios do corpo feminino sob a forma de uma missa pagã, com imagens poéticas ousadas, de uma forma imprevista, como até então só haviam conhecido em língua francesa:

E que triunfes, nua como uma hóstia
na páscoa ideal de minhas delícias.
Entrega-te! A noite, sob sua ampla
cabeleira flutuante nos aninha.
Dedilharei teu corpo, e na noite
teu corpo pecador será uma lira.[75]

Era surpreendente. Tudo aquilo escrito por um poeta contemporâneo, que partilhava com eles a língua e quase que a pátria, o argentino vivia a uns quantos quilômetros dali. Horacio copiou o poema em seu caderno pessoal os versos que seriam lidos repetidamente nas reuniões dos mosqueteiros, com renovada embriaguez e sensualidade.

Nas férias seguintes, os rapazes decidiram ir à casa do poeta, na cidade de Barracas, no caminho entre Montevidéu e Buenos Aires, para ver se conseguiam ser recebidos. Os jovens queriam um norte poético, saber de onde brotavam aquelas estrofes malditas, tão afins a seus ideais líricos. Queriam poder celebrar com o poeta vivo o acontecimento erótico e literário.

O encontro aconteceu, mas foi bem diferente do que esperavam: imaginavam eles que o poeta seria um cume inalcançável, cujo olhar mal os alcançaria. Encontraram, no entanto, um homem comum, bem poucos anos mais velho que eles e bastante acolhedor. Leopoldo Lugones recebeu-os, falou sobre poesia e disse que os rapazes tinham nele um amigo. Criou-se uma cumplicidade, na qual Leopoldo Lugones passava a ocupar uma posição de mestre.

Dentre os visitantes, foi Horacio quem sentiu daquela visita um significado mais transcendente. Como se tudo cobrasse um sentido: sua busca pela escrita, as reuniões dos mosqueteiros, o surgimento da *Revista del Salto*. A poesia podia triunfar naquelas paragens ermas. Havia entre eles um poeta de verdade, que compartilhava com eles os mesmos pressupostos e que escrevia em castelhano.

Exaltado, inspirado, escreveu um artigo celebrando na *Revista del Salto,* o acontecimento da poesia que para ele agora tinha nome próprio: "Leopoldo Lugones é um poeta de imaginação exaltada, cujas metáforas vão às vezes além do que ele quer. É simbolista. Mais que simbolista, é *modernista*. Mais que *modernista*, é um gênio. Sua característica é a força expressiva e seu objetivo é deslumbrar. E consegue. (...) O exagero é sua forma habitual. Mas nem o busca nem o encontra: ele o sente. A amplitude está nele, em seu temperamento de batalhador. Sonha uma transgressão e chega ao crime; sonha uma nota e chega ao hino."[76]

Não satisfeito, Horacio escreveu um segundo artigo fazendo o elogio a Lugones e sua juventude. Pressentia ter encontrado o modelo do que seria sua própria poesia. Lugones passava a ocupar o lugar de centro na constelação do rapaz: sua literatura, sua opinião, suas indicações, tudo importava e ganhava um peso definitivo.

Anos depois, após o fim da *Revista del Salto*, da aventura francesa, da tragédia uruguaia, finalmente instalado em Buenos Aires na casa da irmã, é a Leopoldo Lugones que Horacio procuraria, a fim de um conselho amigo para poder publicar seus textos em prosa. Também foi com ele que contou para conseguir um cargo como professor, pois o argentino eram também Inspetor Geral de Ensino Secundário, Normal e Especial.

Se Horacio tinha uma obsessão atemporal por Poe, tinha também outra na vizinhança, por um modelo vivo, que é Leopoldo Lugones. Em uma carta a Maitland, em abril de 1903, quando Horacio lhe contou que começara a colaborar com a revista *El Gladiador*, logo mencionou-o ao amigo como seu ideal de remuneração: "Lugones começa neste próximo número com um conto gladiadoresco. Pagam bem para ele, coisa que tentarei de consegui no próximo conto também."[77] Linhas adiante, deixava transparecer seu orgulho pela proximidade com o escritor: "Tornei-me íntimo de Lugones; assim vai passando a vida triste, esperando um emprego qualquer, pois só vou conseguir me sustentar por mais um mês."[78]

Horacio emulara Lugones em seu livro de estreia. Logo depois queria emular-lhe o salário. Como ele, passaria a publicar contos fantásticos. Queria ter sua fama, seu reconhecimento. Queria dele um emprego, queria dele uma oportunidade de. Não sabia ao certo do quê. Mas se agarrava àquela ideia como um ímpeto singular.

Até que uma oportunidade surgira. No fim do primeiro semestre de 1903, sob a forma de uma expedição às longínquas selvas do nordeste argentino: Leopoldo Lugones deveria fazer uma viagem, patrocinada pelo governo argentino, às ruínas das missões jesuíticas da província de Misiones. Para Horacio, aquela oportunidade era ideal, para ele que, apesar de todas as decepções recentes, ainda aguardava um golpe de sorte que pudesse mudar-lhe o destino. A memória construída daquele acontecimento sustenta a versão de que Lugones convidou Horacio para viajar com ele. Os amigos mais próximos do uruguaio dizem, no entanto, que quem se convidou foi o próprio Horacio, afoito por desbravar com o mestre, em meio à selva, o que seriam os vestígios da passagem dos jesuítas no século dezesseis, nas ruínas cobertas pela mata e o esquecimento.

Horacio seria o fotógrafo da expedição, que produziria as imagens para o livro-relatório de Lugones, o resultado da viagem. Os amigos de Horacio — Delgado e Brignole — contam que, numa espécie de tentativa de reviver a viagem a Paris, Horacio preparara um grande enxoval de moço da alta burguesia. Se viajara à França como poeta maldito, agora parecia ir ao Norte como um personagem inglês de Jules Verne, talvez o Phileas Fogg de *A volta ao mundo em oitenta dias*, disposto a tudo, preparado para tudo, sem perder, no entanto, seu ar superior de quem não se deixa tocar por nada. O obsessivo com seu enxoval. Trazia na bagagem, além do equipamento fotográfico, cigarros e uma série de apetrechos para conter seus frequentes ataques de asma. Carga demais para quem vai se embrenhar na floresta, sem trilhas e sem roteiro claro.

Horacio, antes de viajar, não escondia sua empolgação dos amigos uruguaios para os quais escrevia. O trajeto que hoje separa Buenos Aires da capital de Misiones, Posadas, pode ser vencido por uma estrada de boas condições de cerca de mil quilômetros de distância. Há pouco mais de cem anos, no entanto, as opções eram bem outras: seguir da Dársena Sur do Porto de Buenos Aires até o porto da Província de Corrientes num barco a vapor e de lá tomar um segundo barco até Posadas, ao longo de aproximadamente seis dias: três dias para o primeiro trecho e dois dias e meio para o segundo. De trem, a provável opção dos expedicionários, o trajeto se reduzia para um dia e meio sobre os trilhos. Tudo isso para chegar apenas até a capital da província, Posadas.

De lá, a travessia até a última das missões, San Ignacio, deveria ser feita no lombo de mulas, o animal adequado para as trilhas cheias de irregularidade e mato, a fim de vencer os sinuosos sessenta quilômetros finais, onde estavam ocultos os vestígios do que foram, séculos antes, as missões de Santa Ana, Loreto, até o destino final argentino. Mas os expedicionários foram além:

"Se se quiser encontrar algo menos disforme, é necessário adentrar no Brasil e no Paraguai, realizando fastidiosas viagens em que até a comida costuma escassear. Os pontos mais próximos são San Nicolás e Trinidad, respectivamente. Para chegar ao primeiro, é preciso atravessar o rio Uruguai em frente à vila de Concepción, viajando depois setenta quilômetros a cavalo. O segundo tem dois pontos de acesso: por terra, desde Villa Encarnación, cidade paraguaia situada em frente à capital de Misiones, perfazendo sessenta quilômetros de péssimo caminho; e por água da mencionada capital até o porto de Trinidad, situado a quinze quilômetros das ruínas. As distâncias são curtas, mas a escassez de cavalos e o natural retraimento de uma população semi-selvagem, para quem a procedência argentina não é uma recomendação, fazem daquelas excursões uma verdadeira campanha. Além do mais, é necessário levar consigo provisões para todas as ocasiões, pois até a mandioca, indígena da região, costuma faltar, sendo a carne ruim e cara."[79]

Em tão precárias condições, os expedicionários percorreram os difíceis terrenos montados em mulas, mas o irascível Horacio recusou qualquer montaria que não fosse cavalo. Fez-se sua vontade e ele passou a estar sempre fora do compasso, pois como ia a galope, ora ficava muito à frente da expedição, aguardando os companheiros, ora esperava que avançassem para logo ultrapassá-los. Não era raro que saísse da trilha, se perdesse e tivesse que ser resgatado. A privação de alimento e a necessidade de submeter-se a uma dieta atípica, como comer maritacas ou papagaios assados trouxe, segundo Delgado e Brignole, uma melhora tremenda para a dispepsia da qual padecia. Quanto à asma, esta logo acabou carecendo de material para ser tratada, pois um dos membros da expedição escondeu de Horacio seu maço de cigarros terapêuticos, deixando-o à mercê de um futuro acesso que, segundo contam os biógrafos, jamais ocorreu.

Todos padeciam: os homens da cidade no inverno missioneiro; o ingovernável e arqui-urbano Horacio em meio a uma paisagem que não respeitava sua condição de discípulo de Jules Verne; os guias locais em meio àquela atípica trupe. O convívio, no entanto, ia trabalhando as diferenças do heterogêneo grupo, construindo entre eles as condições mínimas para a tolerância naquela situação de exceção.

A selva foi fazendo seu trabalho no jovem citadino, que pouco a pouco se submetia às suas leis, entregando-se a seu fascínio e despindo-se de seu bom gosto finissecular. Após aquelas semanas em que Horacio viveu seus dias de aprendiz de pioneiro, voltar ao Norte argentino passou de desejo a possibilidade e logo a obsessão.

No ano seguinte, Leopoldo Lugones publicou o resultado da viagem, o livro *O império jesuítico*,[80] sob os auspícios da Sociedad Sud-Americana de Billetes de Banco. No livro, as fotos de Horacio não têm qualquer destaque, porque o sisudo autor dizia não querer transformar seu trabalho num livro para turistas. Há mapas explicativos, representações esquemáticas da arquitetura jesuítica, imagens de época e apenas duas fotos do uruguaio, sem créditos.

Os resultados daquela jornada, para Horacio, não foram visíveis nem imediatos, mas foram se produzindo paulatinamente sobre ele. Primeiro foi o impacto da visão da selva, daquelas semanas isolado de toda vida urbana: outro modo de se mover, de se alimentar, de interagir com o meio. Logo, a história surgindo em camadas sob a capa grossa da vegetação.

A vida humana e a vida selvagem iam ganhando nova dimensão para ele. Voltar ao nordeste argentino transformava-se, progressivamente, em um imperativo. Aquela paisagem erma fez sentido para ele de modo tão radical, que ele entendeu ter encontrado o seu lugar. O que ainda não sabia era qual o melhor modo de estar nele.

A *construção do desterro*

Não queria mais voltar à casa da irmã. A vida em Buenos Aires, embora o agradasse, não era o que buscava. O primeiro impulso foi o de comprar terras no Chaco Austral, no Saladito. Foi o que ele fez, como sabemos. Mas como a solitária vida de plantador de algodão não estava fazendo muito sentido, após seus cinco meses de doloroso silêncio — humano e literário — ele fez as missões do nordeste ressurgirem num conto, sem paisagem, numa breve menção, numa cena em que os personagens eram ele e Leopoldo Lugones. A longa narrativa (longa para os padrões de Horacio) se chamava *Os perseguidores*.

O Horacio do conto sofria com o comportamento paranoico de um amigo comum, Díaz Vélez. Certa vez, o Lugones do conto volta-se ao narrador Horacio e lhe diz:

— Façamos uma coisa — me disse ele [Lugones] — Por que você não vem comigo a Misiones? Teremos algo para fazer.
Fomos e voltamos quatro meses depois, ele com toda a barca e eu com o estômago arruinado.[81]

Misiones no conto é um nome, uma ausência, um parênteses na aventura, o que não se conta. Misiones inteira passa a ser, para Horacio, naqueles anos, uma suspensão silenciosa: embora houvesse prometido aos amigos, não escreveu nenhum diário por lá, nem fez outra menção a ela no seu exílio chaquenho, entre 1904 e 1905, nem a transformou em cenário de conto. Misiones era o silêncio de quando todo o movimento cessa, de quando todas as narrativas se detêm. A selva literária sem sua forma. O mundo anterior à linguagem.

A temporada no Chaco foi sobretudo de leitura. Horacio levara consigo diversas traduções francesas dos romances de Dostoiévski. Enquanto pouco vivificava a seu redor, a literatura alheia era sua melhor companhia:
"Acabo de ler estes dias *Humilhados e Ofendidos*, *Irmãos Karamázov* e *O idiota*. Hoje em dia é este russo o maior, o escritor mais profundo que já li. A última cena de *O idiota* é para mim o sumo artístico. Não obstante, acredito que Dostoiévski não é para você, em razão de sua enorme pressão, que você — louco também — é mais da loucura objetiva do que da outra. Além do mais, estes livros estão em francês. Em espanhol eu só conheço *O jogador*,

relativamente pobre em relação aos outros, mas suficientemente bom para ser apreciado. Leia-o, ao menos para conhecer um dos maiores romancistas do século passado e, sobretudo, o mais *estranho, disparatado, absurdo*."[82]

O encontro com Dostoiévski oferecera a Horacio a dimensão psíquica para o universo dos seus personagens. Se Poe lhe dera a lição da psicose, da loucura que transforma o entorno, com o russo era possível explorar mais camadas da psique. O escritor já tinha mais ferramentas para tentar descrever um mundo mais próximo daquele pelo qual se movia. *Os perseguidos*, sua primeira novela, seria o resultado daquela costura.

Los Perseguidos — escrito assim em espanhol — ecoa o título do livro em francês, lido por Horacio, *Les Possédées*. Díaz Vélez, seu personagem, trazia uma fera adormecida no olhar, que podia despertar a qualquer momento. Uma loucura selvagem, como a dos personagens de Poe, mas que nunca se manifestava totalmente. O texto se passava na Buenos Aires contemporânea ao escritor, e não mais nos territórios difusos, calculadamente artificiosos das primeiras narrativas. Um louco espreita nos olhos do seu amigo. Um crime está quase por acontecer. Prepare-se.

Leopoldo Lugones, ao prefaciar o livro, dizia saber do que o amigo estava falando; era, segundo ele "a história de um louco perseguido cuja origem real eu conheço, o que me dá, certamente, um papel com nome próprio e tudo, na interessantíssima narração".[83]

Horacio perseguia a literatura do seu cotidiano. Como fizera com "O haxixe", queria escrever narrativas a partir do que vivia com seus amigos, para tornar seu texto um pouco mais real e sua vida um pouco mais literária. Se estavam abolidos os bulevares parisienses, seria nas ruas do Rio da Prata que haveriam de surgir os personagens de seus contos. E não seriam loucos perigosos, que emparedam amigos, assassinam esposas e furam os olhos dos gatos. Seriam, sim, pessoas dispostas a tudo, mas que nem sempre passam ao ato. Horacio quer a fronteira entre a literatura e a vida cotidiana, em que o limite se esmaece e que não se sabe se foram os domínios da literatura que abriram as portas para a vida cotidiana ou se foi a vida cotidiana que acolheu o desvio do conto fantástico.

Assim é que Lucas Díaz Vélez, um amigo do escritor e de Lugones, um personagem literário, no texto começa a perturbá-los com sua paranoia persecutória. O próprio narrador, tentando testar a loucura do amigo, começa de fato a persegui-lo, o que faz com que ele se interesse, se identifique de tal forma com Díaz Vélez a ponto de chegar às raias de perder sua própria cordura, de não se saber mais um sujeito normal, de ir se interessando perigosa e eroticamente pelo objeto de sua observação com seu olhar devorador:

"Tive um momento de angústia tal que não me dei conta de ser ele tudo quanto eu via: os braços de Díaz Vélez, as pernas de Díaz Vélez, os pelos de Díaz Vélez, a fita do chapéu de Díaz Vélez, a trama da fita do chapéu de Díaz Vélez, a urdidura da urdidura de Díaz Vélez, de Díaz Vélez, de Díaz Vélez..."[84]

A loucura amorosa. A embriaguez do olhar do narrador encontra reciprocidade em Díaz Vélez, que também lança-lhe olhares interessados, onde menos se espera, "deteve o olhar no botão do meu casaco".[85] Depois é o contato íntimo e físico: "Nos sentamos na diminuta mesa, os joelhos quase se tocando";[86] "Nós dois começamos a rir, afastando ao mesmo tempo o olhar. Díaz levou a xícara à boca, mas no meio do caminho percebeu que ela estava vazia e a deixou. Seus olhos estavam mais brilhantes que o de costume e com fortes olheiras — não de homem, e sim difusas e arroxeadas de mulher".[87] Para então surgir a besta naqueles olhos misteriosos: "'Quando eu me levantar — pensei com angústia — ele vai me matar com um tiro.' (...) Díaz, com uma sacudida brusca, voltou-me a mim. Durante o tempo que levei para chegar a seu lado, sua respiração suspendeu-se e seus olhos cravados nos meus adquiriram toda a expressão de um animal encurralado que vê chegar até si a escopeta na mira."[88]

O conto de Horacio mantém a tensão — psíquica, erótica, violenta — para que seus personagens não passem ao ato. Foi a primeira vez que alcançara aquele efeito. Havia conseguido. Era o primeiro fruto de seu retiro de um ano e meio.

Apenas um mês depois, em julho, entendeu que a tarefa estava cumprida. Enquanto se dedicava à última colheita de algodão, contava a Maitland que no segundo semestre iria a sua cidade natal, Salto, e em seguida a Buenos Aires, onde havia a promessa de aulas para o ano de 1906, o que lhe permitiria voltar à capital.

O algodoal não dera lucro, mas tampouco o levara à bancarrota: ele pararia antes. Assim, iria conseguir retornar a Buenos Aires com mil dos sete mil pesos de que dispunha quando iniciara a empresa algodoeira. Seria seu capital para se reestabelecer em Buenos Aires. Tentou combinar com o amigo Brignole se ele poderia acolhê-lo.

O Athos, do Consistório, era agora médico bem formado, pronto para começar sua carreira de sucesso. Acabara de regressar da Europa e estava estabelecendo seu consultório em Buenos Aires, na rua Córdoba 728. Naquele imóvel, Horacio ocuparia um cômodo que lhe serviria de quarto e escritório de trabalho. Era o inapelável fim de uma pouco promissora carreira de produtor rural. Era o recomeço de uma igualmente difícil carreira de escritor e professor na capital. O plantador de algodão não enriquecera.

CAPÍTULO 5

Educação sentimental

Horacio retornava a Buenos Aires, é certo, pelo fracasso como plantador de algodão, mas também, na mesma medida, pela confiança com sua escrita. Após a longa temporada de isolamento, sentia que tinha encontrado finalmente uma linguagem com a qual se satisfazia. Valia a pena empreender novas tentativas no universo editorial portenho. Portanto, era preciso mesmo sair do Chaco, onde não havia leitores, editores, cidade e tudo o mais que sustenta o circuito da leitura. Publicar e ser lido, só na capital. Um novo começo para quem já estava se habituando a recomeçar.

Depois de uma temporada de férias em Salto, onde reencontrou a mãe, instalou-se no consultório de Brignole, voltou a bater às portas das revistas, jornais e, de quebra, também retomou as aulas. Como escritor, já com alguns bons contatos, um livro publicado em Buenos Aires e algumas colaborações no ano de 1903, foi-lhe mais fácil recomeçar.

Sua reestreia foi em grande estilo, conseguindo publicar em jornais e revistas que antes lhe eram inacessíveis. De cara, sua literatura ocupou um canto de página de um dos maiores jornais do país: seu conto "Almas Cândidas" apareceu no *La Nación*, no dia 2 novembro e duas semanas depois outro conto, "Europa e América", apareceu no recém-surgido, mas já prestigioso, magazine *Caras y Caretas*.

Algo novo acontecia: havia interesse genuíno no que ele escrevia, os veículos se interessavam por seus contos e ele tinha condições — e estoque — para atender à demanda. Os primeiros relatos — escritos no Chaco e publicados em Buenos Aires — ainda tateavam em busca de algo. Horacio renunciara a ser o poeta em prosa e seus contos buscavam temas mais realistas, mas sua escrita, apesar de boa, ainda estava à procura de sua forma.

"Almas Cândidas", extremamente curto, falava de um casal jovem que, ao ver morrer seu cachorro de estimação, recusava-se a enterrá-lo; pensavam que o verdadeiro amor podia manter insepultos os seres queridos. O animal se decompunha diante dos olhos deles e a necessidade do sepultamento impunha um fim à melancolia da dupla.

O outro conto, "Europa e América", com seu título sugestivo, colocava em cena, com muito humor, algo da ordem da diferença cultural. O conto nascera no *Città di Torino*, em alto mar, a caminho da França, e era a hora de ir à forra contra os genoveses que tanto o haviam incomodado. O conto falava da chegada de um padre italiano a um local chamado Dolores de Buenos Aires. O religioso assumira para si a tarefa de cobrar um homem que quebrara o compromisso de se casar com sua noiva, após "um longo trimestre de beijos".[89] O vigário fez um sermão ao noivo prófugo, cioso de estar cumprindo sua função. No final, atônito, escutava do pecador que naquelas terras os conselhos não solicitados não eram bem-vindos.

Horacio narrava, com um humor singular, em seus novos contos, experiências e impasses pregressos. Para além dos poucos pesos que recebia eventualmente por um conto aceito para publicação, Horacio seguia morando de favor e aguardando a intervenção de Lugones para conseguir-lhe um cargo de professor de castelhano e literatura, o que lhe renderia algo como duzentos pesos por mês.

Retornara à cidade cheio de vontades e de vida. Afora os amores fugazes de Salto e Montevidéu, Horacio nunca tivera uma relação amorosa que persistisse no tempo. Após sua temporada sabática no Chaco, começou a conhecer moças interessantes, mas era sempre preciso detectar previamente a disposição da garota para as artes amatórias e, por outro lado, o grau de controle dos familiares. Muitas vezes Horacio queixava-se com Maitland, seu amigo de juventude, com quem se permitia a liberdade de tratar de assuntos carnais, do súbito desinteresse de certa garota após a iminência da conquista, "possivelmente por não encontrar em mim intenções matrimoniais".[90]

A uma semana do Natal, o panorama mudara: Horacio conheceu uma garota que sequestrou sua atenção, seus desejos e seu apetite sexual. Ao escrever ao amigo uma longa carta — na qual fala da castidade da noiva de um amigo comum e de várias outras fantasias de quem tem os nervos à flor da pele e a libido desenfreada —, ele se referira a ela: "A garota de quem eu te falei, por meu desejo bela, continua mexendo o olho com que a fito todos os dias, à espera docilmente do duo fornicador que lhe promete meu olho com lânguida piscadela."[91]

Desta vez, a relação vai adiante. Os pais da jovem o aceitam em sua casa e o desenrolar foi promissor. Mais de um mês depois, Horacio tinha o direito de ir ver com frequência a dona de seu olhar: "Visito uma vez por semana a modo de namoro aquela garota de quem lhe falei. Ai de mim, há pouco começaram a nos deixar sozinhos, e mesmo assim vai me custar não pouco chegar à plena sessão de beijos. Ao final, descobri-a de uma honradez burguesa, que suas primeiras toureadas não permitiam pressentir."[92]

A difícil corte continua e, dois meses depois, Horacio já tem tanto a confiança da família quando de sua pretendente. O casamento, ele pressente, estava por se realizar: "Aquela garota de que lhe falei é hoje minha noiva e, acredite, vou me casar com ela no ano que vem. Consigo que nos deixem sozinhos na sala por cinco ou dez minutos, ocupando tal tempo em beijá-la na boca e abraçar-lhe os joelhos, com própria fruição de minha esperança. Tem uma maravilhosa boca, a sapeca; agora ela está fora, voltando no fim do mês."[93]

Vista do século vinte e um, a corte à adolescente, mediada pelos pais zelosos, mostra os efeitos do controle da sexualidade naquela que, apesar de tudo, era considerada uma cidade moderna e das mais progressistas da América Latina. Desfrutar a naturalidade dos corpos era algo cercado de protocolos sociais e o casamento, antes de ser um laço de afeto, era uma autorização para que dois desconhecidos pudessem livrar-se das amarras que os mantinham castos nas casas paternas.

"A garota amada voltou do campo há dias. Eu a visito duas horas por semana, e no resto dos dias sequer a vejo. Tudo isso estaria muito bom se nessas duas horas me deixassem livre com ela. Apenas uns minutos — quatro ou seis beijos no máximo — e novamente a maldita mãe ou irmã. A pobre menina tem uma magnífica boca, apesar de suas estúpidas ideias de recato."[94]

Enquanto uma maior intimidade com a futura esposa lhe era negada, Horacio mantinha ativa sua vida sexual com a empregada uruguaia que trabalhava na casa de Brignole. O futuro sogro finalmente determinou que o noivado não seguisse adiante, pois queria maior atenção de Horacio com seu pequeno cunhado de dois anos.

A esperança se rompia e os intercursos carnais de Horacio continuariam a se limitar a prostitutas, empregadas domésticas, mulheres viúvas e, em suas próprias palavras, alguma "dama audaz", que constituíam o universo das mulheres sexualmente disponíveis.

Do outro lado, eram olhares trocados com alguma normalista aluna sua, sem maior possibilidade de aproximação. Ao menos até que algo se apresentasse: entre as trinta e seis estudantes, todas mulheres, uma começa a olhá-lo de um modo diferente. E mais, os olhares trocados se sustentam pouco mais do que seria o razoável. Horacio se desconcentrava ao perceber o cruzamento fortuito se repetir de modo algo desconcertante. "Há uma garota discípula na Escola Normal que se deixa olhar bastante por mim, dando-me igualmente doce prazer."[95] Era outubro de 1906, quase o fim do ano letivo e Horacio se sente abalado, não consegue usar com Maitland os termos jocosos do universo sexual de seu repertório corrente e pouco lisonjeiro, como o verbo *montar*. Sentia que estava perdendo o equilíbrio. Assim que o ano acabou, resolveu tirar umas férias bem longe dali.

Ao fim do seu primeiro ano completo de trabalho como professor depois regressar do Chaco, Horacio decidiu revisitar o Nordeste que conhecera com Lugones: a província de Misiones. Iria passar dois meses lá com um amigo, Gozalbo, e, quem sabe, "comprar uma chacrinha, sob pretexto de uma propriedade divertida. Se o fizermos, Gozalbo voltaria para lá para se estabelecer, e eu iria quando pudesse. Estou louco para ter um pouco de vida selvagem".[96]

Depois de um ano duro de trabalho, acreditava merecer aquele refresco. A temporada missioneira não o decepcionaria em nada. Pela primeira vez, Horacio viajava a um lugar transformador, com a data de retorno estabelecida: podia desfrutar a navegação pelo Rio Paraná, as caminhadas pela terra vermelha, a pescaria, travar contato com os quatis, onças, tamanduás, pássaros diversos, sem maiores preocupações. Não era mais um salto abismal sem garantias. Dispunha não apenas do teto do rancho onde estava hospedado, como também um lugar para retornar: com endereço, emprego e uma revista — o magazine *Caras y Caretas* — cujo editor, Luis Pardo, com gosto queria receber suas colaborações.

Naquelas férias Misiones cobrava importância nova: não se tratava mais do primeiro encontro, mas de um regresso que confirmava as intuições primeiras de que aquele era seu lugar. A ligação que ia se estabelecendo, a possibilidade de transitar entre os dois mundos fascinou Horacio. Tinha de novo o cheiro da terra ao qual se habituara no Chaco, os barulhos da mata, sem a solidão inapelável e sem precisar abdicar do universo urbano das letras.

Poderia se casar e lá viver com uma mulher que fosse anti-burguesa o bastante para aceitar a proposta. O plano de comprar com Rosalbo não ia vingar. Uma propriedade em Misiones não podia mesmo ser recreativa nem divertida. Porque lá é onde a vida de fato se produzia. A vida selvagem.

No fim de janeiro, em Puerto Alegre, no Paraguai, escrevia fascinado ao amigo Maitland, confessando que algo poderoso se produzira nele, um amor inapelável pelo "país", que é como ele passaria a chamar o território selvagem do Norte:

"Este é um país endiabradamente florestal. Não há nada mais que floresta, sem a mais mínima clareira, floresta até o Amazonas ao norte, idem até a cordilheira ao oeste, idem até Corrientes ao sul, e idem até o Atlântico. Enumero isso a você tão detalhadamente porque é surpreendente a necessidade que se sente aqui de um pedacinho de terra em que não haja árvores e trepadeiras e bejucos e bambus, taquapis e taquarembós. O rio, de San Ignacio até aqui, está encaixotado por barrancas de cem a cento e cinquenta metros em declive de quatrocentos e cinquenta e nove a seiscentos e nove metros, todas cobertas por mata. A não ser o alívio das trilhas de madeireiras, algumas maravilhosas, não seria materialmente possível viver aqui. Como calor, de 39 graus para cima. De noite refresca bastante, e não há nada de mosquitos. De dia, mosquitinhos, não abundantes. Não há cobras nem aranhas nem escorpiões. Maravilhosas borboletas e tucanos. Um negro brasileiro e velho, vizinho da frente, com quem fui caçar, tem dois cachorros que se chamam Suspiro e Sol de Maio. Foram catorze dias de viagem de Buenos Aires, chegando aqui no dia 20 deste mês. Outro dia vi passarem dois papagaios, assustados ainda com Orellana. São raros aqui."[97]

O pioneiro se manifestava, encantado. Era apenas sua segunda viagem a Misiones, num espaço de três anos, e tão diferentes as duas, mas já fora tomado pelos encantos da terra, inapelavelmente. Aqueles seis meses passados lá, seja pesquisando as ruínas em meio a selvas brasileiras, argentinas e paraguaias, seja agora, pescando, caçando e conversando com gente de lá, foram o bastante para lhe plantar na cabeça a ideia de que era imperioso voltar. Um país feito de mata, um país que ficava à borda de outros países, e com um rio tão maior que o rio da sua infância. Tinha que voltar.

A partir de então, quando as coisas não iam bem em Buenos Aires, Horacio pensava em Misiones. Ele, que sempre tivera projetos solitários, pela primeira vez queria levar as pessoas para viver com ele naquele mundo virginal. A mãe de Horacio, sozinha em Salto, e tão duramente marcada pela vida, nutria-se também da utopia do filho e considerava desbravar o nordeste argentino.

"Faz muito frio. Profundas lembranças missioneiras me acalantam nesta inclemência, e passo horas ruminando projetos de vida solar e executiva. Mamãe está disposta a comprar uma chácara por lá, que eu possivelmente iria tocar."[98]

Não leva muito tempo até tomarem a decisão. Com as facilidades oferecidas pelo governo argentino, que queria povoar a região inóspita e pouco habitada, e com a generosidade materna, Horacio comprou 185 hectares em San Ignacio, um povoado habitado por algumas dezenas de pessoas, numa meseta com vista para o rio Paraná.

O traslado a San Ignacio, no entanto, ficava adiado. Ainda era preciso criar as condições para a mudança. Horacio não queria ir solteiro. O contista professor tornara-se moço casadoiro, e sua peregrinação em busca da mulher que aceite a um só tempo o casamento e a selva não era nada simples. Fantasiava se Elisa, uma aluna sua, não poderia ser essa mulher. Não, certamente, não. Não sabia nem ao certo se a menina gostava dele. Pensava muitas vezes que ela só o provocava por um exercício de vaidade pessoal. A garota o torturava, isso sim. Enquanto tentava deixar que o espírito prático ditasse as regras, Horacio ia à deriva, perdendo o governo das próprias ideias e decisões.

Já fazia um ano que conhecera Elisa e, contra sua própria vontade, confessava ao amigo o desconforto diante da garota, que se singularizava do universo indistinto das mulheres possíveis e assumia inquietantes contornos: "Frequento uma garota normalista, a mesma, a única de quem já te falei uma vez. Fui duas vezes à casa dela. O ruim é que, como é um potro, me desorganiza a aula, e tenho que evitar isso, para não perder em uma hora de aula o que ganho em toda uma tarde. Não sei onde isso vai parar."[99]

Elisa, definitivamente, o perturbava. Não conseguia lidar com desenvoltura com aquela situação, ainda mais em seu ambiente escolar, onde com dificuldade conseguia manter sua vaga, já que sucessivos problemas o deixaram alguns meses sem pagamento, devido a procedimentos burocráticos antes de sua nomeação definitiva como titular da cátedra, o que só aconteceria naquele mês de outubro.

"Comecei mal a primavera: ela veio em forma de aluna — a de sempre — pela qual me sinto com os mesmos ridículos exageros de oito anos atrás."[100] Sentia-se sempre e novamente como o adolescente que, ainda em Salto, apaixonara-se violentamente por María Esther Jurowski, no carnaval dos seus dezoito anos, e enfrentara a resistência inabalável do pai da garota, o médico polonês Julio Jorkowski, e os sinais difíceis de entender da mãe dela, uma opulenta mulher chamada Carlota Ferreira, de muitos casamentos, aventuras e escândalos na pacata cidade de Salto. Começava a pensar, mais que nunca, na imperiosa necessidade de escrever um conto sobre aquela situação, ou um romance. Que horror, já não conseguia lidar nem com o passado nem com o presente.

Como não conseguia escrever nenhum conto sobre sua própria situação, transformou-se mesmo em personagem de folhetim alheio: "Passando ao tema mais *fácil*, vou te dizer que o amor continua me batendo no fígado. Faz quinze dias que, uma noite, fui a um Conservatório Labardén para ver o ensaio de um drama, encontrei a garota amada da Escola Normal, conversei um pouco com ela e, ao me despedir, me estendeu a mão com luva. Que mão! Ânimo! Tomei-a e ela não a desprendia nunca. Deus eterno! A coisa foi tão longa e perseverante que suas colegas perceberam, ficando uma delas com a mão estendida à espera do juízo final daquele silencioso, embargado e profundo aperto. De tal monta foi aquilo de se desprenderem as mãos que a luva ressoou: tac! Durou três ou quatro segundos; pegue seu relógio e meça o que é um aperto de mãos de três ou quatro segundos. Saí de lá soltando fogo pelas ventas e com os rins congestionados. Ânimo! Fazia muito tempo que isso não acontecia comigo. E agora, se você considerar que com essa moça eu nunca tive real correspondência de amor, que nunca tive certeza se ela gostava mesmo de mim, você vai perceber o que é uma entrega como essa, deixando-me na palma da mão, duzentos ou trezentos orgasmos antecipadamente gozados."[101]

No dia seguinte, Elisa contaria a Horacio que recebera um bilhete anônimo, de uma colega normalista, dizendo que sabia do caso dela com o professor. Em seguida, a colega denuncia-a à direção da escola, dizendo que Elisa e o professor se encontravam furtivamente, e que Horacio também a cortejava.

Era o escândalo do qual o professor não precisava. Seu amor furtivo se torna público e passa a ameaçar seu trabalho. A direção faz com que as duas estudantes sejam suspensas, Elisa e a denunciante. O professor Horacio ficava cada vez mais enredado em seus afetos, em situação delicada com a direção da escola, e sem saber, na verdade, onde amarraria seu burro. O vexame foi geral e não havia mais a menor condição de levar adiante aquela comédia.

Àquela altura Horacio já desconfiava que a mulher da sua vida podia não ser uma possibilidade concreta, ou ser morta como possibilidade por conta de seus pais excessivamente zelosos, por umas inimigas invejosas. Uma mulher podia sempre se fazer miragem.

Ao longo dos dois últimos anos, sucederam-se normalistas lindas, empregadas dispostas a tudo, viúvas incandescentes, prostitutas experientes, e uma ou outra visagem de amor. Horacio, trinta anos, parecia perder-se num profundo tédio. Na repetição imprevista da onda que sempre o trazia de volta à margem, a boca cheia de areia no chão.

Assim, quando surgiu Ana María, já no ano seguinte, ela era mais uma garota entre outras. Que o olhava com admiração durante alguma aula; cujo olhar se perdia embevecido na hora errada; que deitava sobre ele a atenção, esperando do experiente professor alguma atitude que a destacasse da multidão. Era isso mesmo? Ou era só o pensamento dele?

As mulheres miragens de Horacio se faziam concretas quando ele escrevia, pela primeira vez, seus nomes. Então o passado se apagava e ele ingressava de novo no universo pleno de expectativas. Ana María Cirés tinha dezenove anos, era doze anos mais jovem que Horacio e tinha o poder de fazer renascerem nele todas as projeções, todas as fantasias, todas as expectativas, todos os planos de uma vida futura.

Apaixonado e contrariado, dizia: "Você deve saber que estou decidido a me casar no fim do ano. Acredito que este ato é uma das coisas mais estúpidas que um homem pode fazer, tanto quanto meter dentro do corpo coisas duras quando têm fome. Mas sabe Deus que uma e outra coisa são buscadas, e daí o meu ingresso no rebanho."[102]

Um atípico no rebanho

Depois de mais de três anos em Buenos Aires, Horacio queria se casar e não era fruto do arrebatamento somente. Algo havia nele que o empurrava àquela direção. Um resto de outro tempo, algo que se depositara e que ele não queria, não podia ou não sabia como conter. Ao longo de 1906, seu primeiro ano depois de retorno do Chaco Austral, começara a acalentar a ideia de ir a Misiones: uma casa de veraneio a princípio, logo um lugar onde sua mãe poderia viver. Finalmente, um lugar para ele mesmo: uma comunidade avançada na mata nordestina.

Nas férias de verão de 1908 tinha ido a San Ignacio, nas novas terras da família, e ao longo de três meses, com alguns peões, ergueram a casa de madeira onde pensava viver depois. Era hora para isso? — ele mesmo se perguntava. Ainda mais agora já tinha experiência como professor efetivo e cada vez mais se firmava como contista em Buenos Aires. Seus contos apareciam com grande frequência nas páginas de revistas locais como *Caras y Caretas*, um por mês: um verdadeiro sucesso.

A despeito disso, algum misterioso relógio indicava que era, sim, chegado o momento. Cumprira-se um aprendizado. À beira dos trinta anos de idade, ia fazer parte do rebanho. Só faltava combinar com os pais de Ana María. Quando souberam que Horacio queria levar sua menina para morar na floresta, numa casa de madeira, num lugar com índios nativos — e não europeus, como eles — onde não havia ruas asfaltadas, luz elétrica, hospitais, e o acesso de Buenos Aires tardava três dias, no melhor dos casos, entenderam definitivamente que o pretenso futuro genro era louco. Que não. Que não fazia sentido. Que não havia maneira. Que aquilo era um disparate. Que Ana rompesse logo com Horacio, porque aquilo não tinha futuro. Que não mesmo.

Ana entendeu a situação e, no mesmo dia, foi conversar com Horacio. A garota parecia convencida da impossibilidade de fazer convergirem o universo familiar com o mundo de sonhos que lhe oferecia o noivo. A impassibilidade de Horacio surpreendeu-a um pouco, parecia estar indignado por ela não ter se rebelado. Por não ter querido fugir com ele, como qualquer valorosa dama folhetinesca não titubearia em fazer.

Homem maduro, Horacio aceitou a ruptura. Ao menos num primeiro momento. Durou pouco. Logo ficou colérico, maldisse Ana María, seus pais e até a quinta geração de franceses dos quais eram oriundos. Durou pouco, mais uma vez: logo veio a melancolia. A perda de Ana María e da possibilidade de ir com ela a San Ignacio o aniquilaram. Não sabia como lidar com a queda de seu sonho. O chão faltou-lhe. Foi em busca do amigo Brignole, que o havia acolhido em sua casa anos antes e, desprovido já de qualquer mesura, chorou desesperado em seus braços, "e tanto chamou de cachorra a vida e deixou entrever propósitos extremos, que o amigo, temeroso, reteve-o a seu lado por vários dias".[103]

Ana María tampouco conseguiu manter o propósito de separação. A jovem adoeceu, deprimiu-se, emagreceu e passou a preocupar os pais, colocando-os já na incômoda posição em ter de decidir qual seria o mal menor: mantê-la definhando em casa ou entregá-la ao louco.

O louco, por sua vez, inventava todos os estratagemas para enviar cartas, conseguir combinar encontros furtivos com Ana, mesmo que à distância, da janela, indicando a ela seu firme propósito de insistir com o plano de se casarem, a todo custo.

Duraram semanas aquelas investidas. Até que a família de Ana María cedeu. Impuseram como condição trasladar-se com ela, nas férias do fim do ano, para que pudessem dar-lhe apoio naquele disparate. Também a mãe de Horacio se dispôs a acompanhar o casal ao Norte. A aventura folhetinesca ganhava a rede de proteção familiar, e os pais tentavam tornar aquela loucura algo minimamente exequível, que não colocasse os jovens em risco.

De modo que finalmente se casaram no dia 30 de dezembro daquele ano, véspera do aniversário de 31 anos do noivo, e partiram em caravana ao Norte: além do casal, os pais de Ana María, a mãe de Horacio e seu padrinho e amigo Brignole, que ficariam por lá pelo mês seguinte.

Qualquer um, isto é, qualquer um que não se chamasse Horacio ou Ana María, conseguiria perceber que aquele casal, em tudo alheio à região, a despeito das sucessivas férias do escritor em Misiones, teria todas as dificuldades para se encontrar tão longe de qualquer núcleo urbano. Horacio e Ana María, no entanto, estavam preocupados com a embriaguez do amor e não tinham tempo algum ou interesse no que diria o bom senso.

CAPÍTULO 6
Golpes da mandíbula

Chegavam ao fim os quatro anos de Horacio na capital argentina. Iria viver agora na selva, fronteiriço ao qual ele chamava de país, o que significava inventar uma pátria em meio à mata e aos bichos.

Ao longo daqueles quatro anos, conseguira, como escritor, sair das sombras de Darío, Poe, Lugones e Dostoiévski. A cada dia, era mais reconhecido por seu próprio estilo: um contista realista, de frases certeiras, econômico, que publicava sobretudo em *Caras y Caretas*, no espaço de uma página ou página e meia, histórias, em sua maioria, assombrosas. Uma moça recém-casada, apaixonada e sonhadora, adoecia estranhamente na lua e mel e ficava de cama enquanto emagrecia e empalidecia vertiginosamente. Um casal apaixonado tinha filhos que inequivocamente adoeciam de meningite e se transformavam em deficientes mentais; a história se repetia a cada nova criança.

Já não publica em revistas de amigos, era um escritor profissional. O editor o obrigava a cortar tudo o que sobrasse: adjetivos, descrições muito longas, frases prescindíveis. Assim, Horacio e Luis Pardo atingiam o milagre de fazer uma ficção curta e completa caber no espaço estreito da página, com a ilustração, a discreta assinatura e o título.

Era o milagre da condensação, reconhecido pelo próprio Horacio: "Luis Pardo, então chefe de redação de *Caras y Caretas*, foi quem exigiu do conto um grau inaudito de severidade. O conto não devia passar então de uma página, incluindo ilustração correspondente. Tudo o que restava ao contista para caracterizar seus personagens, colocá-los em seu ambiente, arrancar o leitor de sua indiferença habitual, interessá-lo, impressioná-lo e sacudi-lo, era uma única e estreita página. Melhor ainda: 1256 palavras."[104]

Horacio então detinha o domínio da cifra mágica, era o mestre da página solitária. Capturava a leitora, capturava o leitor, tinha estratégias, as que dominava e as que o dominavam. Um dia ainda ia transformar sua profissão de fé em catecismo, decálogo ou coisa que o valha. Um dia ainda seria o mestre. O que aprendera das leituras obsessivas de Edgar Allan Poe ajudava, mas não bastava. Depois vieram Tchékhov, Maupassant e os temas foram variando. Veio seu corpo a corpo com a folha em branco, vieram os comentários dos leitores, veio a negativa ferrenha, porque silenciosa, de alguns editores.

Foi ganhando respeito e "O travesseiro de pena", publicado em 1907, duas páginas coloridas, duas ilustrações, dava marca de seu prestígio. Quando começaram a lhe pedir colaborações com maior frequência, quando começou a recomendar textos dos amigos, sentiu que sua voz começava a ser ouvida. "Os navios suicidantes", de dois anos depois, causava calafrios inexplicáveis, por conta da história inexplicável dos tripulantes de um barco que se lançavam, sem razão, ao mar, atraídos pela morte. "A galinha degolada" deixava espantadas as famílias, ao perceberem que o perigo da morte habitava o núcleo familiar: o casal que insistia em uma prole normal, para os padrões eugenistas então vigentes, apesar da clara evidência de que juntos geravam uma série de crianças da qual não se orgulhavam.

A poética de Horacio se afastava dos "contorcimentos de 1900".[105] Não mostrava as cenas explicitamente, sugeria-as: "A procura da palavra é parecida com uma mordida e o Rubén Darío não tem o golpe seco e decidido da mandíbula".[106] Horacio tinha.

Puxa vida... e ia deixar tudo para trás. Ia ser tão grande em Paris, e uma questão de dinheiro, afetação, pôs tudo a perder. Ia ser tão rico no Chaco, pensava, até que descobriu que era preciso roubar do dinheiro dos peões para poder prosperar. Era preciso tratá-los como escravos ou animais. Isso o perturbou. Em San Ignacio agora só queria mesmo criar sua família, ser um homem finalmente. Não andar mais perdido entre amores fugazes e aventuras mulheris.

Ia fundar seu país, já sabia, mas sem linguagem não teria o menor sentido. Ia manter a qualquer custo sua literatura funcionando na outra ponta do rio. Das alturas insondáveis da sua meseta de basalto, terra dura para o cultivo, no seu chalé tropical, com um telhado de carnaúba construído às pressas, a madeira molhada, que já ia empenando e abrindo frestas até pitorescas se, além da luz solar, não fizessem também penetrar aos borbotões nas tempestades tropicais. Era lá que ia construir, feito Fitzcarraldo, seu sonho precário de civilização.

A pressa com o telhado não significava que não tivesse se planejado: o terreno, a localização, a casa, a época melhor para a mudança e, o principal, um amor. Foram dois anos para comprar o lote, construir a casa e fazer a mudança — e essa foi a parte mais simples. Um sonho que se acalentou com tempo, foram sete anos desde que chegara pela primeira vez àquelas terras, para encontrar entre a mata cerrada o que restava das construções jesuíticas, percorrer as ruínas e enfiar com gosto as botinas na terra vermelha e molhada. Foram férias sucessivas percorrendo o rio, as trilhas, e se sabendo num lugar novo e virginal.

O grande desafio foi não vir sozinho. Àquela altura, já sabia que não suportaria nem o frio nem a solidão. Os meses passados entre Salto e Paris, amargando a miséria e o mutismo, era coisa que não queria repetir jamais. A solidão do Chaco, aplacada, no máximo, por cachorros e cartas, sentado numa lata de querosene, também não eram para ele. Não havia possibilidade de construir sua vida se não houvesse um amor. E ele decidira que este amor se chamaria Ana María Cirés.

Ancorava enfim sua utopia de uma vida natural e autêntica naquele chão de basalto. Sua renúncia ao cinema, ao café *La Brasileña*, na rua Maipú, às livrarias onde ia ver as novidades francesas e as novidades locais. As leituras serão solitárias, o gramofone, com alguns poucos discos, entre os quais *Tristão e Isolda*, de Wagner, irá lhe oferecer o prazer compensatório de não poder mais assistir a concertos em Buenos Aires, e a distração da inutilidade da cultura erudita naquele ambiente selvagem. A meio caminho entre o porto do Rio Paraná e o pequeno povoado, a casa de Horacio erguia-se. Onde havia mata haverá plantas frutíferas, palmeiras, flores, e plantações de mate, amendoim e cana-de-açúcar. A distância de cerca de dois quilômetros entre sua propriedade e o comércio da região, a ausência de luz elétrica, darão ao jovem casal a experiência plena do isolamento.

Queria, apesar de tudo, continuar escrevendo. Além da agricultura, da arquitetura, da construção de barcos e canoas, era preciso forjar literatura. Ele tinha um editor. Quem tem um editor não precisa viver em meio aos edifícios, carros e livros. Quem tem um editor pode enviar textos à distância e confiar que serão difundidos entre os leitores da urbe — por ele, o editor. Luis Pardo era esse homem que poderia viabilizar tal utopia. Seus textos inéditos vão fazer falar aquela selva e, copiados à mão por Ana María, viajarão mil quilômetros pelo Rio Paraná até aportarem em Buenos Aires, para chegar às mãos da gente letrada. Desde sempre as letras o levaram de um canto a outro. Os poetas franceses o levaram a Paris; Lugones o levou à Argentina; Kipling, Defoe e Thoreau indicaram a ele que o caminho era viver apartado e renascer. Por que não ser ele, que chegou a Misiones por uma encomenda de Lugones, ser aquele a apresentar aos argentinos o país sobre o qual escritor nenhum ainda escreveu? Irá fazer falar aquela selva. Irá pintar a selva por escrito e lhe dará vida na literatura.

Como também dará vida à sua primeira filha. Depois de um ano, será ele a fazer o parto de Ana María em casa. Para o horror da sogra, a surpresa da esposa, sem que ninguém possa intervir. Horacio erguerá ao alto, ante um céu sem Deus, o pequeno corpo de sua primogênita, a quem chamará Eglé, tal como a personagem mais bem desenhada — segundo seu próprio critério — do livro *O idiota*, de Fiódor Dostoiévski, lido com paixão na solidão do Chaco.

Precocemente encerrando sua atuação como professor, naquele território sem leitores deixará suas marcas e transformará sua casa não apenas em refúgio, mas, com o tempo, no escritório do Juiz de Paz, sua nova função. Quem é do entorno reconhecerá — com estranhamento, é verdade — que ali vive um homem de letras. O nome e o lugar de Horacio serão, a partir de então e sempre, os do incômodo, do estranho, do selvagem, do intratável, do pontiagudo.

Sua obra serão seus intentos mais do que seus resultados: ele não será o pioneiro a trazer a civilização e implantar a cidade; não será o colono a ensinar aos indígenas um ofício europeu; não será o missionário a trazer aos locais uma nova fé nova e a conversão. Será aquele a converter em texto tudo quanto toque, será o *homo faber* a adaptar o entorno inóspito a um conforto rudimentar. Serão telhados de infindáveis goteiras e diversas e fracassadas fórmulas de conserto; filhotinhos de onça a crescer no seu quintal; destilação de laranjas para um licor a ser experimentado por todo o mundo; um forno para fabricar carvão; um mundo a se transformar diante de seus olhos. Horacio, seus fracassos, suas tentativas. Muitos anos depois, ao fazer o retrato de um personagem num conto, dirá: "Eu conheci certa vez um homem que valia mais que sua obra. Emerson anota que isto é muito comum nos indivíduos de personalidade. O que esse homem fez, aquilo que ele considerava sua obra definitiva, não valia nem cinco centavos; mas o resto, o material e os meios para conseguir fazê-la, isso é certo que ninguém conseguirá voltar a fazer."[107]

Sobre árvores, filhos e contos

Não nos adiantemos, retrocedamos uns meses. Horacio estava ansioso. Antes de se mudar à selva estava ansioso. Abrira mão de sua vida de dândi, abrira mão de sua vida em Buenos Aires, abrira mão de sua aventura de plantador de algodão, podia ser que fracassasse novamente, que nem conseguissem se adaptar à selva, Ana María e ele, e que tampouco vingasse como escritor. Era o frio na barriga que antecede o salto. Não importava. Ia saltar mesmo assim: "Dia 30 me caso. Você deve supor a quantidade de reflexões que isso me produziu. Mas a verdade é que já estava mortalmente cansado desta vida de cachorro, entre complicadas ferramentas espalhadas pela casa inteira e meu disparado estômago — que o diabo o carregue. Não encontro jeito de fazê-lo voltar para a casinha, e ele continuará me mortificando se eu não puser um fim a isso. Enfim, deixar a solteirice, a casa, o país e ir para lá, com as lagartixas e escaravelhos da madeira."[108]

A última precaução foi fazer um acordo com Luis Pardo, de que continuaria publicando seus textos. Luis propusera algo ainda melhor: que Horacio publicasse, por entregas, um novo folhetim, ao longo de seis semanas. Para evitar comentários, comparações indesejáveis, utilizariam de novo o pseudônimo de Fragoso Lima. Um negócio para lá de rentável, pois se um bom conto urdido com perícia para caber no espaço estreito da página levava tempo para ser escrito e só poderia ser publicado uma vez, um folhetim, por outro lado, com uma história engordada, poderia estampar seis edições seguidas da revista, rendendo muito mais para o recém-casado. Não era a primeira vez que o fariam: Fragoso Lima, nos anos anteriores, já publicara "As feras cúmplices" e "O macaco que assassinou" naquela mesma revista. Nada memorável, mas muito útil para manter a roda girando.

Fragoso era um escritor que tinha a mesma imaginação de Horacio, mas faltava-lhe apuro formal: não tinha nem a concisão nem o talento para a alusão. A cada novo episódio do folhetim, cansativamente reiterava o que havia acontecido antes, interpolava explicações entediantes, criava expectativas ao que de saída não surpreenderia; enfim, Fragoso era um caso típico de escritor que sofria de excesso de palavras. Horacio, por sua vez, agradecia, porque assim pagava melhor as suas contas pessoais. Assim, enquanto o uruguaio amassava com sua botina a terra vermelha pelas primeiras vezes, botando o ranchinho e o entorno para funcionar, a mais de mil quilômetros dali, o português publicava "O homem artificial" nas páginas portenhas de *Caras y Caretas*.

Horacio só saberia se tudo dera certo quando recebesse o aviso do pagamento, em Posadas, ou quando chegasse a carta do editor. Nenhuma das revistas portenhas circulava em San Ignacio. As questões urgentes lá eram cuidar das goteiras, negociar o pagamento com os peões, garantir o plantio correto do mate e ir, pouco a pouco, semeando o pomar que ele sonhara.

A mãe e o amigo Brignole finalmente retornaram a Buenos Aires, decretando o fim da lua de mel. Horacio só não conseguiu livrar-se mesmo dos sogros, sempre intervindo na sua casa e decisões. Impertinentes, querendo dizer que sabiam o que era o melhor para a vida do casal. O bom é que ao fim do dia Horacio trancava as portas e não precisava mais lidar com a sogra.

Com Ana tudo ia bem, ela já estava esperando a primeira criança para o ano. Seu humor mudara e ela tinha alguns desconfortos, mas tudo era assim mesmo, pois estavam todos em adaptação. Tudo era novidade no país.

A outra descoberta eram os animais, que iam se revelando pouco a pouco em sua diversidade: os saborosos, que ele caçava, os de boas peles, que serviam de presente a Ana María, os filhotes, que ele cativava, e os de alto voo, aos quais só lhe cabia admirar.

As semanas passavam tão rápido, e Horacio sem muito escrever. Quando se deu conta, já fazia mais de seis meses que estava vivendo ali. Redimido das dores de outrora, resolveu escrever uns versos a seu editor:

> "O caso é que antes de hoje
> pensei em lhe escrever, dizendo
> tudo o que ando fazendo
> na minha vida de caubói.
>
> Assim verá que foi comprada
> uma vaca com sua cria,
> uma senhora cabria
> com um cabrito endiabrado.
>
> E que tenho dois cavalos,
> uma ovelha ainda pequena
> um aguti de colo, e um
> diorama de grandes calos."[109]

Estava em estado de graça, não apenas com Ana María, mas com a nova vida que tinha inventado para si. Sentia-se ágil, fértil, tudo era crescimento vegetal e animal em torno a ele. Seria pai.

O conto que escrevera naquelas semanas contava do que havia descoberto, falava daquela que considerava sua maior intuição: a selva em que ele se movia era a mesma selva dos seus ancestrais, humanos e primatas. Pisava o chão em que a raça humana surgira, tal qual ele era, com sua vegetação milenar. Pouca gente pensava nisso, mas era das suas maiores obsessões. Ia desbravar aquela terra também com sua pluma.

Aquele conto, que batizou como "O homem terciário" até que saíra bom, mas ficara longo, descritivo, mais parecido com um artigo. Conseguiu publicá-lo, mas não ficou de todo satisfeito. Tentou então criar uma história de selva, mas a vida com Ana María e a sogra não o inspirava nada adequado. Viver, naquele momento, bastava.

Era profissional, no entanto. Então se concentrou na vida no Chaco e se pôs a contar a história de um homem mordido por um cachorro raivoso, que desenvolvia hidrofobia também. Estruturou a narrativa sob a forma do diário, como Maupassant já fizera uma e outra vez. Ficou mais satisfeito com esse "O cachorro louco". O que ele queria mesmo era que Misiones pudesse se tornar cenário, mas já estava bom que pudesse ter romanceado algo do Chaco.

Continuaria tentando. Na outra ponta do rio estava o homem capaz da mágica de fazer seus contos serem publicados. Longe, longe. Luis Pardo era sua ponte com o mundo urbano e era também quem podia ajudar a bancar sua vida, enquanto não vinha o dinheiro das primeiras colheitas da erva-mate. Evitava pensar nisso, mas a situação financeira estava ficando complicada, o dinheiro que vinha de Buenos Aires era escasso.

O ideal seria publicar um folhetim por bimestre, e não um por ano, como vinha sendo até então. Ia precisar de um crédito e só podia pedi-lo a uma pessoa. Quando colocou o "O cachorro louco" no envelope, foi frontal com Luis Pardo:

"Segue artigo de uma página. Além disso, vai este pedido: é possível você me pagar adiantado um folhetim de cinco números que irá até você no começo de janeiro? O assunto seria certa vingança de uma família de onças, uma das quais foi capturada, amestrada e obrigada a fazer piruetas num circo, até que escapa (...). Tudo no estilo do primeiro folhetim que fiz. Se achar que está bom, faça o dinheiro chegar até mim. E o relativo a esta antecipação, se não levar a mal."[110]

Sempre lhe pagaram por contos, mas agora pedia que lhe pagassem por uma ideia. A situação estava se complicando, e tentou ser o mais claro possível. Era preciso que Luis entendesse que havia urgência no pedido. Será que tinha sido claro o bastante? Melhor insistir. Quatro dias depois, escreveu:

"Quando lhe pedi os duzentos pesos por conta do folhetim, esqueci-me de dizer a você que eu tinha pressa, pois o nosso garoto está por nascer logo, e mal dará tempo de comprar uma umbigueira para ele."[111]

Sem Luis, estaria perdido. Todo o dinheiro vem de *Caras y Caretas*. O cálculo era tão simples quanto preocupante: ele recebia em torno de quarenta pesos por página, e escrevia algo como três páginas por mês. Com isso a renda mensal não passaria de 120 pesos. Diante de tal cenário, sem nem uma saca de erva-mate vendida, ou sequer colhida, só os folhetins poderiam salvar a lavoura ainda improdutiva: seriam 400 pesos a mais por ano. Não tinha outra ideia no momento.

Inicialmente, tinha suposto que bastaria manter o ritmo de publicações que tinha em Buenos Aires, já que o custo de vida em San Ignacio, pensava ele, seria muito inferior. Com o tempo, com a lavoura produzindo, conseguiria vender mel, erva-mate, doce de amendoim para complementar a renda. O inferno era não ter nenhum salário fixo. Não ter a escola era um tormento.

A realidade, essa indigna, no entanto, continuava a desmentir seus planos perfeitos. Além de não ter salário, já não tinha nenhum descanso. As férias de fim de ano seriam ali mesmo em San Ignacio, para onde ele viera todos os últimos anos, e não representariam sossego, todo o contrário. Ir para Buenos Aires, onde poderia arejar um pouco as ideias, rever os amigos e estabelecer outros contatos editoriais, não era uma possibilidade. Já começava a entender que não teria dinheiro para ir à capital no próximo ano inteiro.

Entre tantas e tão novas dúvidas, por suas mãos veio ao mundo a primogênita. Uma nova vida em sua casa, um rosto parecido com o seu e parecido com o de Ana María. Um pequeno animalzinho. Um afeto intenso, não sentido até então. Choro pela casa. Horas a menos de sono. Demandas impensáveis. Suspensão no meio de uma frase. Preocupações novas entre uma e outra página. Aquela encantadora personagem, que avançava a despeito do seu coautor. Ainda anônima, o pai decidira que ela tinha que se chamar, como a personagem do livro de Dostoiévski, Eglé: "Sou, certamente, pai de fato. (...) É uma menina magricela e forçuda, faminta e fastidiosa. Isso me impede de correr pelo bosque e gritar abrindo os braços: sou pai!"[112]

Com Eglé, fica finalmente claro que seria impossível viver apenas com o dinheiro de *Caras y Caretas* e com os ganhos sazonais de uma quimérica lavoura. Sentiu uma descarga brutal de adrenalina na primeira vez que se deu conta de que o roteiro parisiense poderia se repetir: falta de dinheiro até para o alimento. Era inadmissível que isso pudesse acontecer: ele não era mais o jovem solitário, estava dez anos mais velho e era o responsável por Eglé e Ana María. Falhar não era uma opção.

Em meio ao medo da carestia, a produção de mel o inspirou a seu primeiro conto fantástico finalmente ambientado naquelas terras: "O mel silvestre". Nele, um garoto rechonchudo, leitor de Jules Verne e de férias na mata, se dava mal ao tomar furtivamente um mel paralisante e ser devorado por formigas. Medo e pavor para os leitores da cidade. Uns trocados a mais e reconhecimento para o escritor exilado no país tropical.

Como Horacio sozinho não conseguia dar conta da família, vinha Fragoso Lima a seu auxílio, publica mais um folhetim em cinco partes, mas mesmo com a ajuda extra tudo fica aquém do que precisaria para se manter.

Os ventos começariam a soprar em suas velas caídas apenas tempos depois, com a chegada da notícia: seria nomeado Juiz de Paz e Oficial do Registro Civil em San Ignacio, e passaria a receber cerca de 150 pesos mensais. Aquilo significaria que sua renda iria dobrar. Sairia ao menos da zona do desespero para entrar na de uma escassez mais suportável.

Era um alento e, como a roda viva não cessava de girar, Ana María estava novamente grávida. Era preciso continuar plantando, continuar escrevendo, continuar inventando ideias para ganhar mais dinheiro e, enquanto isso, esquivar-se dos que vinham em busca do Juiz de Paz. Não tinha paciência para fazer certidões de nascimento, casamento, óbito e tudo o mais que o ofício lhe exigia. Os moradores chegavam sempre na pior hora, quando estava ocupado com outra coisa, que inapelavelmente julgava ser mais importante. Então, simplesmente anotava o pedido e os dados do chato num pedacinho de papel para que, assim que o cidadão fosse embora, pudesse sepultar o papelzinho numa lata de biscoitos, de onde já não sairá mais para ver a luz.

Já no início do ano seguinte, 1912, nascia o menino: Darío. Nome escolhido também por ele, para homenagear o poeta modernista que o influenciara nos primeiros tempos. Ainda antes de haver Lugones, havia Darío. Além disso, Darío se distinguia de todos os outros, porque, ao conhecê-lo pessoalmente em Paris, não lhe causara ojeriza em meio a toda aquela afetação dos outros latino-americanos.

Com Darío e Eglé, seus filhotes, aumentavam afeto e carestia. Não havia conto, folhetim, laranja, mel nem doce de amendoim que bastasse para bancar sua vida. O jeito era se alienar nas barrancas no rio Paraná, deixar o pensamento correr aonde quisesse e, quando a coisa se complicava muito, recorrer aos amigos de Salto, que, Horacio logo descobriu, já estavam tratando do tema entre si. Escreveu a Maitland:

"A segunda [coisa] é mais grave. Presumo que Brignole te deu a entender a minha fraqueza econômica nesta ocasião. Se não, como foi que você chegou a ficar sabendo? O que é que você se atreveria a me oferecer? Eu, de minha parte, necessitaria de cem pesos ouro. É muito, não? Se você não tiver, me manda o que for possível. Mas como é certo que Buda confrontou os mosquitos, e que acabei vestindo em San Ignacio o fraque da penúria, certo também é que te devolverei o dinheiro, mas não antes de oito meses ou um ano. Sabe como? Vendendo não laranjas, mas a casca delas. (...) Desde o dia 15 tenho um machinho, feio, ridículo. Ana María te manda lembranças, e devolvendo os de sua boa gente, te abraça. Horacio."[113]

As dificuldades se impunham, a literatura mostrava-se insuficiente para fazer frente a elas. Nem por isso era possível recuar. A renda se sustentava entre altos e baixos. Por mais fértil e criativo que fosse, e efetivamente Horacio o era, não conseguia manter como desejaria sua própria casa. Além disso, as revistas oscilavam no mercado. Incrível a série de contratempos que impediam um homem de estar em paz e desfrutar o entardecer de Misiones. Por que o sol, que diariamente dourava as águas do rio, tornava-se a cada dia mais um espetáculo que ele sempre perdia?

Esboços de Ana

Ana María era solidária às agruras do marido e, ao mesmo tempo, sentia-se perdida naquelas terras inóspitas. Inebriada de amor, aceitara a ideia de ir viver na selva do Norte, e a verdade é que não pensara muito sobre o que significava aquilo, viver na selva do Norte: sem luz elétrica, longe de todas as amigas, sem poder conversar com ninguém sobre a experiência de ser mãe, era como se fosse prisioneira de um sonho inesperado.

Além disso, seu marido tinha personalidade muito forte, humor variável. Muitas vezes acabrunhava-se e não falava com ela; noutras, era irritadiço. Passava mais tempo pensando em literatura ou formas de fazer dinheiro do que falando com ela. Sentia-se sozinha. É verdade que havia os momentos que compensavam as ausências, quando ele deixava manifestar a ternura que trazia consigo. Não que aqueles momentos fossem raros, mas eram imprevisíveis: nunca sabia qual era o Horacio que estava chegando em casa.

Ela tampouco se sentia muito animada ultimamente. Uma melancolia terrível a tomava, a ponto de não conseguir mais entender ao certo no que se transformara sua vida, nem o que tinha ainda em seu horizonte.

Ser a esposa de um escritor era bem diferente do que ela tinha imaginado. Das festas e do reconhecimento público ela aproveitara apenas um pouco antes de saírem de Buenos Aires. Em San Ignacio, ninguém considera Horacio célebre, apenas estranho. Por outro lado, gostava do dia a dia, divertia-se, às vezes, passando os contos a limpo, e se sentia privilegiada de ser a primeira a lê-los. Ajuda também na contabilidade. Era o melhor acesso que tinha ao mundo de Horacio. Juntos olham as revistas que de vez em quando chegam e olham como ficavam os contos impressos

Ilustração de Peláez para o conto "Los inmigrantes", publicado na edição de 1912 da revista *Fray Mocho*.

na página. Depois ele os recortava, colava numa cartolina e fazia algumas correções, "para a hora de republicá-los", ele dizia. Porém, entre esses momentos de alegria, havia outros de longa ausência, nos quais ele se perdia olhando fixamente um ponto qualquer.

Tinha que confessar, Horacio era difícil. Por vezes, era intolerante. Quando o conto "Os imigrantes" foi publicado na revista *Fray Mocho*, do mesmo grupo de *Caras y Caretas*, em 6 de dezembro de 1912, ele não suportou que tivessem trocado o nome da região onde se passava a história. Primeiro reclamou a ela, insinuando se não fora ela quem cometera o erro na cópia. Depois, para desabafar, escreveu ao amigo Maitland: "Tem um erro brutal, que é preciso corrigir. No fim, onde se diz 'uma aldeia da Sibéria' etcétera, leia-se Silésia."[114]

Como não se deu por satisfeito, voltou a carga contra o editor: "Exporei primeiro minhas queixas. No artigo 'Os imigrantes', excetuando alguns disparates menores, havia um não desprezível: os tais imigrantes eram de Silésia, alemães portanto. Em *Fray Mocho* se diz Libéria. É tão estranho um sujeito daquele país aqui. Mas como a letra da minha mulher deve ter a culpa, passo adiante."[115] O próprio Horacio ia misturando as regiões: Silésia, Sibéria, Libéria... mas, procurando seus culpados, ele achou mais conveniente ficar com Ana. Com ela.

Ana não gosta nem um pouco de ser o bode expiatório, aquela a receber o primeiro jato de indignação do marido, nem de servir de anteparo para as reclamações ao editor. Logo ela, tão minuciosa nas cópias para as revistas. Ao menos da outra vez, meses antes, Horacio percebera que ela era mais atenta que ele, o editor e o Puig da contabilidade. Mas de que adiantava, se assim como a reconhecia, logo se esquecia de tudo?

"Mas eis que minha mulher, pessoa interessada como ninguém, e que havia começado essa aventura por detestar o Puig, se pôs a farejar a planilha aqui e acolá, lendo e relendo, até que se saiu com essa: faltava o artigo 'O ouro vegetal', que fala da erva-mate. E como por este se pagou cem pesos, lá estava a diferença, que consistia em duzentos pesos a meu favor, ao invés de cem. Benditas sejam as mulheres próprias! Eu não me atrevia sequer a esquadrinhar a planilha, convencido da infalibilidade de Puig, vendo assim que esse maligno sujeito se equivoca contra o mais longínquo colaborador."[116]

Ana sempre esteve presente. A fiadora do sonho, a contenção à solidão dos projetos malogrados, aquela que amplia as possibilidades de escritor de Horacio, fazendo as vezes de secretária. Por ela a casa se povoou de crianças. Ela sempre estava.

Horacio sabia — embora não o dissesse — que sem Ana María não haveria San Ignacio. Seu projeto de isolamento na selva dependia dela. Irritava-se, isso sim, com o atrevimento da sogra. Irritava-se com a dificuldade intransponível de lidar com os peões indígenas, de fazer um acordo justo e que se cumprisse. Irritava-se com a impossibilidade de o campo pagar as contas, de o campo o deixar sempre em maus lençóis. Irritava-se com os erros de edição de seus contos nas revistas, que só via muito tempo depois de editados, quando seu lamento já valia pouco. Por que é que, afinal, ele tinha que receber tão pouco pelos contos? Por que é que sempre era um parto na floresta cada nova publicação?

A situação em Buenos Aires também não era das melhores, a revista *Fray Mocho* andava mal das pernas. Horacio e Ana chegaram a contar os anúncios que aparecem nela e na *Caras y Caretas* a fim de tentar entender se fazem sentido as queixas de Luis Pardo. Não entenderam.

Horacio queria ter paciência, mas as coisas iam mal.

CAPÍTULO 7

Amor e morte

Quando em meio a uma discussão, Ana María tomou veneno em uma dose que, se não bastou para aniquilá-la de imediato, também não permitiu que ninguém buscasse socorro, Horacio pensou em Federico tombando de si, vítima de uma bala disparada de uma arma em suas mãos.

Que o dinheiro estava escasso, todo mundo sabia. Que a vida conjugal atravessava dificuldades, com os dois filhos pequenos — de três e quatro anos —, qualquer um pode imaginar. Que a presença da sogra, com quem Horacio não tinha boas relações, agravava a convivência e deixava Ana sempre na posição de ter que escolher entre o marido e a mãe, também não é difícil de supor. Entretanto, mostrar o que aconteceu naquela meseta nos primeiros dias do ano de 1915 é coisa que ninguém se atreve. Quem viu quis esquecer. Quem não viu não se atreveu a imaginar.

Ana María, tão jovem e tão maltratada pela vida na selva missioneira, não suportou. Não suportou a selva do Norte, não suportou o casamento, não suportou os filhos, não suportou o marido, não suportou a própria mãe. Não se suportou. Quem disparou a bala? A solidão, a falta de confidentes, a ausência de um marido mais parecido com o que sonhara um dia. Viver com aquele a quem ela admirara como professor, amara como homem e agora amargava como chefe não foi nada fácil.

Aquela casa de madeira não se parecia com nada do que tinha sonhado para si. Eglé e Darío querendo sua atenção. Horacio de mau humor. O trabalho da casa. Uma cobra rondando o fogareiro. Uma onça na beira do rio no meio da tarde. E ninguém podia sair.

Ela queria sair. A única saída era a morte. Uma dose cavalar de veneno.

Ana agonizava. Horacio quis ficar indiferente, devia ser uma cena dela. Depois ficou atônito e logo desesperado. Aquela mulher em seus braços, banhada em suor, em convulsão como no parto, à beira de se expulsar da vida.

A jovem foi deixando o mundo pouco a pouco, ao longo de cinco dias. Era 10 de fevereiro de 1915 e Horacio mergulhou no mais absoluto silêncio.

As versões do indizível

Horacio se senta para escrever. Sua literatura já há alguns anos se alimenta da vida, das suas experiências. Não pensa muito sobre o que vai fazer. Começa a escrever como foi que tudo aconteceu. Não sabe para quem escreve. Jamais publicará aquelas linhas. Por um momento, pensa que escreve aos filhos, que devem saber o que aconteceu com a mãe, poder saber das palavras dela, entender suas razões. Eles crescerão órfãos e é justo que tenham ao menos uma imagem sua, em palavras. Porque fotos não há mais.

Horacio rasgara cada foto, cada carta, carta peça de roupa, cada presente, qualquer coisa que tivesse pertencido a Ana. Era a única forma de seguir adiante. Estava detendo o tempo.

1915 não ia ter existido jamais, a não ser pelas palavras escritas naquele papel em branco: o conto, que seria o primeiro não transcrito por ela. O indizível que era também impublicável. Ninguém precisava saber de nada. Apagava os rastros. Lavrava ele mesmo a certidão de óbito no livro de registro do Juizado de Paz. Levava ele mesmo o corpo ao cemitério municipal, numa lápide apenas com o nome da morta, sem epitáfio, sem datas de nascimento e morte, sem qualquer religiosa cruz. Horacio não construía memória, mas esquecimento.

Não importava o que a família dela dissesse, ou seus amigos. Ninguém.

Perdidos em meio à neblina daqueles fatos, os amigos biógrafos, quando fossem escrever sobre aquela morte, anos depois, diriam que tudo acontecera onze meses depois, no dia 15 de dezembro de 1915.

A certidão de óbito de Horacio, repousando no Juizado de Paz, demorou para vir à luz. Ninguém soube dela por anos. Diligente como fora Ana María, foi a pesquisadora italiana Onelia Cardettini que, em 1987, de passagem por San Ignacio, encontrou a certidão de óbito e nela a sua data: 10 de fevereiro de 1915. Mais recentemente, em 2009, o jornalista Javier Arguindegui, o apaixonado pela obra de Horacio que assinava seus artigos como Aguara-í, copiou para a posteridade a íntegra do documento:

"Em San Ignacio, aos onze dias do mês de fevereiro de mil novecentos e quinze, em minha presença, Chefe Suplente do Registo, Ramón Gozalbo, de trinta anos, solteiro, uruguaio, domiciliado na localidade, declarou que aos dez dias do corrente às onze da manhã, faleceu em seu domicílio a mulher Ana María Cirés de Quiroga. Tinha vinte e cinco anos, era argentina, casada, filha de Pablo Cirés (falecido) e de Ana María Laguzan de Cirés, francesa, domiciliada na localidade. Lido o registro, ele foi assinado por Pablo Allain (42), francês, e Vicente Gonzalbo (40), uruguaio, domiciliados ambos na localidade e que viram o cadáver. A causa da morte — hemorragia intestinal."[117]

Aquele ano de 1915 não existiu. Foi de silêncio e luto. Tudo estava acabado. Não tinha onde se agarrar. Viveu aqueles meses como um autômato, mal comia, mal trabalhava, mal lia, mal escrevia. Por isso, para os amigos Delgado e Brignole, não fez a menor diferença se fora fevereiro ou dezembro. Perderam no nevoeiro a precisão do que acontecera.

Horacio não. Horacio sobreviveu àquela morte com custo. Depois de ter finalizado o relato da morte de Ana, não havia conto que valesse a pena ser escrito. A literatura era inútil. As cartas eram inúteis. Não havia com quem conversar.

A presença de Darío e Eglé era um desafio diário e perturbador. Por mais que quisesse apagar tudo o que dissesse respeito a Ana, a memória de Ana florescia na fronte dos filhos. Alheios ao drama do pai, os filhotes queriam atenção, comida e cuidado. Mexia-se para alimentá-los e foi isso que o manteve.

A única literatura daqueles dias eram as histórias que, com dificuldade, Horacio articulava para contar aos filhos: muitas interrompidas porque os meninos dormiam, outras tantas, adaptações de contos conhecidos, mas dia a dia começaram aquelas que não apenas agradavam Eglé e Darío, como também deixavam o contador de histórias satisfeito.

Rumando já para o fim do ano, foram essas histórias que mantiveram Horacio. Pensou que valia a pena fixá-las, escrevê-las, publicá-las. Foi a única ideia que não expulsou da cabeça naquele ano miserável. A única ideia na qual, pareceu-lhe, valia a pena investir. No entanto, fracassou — porque ao se sentar diante da folha em branco, a morta se interpunha.

Não havia jeito. Teve que retornar a Edgar Allan Poe. O norte-americano era o escritor ao qual era possível se agarrar nos momentos mais duros. Aquele que fizera da loucura e da morte o seu métier e que não se constrangia diante do excesso. Apenas Poe para valer por ele naquela hora dura. Ia escrever outra vez sobre Ana, mas não com a crueza selvagem do momento imediato da morte. Ia transformá-la numa personagem de Poe. Era a única forma de escrever sobre aquele amor e sobre aquela morte e poder seguir adiante. O nome? Berenice.

A chama extinta de Berenice

Terminou assim. Ele escreveu ao Luis: "Estou mandando artigo, que saiu bem longo. Ter escrito, depois de um ano de grande depressão em tudo, já é muito para mim, não faço nem muita nem pouca questão do pagamento."[118]

Quem assinava aquelas linhas não era o que fazia questão de cada peso, que tentava dominar sua própria contabilidade e que sonhava viver do que escrevia. Era um outro, que escrevera para não enlouquecer. Por tudo isso, "Berenice" era diferente. Era a prova de que depois de um ano de luto e silêncio, ainda podia ser escritor.

Nem nomeava o conto na carta ao editor e ainda o chamava de artigo, como se não fosse ficção. Não era a primeira vez que fazia isso com um texto literário seu. Nas cartas em que falava de "Os imigrantes", também o chamava de artigo. Chamemos de texto. Seu nome era Berenice.[119] "Berenice" já fora um conto de Poe, e Poe era um país a se revisitar quando se perdeu o senso, o tino

Reprodução do conto "Berenice", publicado na edição de 31 de dezembro de 1915 da Revista *Fray Mocho*. As ilustrações de Hohmann ressaltam a diferença de idade entre os protagonistas.

e o rumo. Quando pesa o fado, Poe era uma terra sombria, mas acolhedora. Agora Berenice era uma menina de dez anos, personagem de uma narrativa em abismo, uma história dentro de uma história dentro de uma história, ambientada na Europa.

A Berenice de Horacio padecia de uma doença sinestésica: era suscetível à arte de um modo radical. Uma canção tinha o poder de fazê-la sofrer, desmaiar e ter seu próprio corpo envelhecido, como se houvesse passado pelos abalos de anos de emoções intensas. Mas nós, os leitores, não temos acesso a ela e nem sabemos dos seus sofrimentos. A história nos é contada de terceira mão por um amigo de Baudelaire, que vivera em Paris a experiência então relatada. Ficamos sabendo, pouco a pouco, que Baudelaire contara a história a um violinista que, finalmente, descobrimos tratar-se de Richard Wagner. Wagner, por sua vez, contara a história ao narrador do relato, que finalmente a conta a nós, leitores.

Numa homenagem muito mais sutil ao contista norte-americano, e bem menos aparente do que fizera em "O crime do outro" e "Os perseguidos", nesse conto é como se houvesse temas e a dicção de Poe, como um elemento que compunha sua própria voz: catalepsia, emprestada de "O estranho caso do senhor Valdemar"; envelhecimento vertiginoso aprendido em "O retrato oval"; além da doença sinestésica presente em "A queda da casa de Usher".

O conto de Horacio ainda ampliava a diferença de idade nos casais, com um homem de quase trinta anos apaixonado por uma impúbere Berenice de dez. Não menina ou criança, mas garota, porque a personagem é erotizada pelo narrador. Horacio sublinhava o erotismo de um ideal amoroso que se apresentava muitas vezes como virginal.

Sem quaisquer eufemismos, a personagem Berenice realizava peripécias provocativas para seduzir o pianista: "Às vezes, me sentava ao piano, e era estranho que Berenice não empreendesse alguma manobra entre as cadeiras, até que eu a sentisse a dois passos de mim, sempre de costas para a luz, fixo em mim seu imenso olhar. Interrompia-me então, e era em vão eu dirigir-lhe a palavra: nunca me respondia, nem deixava de me observar."[120]

O flerte, para além dos olhares, se realizava na música. Não era incomum que Berenice se convulsionasse quando Wagner tocava ao piano uma obra que acabara de compor. Quanto mais intensas fossem as peças tocadas ao piano, mais intensas seriam as reações de Berenice. A primeira cena já era sensual, e a menina se transformava em mulher, numa audição de música que tem ritmos e aspectos do intercurso sexual:

"Aqueles vinte minutos de turbulenta paixão acabavam de transformar uma criança em mulher radiante de juventude, de olhos sombrios em demente fadiga. Mas a partitura avançava sempre; seus gritos delirantes de paixão repercutiam dolorosamente em meus próprios nervos — todos à flor da pele — e nesse galope cada vez mais precipitado de loucura de amor uivava em alaridos selvagens, senti como o corpo de Berenice fremia sem cessar."[121]

O coito musical iniciático é sucedido por outra cena, já sem o predomínio do gozo sexual. Ao precoce desabrochar dava lugar um igualmente precoce e vertiginoso declínio: "notei de repente que já não restavam nem rastros da mulher de quarenta anos, esgotada por uma vida inteira de paixão, calcinada em trinta minutos pela explosão de alaridos selvagens que havia fechado a partitura. Tudo estava terminado: em meus braços, inerte, desfalecida, em catalepsia ou algo do tipo, estava agora uma lamentável criatura decrépita, cheia de rugas."[122]

Corpo, alma, amor, tudo envelhecia, tudo se corrompia. Ideal de amor se tornava matéria orgânica à beira de se decompor. Mais que a fábula da decrepitude da beleza feminina, Horacio escrevia sobre a destruição de um amor, sua vertiginosa corrupção. Sua história de sete anos com Ana María filtrada por suas obsessivas audições de *Tristão e Isolda*, de Wagner, resultavam num conto à maneira de Poe, no qual o que restava era terra, era bruma, era sombra, era pó, era nada.

Inviolada ou inviolável, a beleza que, no conto de Horacio, se abrigava na imagem da menina de dez anos, encontrava na narrativa de Poe, sua inspiração, uma outra inviolabilidade — a da sepultura da mulher amada. Sempre Berenice. O conto de Poe, publicado em 1853, não era de amor, mas de luto e perda da razão. No primeiro parágrafo, o melancólico narrador se queixava da ambivalência entre a beleza e a feiúra e entre a paz e a dor, em trecho que cito do exemplar da tradução de Charles Baudelaire, que Horacio tinha em sua biblioteca:

"O infortúnio é múltiplo. A infelicidade, sobre a terra, multiforme. Dominando, como o arco-íris, o amplo horizonte, seus matizes são tão variados como os desse arco e, também, nítidos, embora intimamente unidos entre si. Dominando o vasto horizonte como o arco-íris! Como é que pude obter da beleza um tipo de fealdade? Como pude conseguir, do pacto de paz, um símile de tristeza? Mas, como na ética, o mal é uma consequência do bem e, assim, na realidade, da alegria nasce a tristeza. Ou a lembrança da felicidade passada é a angústia de hoje, ou as agonias que são a sua origem nos êxtases que poderiam ter sido."[123]

No conto de Poe, ainda, a epígrafe do poeta Ebn Zaiat afirmava que visitar o túmulo da amiga ("amicae") traria a solução para as aflições do poeta. Se o conto do norte-americano fazia crer que visitar a tumba da morta era a saída, o de Horacio demonstrava, como o seu autor, que o melhor era uma lápide ser pesada, quase anônima e inviolável: "— Pouco mais tenho a lhe dizer. A mãe levou para dentro aquele pobre resto de calcinada glória, e nunca mais soube nem quis saber deles…".[124]

Entre visitar o túmulo e violá-lo, manifestava-se a dificuldade de lidar com quem já não estava, a ausência da mulher amada. Para Horacio, as soluções — vitais e narrativas — não estavam suficientemente claras. O trabalho de retornar ao conto já publicado foi particularmente importante naquele caso. Cinco anos depois, quando ia republicar "Berenice" em livro, no volume *O Selvagem*, fez várias mudanças no original. Uma delas foi acrescentar uma frase ao final do conto, aterrorizante, de um luto sem termo. Na primeira versão, dizia: "Sei que ela, Berenice, continua como naquela noite, morta em vida…".[125] No final da segunda versão, Horacio optou pela catalepsia da jovem, corroborada pela inclusão de uma breve nota de estilo jornalístico no início do conto, a qual dizia que ela acabara de falecer. Da perspectiva de um amor perdido, entretanto, o sintagma "morta em vida", para além da catalepsia, falava de uma morta insepulta, um fantasma que insistia, uma obsessão que retornava.

Quis mudar também o nome do conto, que já não iria se "Berenice", mas "A chama". Na sua tentativa desesperada e desesperadora de lidar com a morte de Ana, Horacio lançava mão da jovem acossada pela arte, conjugada à hipersensibilidade do seu par. Morre-se de música, de literatura e de amor, repete-se Horacio. Uma mulher assim é uma chama que se extingue rápido demais.

Forjara um discurso sobre o acontecido para si, e por mais que tudo retornasse, tentava não pensar mais sobre nada daquilo. Mas, para além daquelas palavras no conto e das palavras secretas escritas sobre a morte da esposa, continuam soando obsessivamente para Horacio as notas de Tristão e Isolda, de Wagner, de efeito devastador para o viúvo, morrendo continuamente sem poder dizer.

Inventar-se outra vida

Viúvo aos 36 anos, Horacio se viu lançado bruscamente para fora de sua utopia, feito criança que se perde não na multidão, mas no deserto. Seu mundo ideal fora devastado de um modo tal que não permitia réplicas. O homem que se apaixonara pela jovem aluna, que a incluíra em seu projeto de nova vida com papel absolutamente central, que tivera com ela dois filhos, deparou-a então instada a abdicar de tudo de modo definitivo, pondo fim à própria vida.

O gesto de recusa de Ana. Horacio se viu diante de um verdadeiro fracasso. Não fracassos de decisões intempestivas, dos que sempre permitem voltar atrás e tomar outra direção. Não. Um fracasso sem remissão, que o obriga a inventar outra vida. O gesto vão de destruir fotos, cartas, roupas, o vestido do casamento, esgotava-se em si mesmo. Os resíduos e os rastros da esposa morta o acossavam. Ter optado por aquela lápide pesada, o nome de solteira, sem filiação, sem datas, deixava Ana flutuando numa realidade paralela, e apagava as próprias marcas de Horacio naquela história.

Os dois filhos — Eglé, então com quatro anos, e Darío, com três — não lhe eram desconhecidos de todo. Aquelas vidas autônomas, que sempre o seduziram, agora estavam sob sua exclusiva responsabilidade. As duas crianças, cujos nomes respondiam às suas aspirações e devaneios literários, cobravam nova dimensão: se antes eram vivacidade, instinto e descoberta, agora eram luto, fragilidade e dependência.

Sua vida toda de literatura era frágil. Ter buscado ser Robinson Crusoe na selva fronteiriça e Thoreau na sua cabana inóspita não havia bastado. A loucura aprendida em Edgar Allan Poe podia render-lhe sintaxe para a morte de Ana, mas não para lançá-lo adiante. Não sabia ao certo o que nem como fazer.

Sua utopia selvagem jamais fora projeto solitário. Fecundara Ana com a ideia *missioneira* e ela bancou a aposta de modo irrestrito, porque o amava, porque o admirava, porque nunca recebera um olhar como aquele em sua curta vida: casamento, filhos e vida comum na selva. Depois de parir, dar sentido aos filhotes, tudo já começava a lhe parecer demasiado pesado: a vida sem sentido no mato, na mata, na terra cultivada. O que havia ali de propriamente seu? Tudo se confundia em dias duros de muito trabalho, de dona de casa, de secretária, de copista, de contabilista, de menina solitária. A vida lhe pesava.

Eglé e Darío cobravam novo sentido para Horacio. Talvez não tivesse fracassado totalmente. Aquelas vidas que se moviam diante de seus olhos, olhando-o com os olhos de Ana, diziam que nem tudo chegara ao fim. Horacio deixava os filhos livres pela meseta, diziam, para acostumá-los aos perigos da selva, para logo compreenderem seu lugar de presas e de predadores.

Contava-lhes as histórias de cada bicho da selva, fosse formiga ou onça, tatu ou puma, gambá ou jacaré. Histórias de nunca acabar para seus filhotes de olhares atentos e ávidos.

Talvez nem tudo fosse fracasso.

História de dois filhotes de homem

Quase quatro meses após enviar "Berenice" a seu editor, e de vê-la publicada na revista *Fray Mocho*, Horacio voltou a escrever a Luis. Finalmente já sabia o que tinha que dizer a ele. O projeto que fora nascendo sigilosa e furtivamente já tomava forma:

"Amigo Pardo: Segue longa história-conto para meninos pequenos, que creio que agradará. Tenho de oito a dez desses prontos na minha

Ilustração de Fernández Peña para o conto "El almohadón de plumas". *Caras y Caretas*. Edição de 13 de julho de 1907.

cabeça — cada um de meia página. Se lhe agradarem, mande-me dizer com Romerito, para me evitar o trabalho de escrevê-los à toa. Ainda hoje escrevo a Cao, convidando-o com deferência para que queira fazer uma quantas imagens para o tal conto. Ele fará muito bem. Até logo, acaso, saudações."[126]

Escrever contos infantis, coisa que nunca pensara antes, mas que então se tornara quase inevitável. Luis Pardo se surpreendeu com a proposta, mas achou que valia a pena arriscar. Ora, mas não de imediato, talvez não fosse a melhor coisa que o autor de "O travesseiro de pena", "A galinha degolada" e "A deriva" escrevesse

para crianças. Precisaria inventar outro autor para aquele projeto. Depois de matutar por algumas semanas, "Os crocodilos e a guerra" finalmente apareceu na edição de 19 de maio de 1916 de *Fray Mocho*. Quem assinava o conto era "O missioneiro".

O homem do desarraigo, o que vagava entre cidade, casas, países, projetos, era em tão surpreendentemente nomeado por um gentílico provisório, mas que o tirava da condição de desterro. Assumia o lugar do mestre, o que explicava às crianças inteligentes de toda parte: como funciona a natureza selvagem, o que são os instintos dos animais, como se comporta cada um deles. Tudo isso através de grandes aventuras entre humanos e bichos. Horacio esperava de seus leitores o que esperava de seus filhos, nas vezes em que os soltou na mata,o que terá horrorizado não poucas pessoas de sua família: que as crianças experimentem e se arrisquem.

Papai Horacio tinha seu corolário: que cada criança construísse por si mesma a moral das histórias, se pudesse. Deviam colocar-se na pele dos animais nelas representadas e pensar nos humanos a partir de diferentes posições: como filhotes de homens, mas também como filhotes de animais silvestres — papagaios, gamas, quatis.

As novas histórias que Horacio ia escrevendo tinham sido antes contadas a Eglé e a Darío. Avançava algo inseguro, mas ia adiante. Agora apostava em Kipling. Era ele quem o guiava por aqueles chãos, pelas selvas indianas. O segundo conto veio a público no dia 9 de junho. Chamava-se "A girafa cega".

Na hora de escrever o terceiro conto, Horacio se deu conta de que podia ser interessante falar dos animais locais. Escolheu então uma paisagem fronteiriça argentina e foi deslocando o olhar dos livros do autor nascido na Índia, no Império Britânico, para o de seu próprio entorno. Em 14 de julho aparecia "As meias dos flamingos", em que criava e contava o mito da origem das pernas bicolores dos flamingos, nas matas tropicais.

Com "A tartaruga gigante", publicado em 18 de agosto, trazia também para perto dos leitores os animais, oferecia-lhes linguagem, fazia com que eles se movessem em seu próprio universo narrativo, ao conceber um protagonista adoentado, em delírio febril e à beira da morte, que era salvo por uma tartaruga de enormes dimensões, que o carregava sobre o seu casco da selva até o Zoológico de Buenos Aires.

A série, que então já tinha até nome, *Os contos dos meus filhos*, teria sequência com "História de dois filhotes de quati e de dois filhotes de homem", que romperia a periodicidade mensal e apareceria em outra revista, a *P.B.T*, do mesmo grupo editorial de *Fray Mocho* e *Caras & Caretas*, apenas em janeiro de 1917. Era o conto mais tocante da série: um quati, por conta de sua imprudência, era tomado cativo por uma família e transformado no mascote de duas crianças; um dia, foi picado mortalmente por uma cobra; assim, o irmãozinho, que sempre ia visitá-lo, torna-se, aos olhos da mãe-quati, o pivô de uma questão ética: privar ou não as crianças humanas do seu animal de estimação? Confrontá-las ou não com a morte? A decisão surpreendente dessa mãe é substituir o filhote morto no cativeiro pelo irmão, optando, finalmente, por perder não um, mas os seus dois filhos em nome da alegria das crianças humanas.

O universo da narrativa de Horacio — da aventura, da paisagem selvagem, da morte e da perda — estava se recriando para as crianças de modo surpreendente. Ele alcançara um estilo: fez os bichos se moverem em territórios naturais que ele já conhecia tão bem, e promoveu aventuras com personagens que bem poderiam ser humanos, mas que tinham destacados traços de humor e astúcia. Inventava aventuras saborosas que prendiam a atenção do leitor.

Os contos de meus filhos encerravam um aprendizado: Eglé e Darío engendraram aquelas narrativas que ele tivera de criar-lhes na solidão da selva. Transformar aquelas experiências de afeto em matéria literária fora o nó com o qual ele conseguira urdir para não se deixar cair no abismo depois da morte de Ana. Para seguir vivo e para seguir escrevendo.

CAPÍTULO 8

O homem que calculava

Nos primeiros meses de 1917, ainda em San Ignacio, no seu rancho, tudo o que Horacio tinha eram desejos e intuições, ambos difíceis de concretizar. Pensava que se continuasse vivendo na meseta, quaisquer planos com o mundo editorial ficariam prejudicados. O tempo que tardava uma carta em chegar, a dificuldade de encontrar num café ou restaurante um possível novo editor, adiavam para um futuro insondável as possibilidades de fazer deslanchar sua carreira de escritor. Era muito difícil, àquela distância, alimentar suas relações.

Afora isso, a cada fim de tarde, sentia em torno a si todo o barulho da selva se preparando para o escuro, e com isso a solidão. Não tinha mais os amigos nem a esposa. Não aguentava mais o tormento que o isolamento e as lembranças produziam. Na outra ponta do rio, naquela mesma hora, os amigos estariam se divertindo. A noite portenha estaria apenas começando. Tudo aquilo lhe fazia falta.

Lá, onde a agitação do dia a dia podia ajudá-lo a distrair-se do trauma, também poderia tentar publicar seus contos. Surgira também a promessa de um cargo de secretário contador no Consulado Uruguaio. Os amigos de Salto lhe disseram isso, pois Baltasar Brum, um conhecido da juventude, de Salto, tornara-se Ministro das Relações Exteriores do Uruguai. Teria os favores do poder.

Além disso, os meninos estavam quase em idade de ir à escola. Logo começariam a se apresentar os limites do que um pai viúvo pode ensinar em casa. Era a hora de partir. Publicar os livros imaginados, reunir os contos escritos. Era a hora de partir.

Ainda mais naquele momento, em que as cartas pouco o satisfaziam: as relações foram ficando mais distantes e protocolares. Desde que se casara com Ana, vivia muito mais o cotidiano imediato do que o que relatava nas cartas aos amigos. Não tinha vontade de rememorar mais nada sobre Salto e as lembranças foram ficando distantes; tampouco queria mais contar de San Ignacio, porque perdera o olhar virginal da descoberta e depois da morte de Ana tudo era solidão e tormento.

Com a crise das revistas em que publicava, Horacio já recebia cada vez menos. A empolgação que o fazia produzir freneticamente e ainda se dedicar ao campo, ao rio, ia passando. O corpo sentia falta do agito da cidade e das possibilidades que ela tinha a lhe proporcionar.

O chamado da urbe gritava mais forte, pois tinha há pouco feito uma viagem rápida, para explorar o ambiente, rever os amigos, pensar nas oportunidades. Sentia saudades do Aue's Keller, o bar alemão da rua Bartolomé Mitre, entre as ruas Florida e Maipú. Lá se reuniam, por exemplo, os seguidores de Rubén Darío. Sim, lá estavam seus amigos, era para lá que queria viver.

Sentou-se à escrivaninha e anotou no topo do papel: "Para ser lida no Aues pelo Pardo, que entende a letra."[127] Enquanto escrevia sobre a visita passada e contava coisas do cotidiano missioneiro, sua vida ganhava contornos de unidade. Que vontade de que San Ignacio estivesse nos confins de Buenos Aires, para que pudesse passar de um lado a outro quando lhe aprouvesse.

Horacio ria-se na carta ao comentar sobre o telegrama recebido dos amigos, naquele mesmo dia. Nele, a palavra "quiroguiana" se transformara por obra de uma escuta singular do telegrafista em "quiero ganias". Linhas adiante, ria-se do espírito aventureiro do filho Darío:

"Na manhã seguinte fui com os meninos dar uma de heróis de moto, com um sucesso tremendo. Desde aquele dia juram de pés juntos que um dia desses vamos quebrar a cabeça. Hoje fui com Darío explorar o Yabebirí. Caminho do cão. Me meti num charco e Dario teve que tirar os sapatos e se meter na água para empurrar a moto. Mas como diz o meu filho 'isto sim é que é turismo!'"[128]

Horacio ria-se e percebia que a despedida era iminente. Que a vida estava na cidade, que lhe fazia falta o olhar dos amigos e suas conversas. Que não fazia mais sentido se impor aquele longo e interminável luto.

Sabia também que tão cedo não poderia mais viver histórias como aquela: seu filho de cinco anos desatolando a moto, lambuzado de felicidade. Um momento memorável que não retornaria. Pensou que, nas férias, quando retornasse a San Ignacio, os meninos estariam cada vez mais crescidos e talvez até já desinteressados da mata.

Darío e Eglé cresciam diante de seus olhos. A menina cada vez mais hábil na cozinha, ajudando a preparar os jantares:

"Coisa boa foi ter jantado bifes com ovos e mandioca frita, biscoito e doce de batata feitos pela Eglé e café feito pela Aureliana. São 8h30 e o céu troveja com a água e escrevo com o lampião, que tem trezentas velas (para saber mais, ver Estuch). Temos um quati criado órfão no colo, mimoso como uma criança, e ladrão de pão como ele só. Chama-se Tutankamon. Hoje cedo tive o primeiro encontro com minhas amigas, as cobras. Uma coral, oitenta centímetros e esticada já em oitenta alfinetes. (...) Comecei hoje a fazer uma cama para Eglé porque a que ela usa é a grande, de casal, que era a minha. O elástico tem duas ou três varetas de aço quebradas, que saltam de repente para um lado ou para o outro do colchãozinho — o que não é certo."[129]

Eglé, a cozinheira auxiliar que ajudara a preparar o jantar e os doces e que dormia sozinha na cama outrora dos pais, tem só seis anos de idade recém-completados.

Linhas adiante, Horacio conta aos amigos que não havia mulheres na região. Não mulheres que lhe despertassem o interesse. Lembrara-se de uma moça que conhecera um dia no barco vapor, mas logo entendeu que qualquer aproximação era impossível:

"Não tem aqui mulher que faça jus ao nome. A coisa é dura. A bordo, conheci uma moça de Tucumán, que embarcou no Paraná com destino a Barracón, Misiones. Quando cheguei aqui, depois de seis dias de viagem, transbordos e retransbordos, ela tinha ainda três dias de vapor, e depois de três dias no lombo de uma mula, no meio dos quais, quarenta léguas de mata. De noite, dormir na mata, com chuvas como as de hoje. Ontem mesmo tinha chegado de Barracón. E é professora lá." [130]

Como poderia ter uma vida amorosa assim? Sua carta estava cheia de argumentos para si mesmo de que era tempo de partir. Com alegria, a mil quilômetros dali, em pleno Aue's Keller, os amigos celebrariam a antecipação da volta do amigo.

Era a hora do ponto final: "Adeus, amigões. Pensem no quanto é agradável ir buscar a correspondência de vocês escandalizando o país inteiro com a moto. Neste momento, feliz como uma uva. O mesmo que lhes desejo, e um abraço a cada um de vocês."[131]

O diplomata

Ainda naqueles primeiros meses de 1917,[132] com a ajuda dos amigos uruguaios, Horacio conseguiu ser nomeado Secretário Contador do Consulado Geral do Uruguai na Argentina, e com seu emprego público garantido, mudou-se para Buenos Aires, depois de seis anos vivendo em San Ignacio.

Mudara-se para San Ignacio como jovem professor apaixonado, contista já respeitado, que acreditava fazer sua mudança definitiva. Seis anos depois, retornava viúvo, contista ainda respeitado, diplomata, pai de dois filhos.

Não tinha do que se envergonhar. Se os sonhos e as expectativas da ida tinham sido muitos, era certo que não fracassara de todo. Horacio não era poderoso, não era invejado, mas tampouco podia ser visto como alguém que falhou em tudo. A casa em que iria viver era humilde e não teria mais a selva tropical por jardim, o Rio Paraná por estrada. Viveria modestamente com seus dois filhos em um porão da Rua Canning, número 164, em dois cômodos apertados. Era o preço de recomeçar.

Tinha energia para a nova empreitada. Ocupar o porão não era exatamente uma limitação. O germe do homem construtor que fortalecera nele a disposição para construir e modificar o entorno estava plenamente vigente. A nova casa seria também oficina, ou estaleiro, e sua empreitada seria um barco, uma chalana que batizará como *A gaivota*. Além disso, tinha um prestígio social que lhe conferia a possibilidade de reunir em torno a si não apenas os amigos dos anos passados, mas um grupo de admiradores. O pequeno porão também serviria para reuniões literárias. Estava de volta.

Horacio pouco a pouco foi percebendo que sua vida não era em San Ignacio ou Buenos Aires apenas: sua vida era o trânsito entre mundos. Se até então já oscilara entre Salto e Montevidéu, Salto e Paysandú, Salto e Paris, Montevidéu e Buenos Aires, Buenos Aires e Saladito, passara então, finalmente, a se estabelecer no eixo entre Buenos Aires e San Ignacio. Lá se constrói uma ponte, uma grande ponte, que fará funcionar o complexo circuito entre vida, escrita, publicação e reconhecimento. Tudo isso no pendular contínuo em que se constroem sua obra e suas relações.

A quimérica chalana era um meio de dizer que aquela distância, que sempre existiria, poderia ser vencida com seu esforço e tenacidade, de homem que se recusava a reconhecer obstáculos maiores que ele mesmo. O que lhe faltava naquele momento? Um editor para seus futuros livros.

De amor de loucura e de morte

Em 1901, há pouco mais de um ano do retorno de Paris, Horacio publicara seus *Os Recifes de Coral*, livro todo de poemas *fin-de-siècle* que, se fora pioneiro em Montevidéu, fora igualmente bem pouco levado a sério por seus contemporâneos. Três anos depois, já em Buenos Aires, publicara *O crime do outro*, para fazer a transição entre o prosador poético que fora e o contista econômico em que estava se tornando. No ano seguinte, 1905, com suas leituras e Dostoievski e Poe, publicara *Os perseguidos*, o conto longo em que ele e Leopoldo Lugones eram os personagens. Em 1908, já em Misiones, arriscara-se, sem grande repercussão, com a publicação de uma história de amor antiga, o romance *História de um amor obscuro*.

Depois dessas quatro obras irregulares, em diferentes gêneros e nem sempre bem recebidas pela crítica ou pelo público leitor, Horacio tinha finalmente uma coletânea consistente de contos bem-sucedidos, publicados ao longo dos útimos doze anos. Um conjunto de textos de fazer inveja, que só não tinham vindo antes à luz em livro pela impossibilidade de se dedicar a isso estando a mil quilômetros da capital. O tempo e os contos acumulados no período puderam, com a longa paciência, anos depois voltar a revelar sua relevância. Ao remexer na grande pasta de arquivo as cartolinas com os textos pregados, estava mais do que evidente para Horacio que a hora tinha chegado.

O romancista e então jovem editor Manuel Gálvez soubera que Horacio retornara há pouco a Buenos Aires e percebera nele uma grande oportunidade. Não vacilou. Foi em busca do barbudo. Em suas memórias, conta como foi o encontro e os desencontros que houve depois:

"Em 1916, fundei a Cooperativa Editorial Buenos Aires. (...) Assim que foi fundada a Sociedade, pensei em Quiroga e fui à casa dele. Estrearíamos com um livro de Fernández Moreno, *Cidade*. Eu desejava que o segundo volume fosse de Quiroga.

"— Estou aqui para você me dar um livro para a Cooperativa — disse-lhe —. E não vou embora sem ele. Respondeu-me que tinha uma centena de contos publicados em *Caras y Caretas*. Em sua maioria, ocupavam apenas uma página da revista. (...) Trouxe uma pasta e escolhemos alguns; mas como não era possível escolher todos de uma vez, ele prometeu montar o livro em breve. Era homem de palavra e cumpriu o acordado. Colocou o título *Contos de amor de loucura e de morte* e não quis que se colocasse nenhuma vírgula entre essas palavras."[133]

Surgia um livro inevitável, resultado de uma longa espera, que estava destinado a se transformar num clássico: o exercício do medo, depurado em obras ambientadas nos lares burgueses, como nos contos "O travesseiro de pena" (1907), "A galinha degolada" (1909), "O solitário" (1913), ao lado de outras narrativas que tinham por pano pano de fundo a natureza selvagem, como "Os navios suicidantes" (1906), "O mel silvestre" (1911), e ainda aquelas em que a dimensão da exploração social dos peões indígenas, que mal falavam espanhol, eram destacadas sem meias tintas, como "Os mensais" (1914) e "Os pescadores de toras" (1913). Para arrematar, ainda havia contos em que o amor chorado tão ao gosto daqueles tempos surgia com certas doses de malditismo, como os incontornáveis "Uma estação de amor" (1909) e "A meningite e sua sombra" (1917).

A bissexta colheita dava um fruto incontornável: estava sendo apresentado aos leitores o melhor de um escritor maduro, cujas narrativas estavam inextricavelmente associadas ao amor apaixonado, lidando muitas vezes com o padecimento psíquico e a autodestruição, a implacabilidade do destino, os perigos da natureza — seja na selva, seja na vida urbana e burguesa. Um tipo de escrita da qual dificilmente seria possível escapar, e que marcaria, dali por diante, de maneira profunda, sucessivas gerações de jovens leitores.

Mais de oito décadas depois de sua publicação, o escritor cubano Guillermo Cabrera Infante diria diante de uma plateia: "Li os contos de Quiroga, todos, na adolescência e acreditei em todos. Eu era, como vocês já devem ter deduzido, mentalmente são, mas impressionável. Agora, mesmo que me ameaçassem com a expulsão deste encontro, eu não os leria nem amarrado. Vocês já devem ter deduzido também que Horacio Quiroga era dependente não só de morfina, mas da literatura de Poe."[134]

A edição de quinhentos exemplares, vendidos a dois pesos cada, esgotou-se rapidamente. A expectativa de Horacio era a maior possível mas como a editora era uma cooperativa, o editor reteve parte do lucro para pagar a cota de Horacio. Para o autor acabou não restando nenhum centavo de lucro ou direito autoral, o que o irritou profundamente. Estava já há anos acostumado a ser remunerado por qualquer texto que publicasse, e o pagamento era etapa ansiosamente desejada em qualquer publicação. Para ele, a conta não era difícil nem encerrava maiores mistérios: "Quinhentos exemplares a dois pesos cada são mil pesos, calculava, e acrescentou: e eu não vi nenhum centavo."[135]

A matemática do editor, no entanto, era bem diversa, mais complexa e com mais variáveis: 25 exemplares para o autor; 25 para jornais e revistas; 50 exemplares comprados pelo autor, a preço de custo; 400 exemplares vendidos, a 800 pesos, segundo Gálvez, "para pagar a gráfica; dar 35% para o administrador — que hoje não se conformam com menos de cinquenta! — que era a Agência de Livraria; e pagar a cota de Quiroga, que não tinha pagado nenhuma parcela. Não restava lucro algum".[136]

Naquela época, como hoje, um livro de literatura não costumava ser bom negócio para o escritor e pouco o era para o pequeno editor. Naquela época, como hoje, autores e editores julgam-se explorados, e provavelmente o sejam. Horacio alcançara o prestígio, mas ainda era pouco.

A *selva para crianças*

Enquanto preparava a publicação dos *Contos de amor de loucura e de morte*, surgiu para Horacio um novo projeto: um livro escolar, com os contos da selva, a ser adotado pelo sistema educacional uruguaio. Seriam bem mais de quinhentos exemplares, pensava, e ele, como autor, seria obrigatória e regularmente remunerado.

A experiência didática da leitura por meio de um livro dele. Certamente um produto a ser difundido entre muitos. Horacio vislumbrava que os contos de seus filhos poderiam retirá-lo da crise em mais de um sentido. Contou sobre o projeto, animado, a seu amigo de Salto, José María Delgado: "Estou muito interessado que o outro amigo Mezzera goste do livro. Tenho sob seus auspícios um negócio de livro de leitura — os contos para crianças, do qual acho que já te falei — que não queria mesmo que esfriasse."[137]

Como o Rodolfo Mezzera era o Ministro da Justiça e da Instrução Pública no Uruguai naquele momento, o que Horacio esperava mesmo era poder contar com a influência de Delgado para transformar os contos numa série em livro para leitura escolar, a ser adotado pelas escolas uruguaias. A ideia parecia perfeita, mas o plano fracassaria tremendamente, segundo contou o próprio Delgado anos depois:

"O caso foi que, quando sua proposta foi submetida ao relatório dos inspetores escolares, o resultado foi lapidar: tal tempo verbal estava mal colocado, esta cláusula não tinha sentido, aquela repetição de vocábulo denotava pobreza e mal gosto, tal giro era uma verdadeira bofetada aplicada à sintaxe. Colocar aquilo nas mãos de quem mal se iniciava no estudo da linguagem escrita era pernicioso. Isto quanto à forma, porque, além de tudo, o livro desvirtuava o propósito clássico da fábula infantil: carecia de moral."[138]

O parecer destruidor que colocou sobre o livro de Horacio a pecha de inadequado, proscrevendo-o do cânone escolar, não bastou para abalá-lo, o que então se criticava certamente um dia seria valorizado, nem que tardasse um século: uma reflexão mais autônoma das crianças e superação da fábula infantil moralizante. Mas com os inspetores escolares uruguaios não havia como discutir, e o projeto ficou sepultado na República Oriental do Uruguai.

Diante de uma recusa tão contundente, não restou a Horacio senão meter o rabo entre as pernas e ir ter com Manuel Gálvez, e pela cooperativa publicar mais livro. Assim fez, e ao fim de um ano de trabalho, em 1918, a Cooperativa Editorial Limitada Buenos Aires lançava no mercado o volume *Contos da selva — para as crianças*. Para publicar os contos em livro, Horacio decidiu fazer uma selva totalmente sul-americana, e não mais universal. Então, "A girafa cega" transformou-se em "A gama cega" e "Os crocodilos e a guerra" deram lugar a répteis mais familiares: "A guerra dos jacarés".

Mesmo sem saber ao certo, Horacio estava dando um passo sem volta: a despeito da necessidade imediata de ter que voltar a produzir para as revistas, com o tipo de narrativa que estava desenvolvendo para contar aos filhos, a despeito até de seus desejos mais ou menos claros de projeto comercial lucrativo, de um livro de leitura escolar ou o que quer que fosse, ele estava forjando uma linguagem nova. Se os educadores reacionários estavam mais preocupados com os valores humanistas a serem transmitidos às próximas gerações, as crianças que liam entendiam que aquelas narrativas falavam com elas, de uma perspectiva nova.

O que na meseta de San Ignacio era motivo de horror aos moradores locais, na literatura contemporânea soava como uma inovação transformadora. O livro passou não apenas a ser reeditado, como também traduzido, algo inédito para Horacio até então. Estava nascendo o Kipling sul-americano, como passaria a chamá-lo um sem-número de jornalistas.

A primeira das traduções não tardou e veio dos Estados Unidos: Arthur Livingston foi o responsável por verter o livro para a o inglês: os *South American jungle tales* foram lançados em Nova Iorque, em 1922, e logo relançados em Londres, no ano seguinte. Na França, o premiado escritor Francis de Miomandre (1880-1959) traduziu o livro, que foi publicado pela Les Arts et Les Livres, de Paris, com o título *Contes de la forêt vierge* (1927). Já em 1935, os *Contos da Selva* foram editados pela primeira vez no primeiro país que o recusara, o Uruguai, pela editora Claudio García y Cía Editores. Na própria Argentina, em 1931, alguns contos foram incorporados ao livro escolar *Suelo Natal*, escrito em parceria com Samuel Glusberg.[139]

Contos da Selva foi, enfim, o primeiro grande êxito comercial de Horacio. Êxito que ele viu acontecer, gratamente surpreso. Diversas outras edições foram lançadas, ao longo dos anos, em vários países. O escritor pudera enfim, ser lido para além as fronteiras nacionais, com relativo êxito, e até recebera alguns cheques por isso. De fato, Horacio conseguira inventar para si outra vida, de pai viúvo e escritor de contos infantis. Ao menos na literatura infantil, o missioneiro ganhara a partida.

Sou funcionário público e este não é o meu desconsolo maior

Horacio, o contista, o diplomata, tinha que despir de sua condição intelectual, pois, na prática, sua função consistia num tedioso trabalho de funcionário público, que precisava preencher um formulário no seu tempo de trabalho ou, quando solicitado, como era datilógrafo, deveria preparar as cartas que lhe fossem solicitadas.

Porém Horacio não se despia. Era absolutamente inepto, e muito raramente comparecia à embaixada. Era evidente que ocupava seu posto por sua condição de apadrinhado pelos donos do poder. Bem que seus primeiros biógrafos fizeram questão de defendê-lo, dizendo que ele não era um parasita, mas um gênio:

"Sabia que o haviam colocado ali só para que pudesse se dedicar à sua obra sem as pressões e uma carestia suicidante (...). Melhor seria se todos os estadistas tivessem, como Brum naquele caso, um conceito tão claro das obrigações da pátria para com seus filhos geniais. Não se tratava de um parasita interessado só no orçamento, mas de alguém que ia devolver o pouco que lhe pagavam, entregando ao país uma glória incontornável."[140]

A despeito dos giros argumentativos dos seus futuros biógrafos, Horacio se sentia, de fato, desobrigado em relação à Pátria Mãe e às funções burocráticas. O favor do Estado lhe caía bem. Ganhava mal como contista e sabia que seria sempre assim, então entendia o cargo de diplomata como uma compensação. Não fossem os favores de tantos, não teria chegado até ali: primeiro foi Lugones, a lhe conseguir o posto de professor; depois o grupo de Salto, para conseguir-lhe o cargo de Juiz de Paz em San Ignacio; finalmente, o do próprio presidente uruguaio, para fazer dele Secretário Consular. Como produtor rural, Horacio era um fracasso. Então, era assim mesmo que ia tocar sua vida, com a ajuda dos amigos no poder.

Ele mesmo não era alheio ao ridículo da sua situação, sabia-se um peixe fora d'água e transformava, ele mesmo, em literatura, aquela sua condição disfuncional. Antes de voltar a Buenos Aires, em março de 1917, publicara o conto "A arte de ser um bom funcionário público", onde expunha, não sem humor, um certo sentimento de culpa e de mal-estar por receber um dinheiro do governo por uma função não realizada; e, ao mesmo tempo, ironicamente, denunciava o próprio mecanismo do qual se valia para se manter. O escritor, esse desajustado, não encontrava lugar na sociedade, nem quando se propunha a tanto: oscilaria entre ser atração de circo, como Rubén Darío expusera uma vez em seu conto "O Rei Burguês", ou ainda, como Baudelaire o fizera no poema "O Albatroz": o poeta tem asas gigantes e é o rei dos céus, mas na terra é um desajeitado para ser ridicularizado por todos. Seus heróis sabiam disso, e ele mesmo ia descobrindo a veracidade do anátema social, da pior maneira. Seguia, pois, num equilíbrio delicado enquanto era possível e, não sem algum amargor, ria-se daquilo.

Quem fosse visitar a casa de Horacio, em San Ignacio, pelo idos de 2004, encontraria um Livro do Registro Civil, do tempo em que ele era ainda Juiz de Paz, exposto na casa, com algumas linhas, em caneta tinteiro a tentativa de escrever um trecho do seu futuro romance, *Passado Amor*: "— Quando eu comprei esta meseta — explicou Morán — o pedaço de mata que lá se vê, todo mundo riu, porque aqui não havia nada além de pedras e da linda vista."[141]

O romance fora escrito e publicado em sua segunda passagem por San Ignacio, em 1925. Horacio seguiu vida afora usando seus empregos públicos para, de improviso, ir produzindo sua obra literária. Oito anos depois, o Livro Ata tinha desaparecido, como muitos outros objetos. A antiga casa de Horacio seguia viva, de pé, como a paisagem da selva, e parecia ser administrada por funcionários tão competentes quanto ele fora em sua época, por estudantes tímidos da região, por uma gente que mal levanta a voz para mostrar ou comentar o acervo. O tempo é mesmo circular.

Cartaz de *The Shark* (1920), filme da Fox estrelado por George Walsh.

CAPÍTULO 9

Mulheres de luz

A atriz Dorothy Phillips (1882-1989)

As restrições financeiras impostas pelo ofício de escritor, os custos para a criação dos filhos que cresciam, as demandas consulares para estar em seu posto de trabalho sob pena de receber punições disciplinares, nada disso deteve Horacio. Muito pelo contrário, desde que se mudou para Buenos Aires passou a encampar uma série de novos projetos de escrita, mais ou menos literários. Ele se valia não apenas de seu prestígio, mas também da proximidade com os editores. Aproveitou que estava na urbe e pôde renovar uma paixão adiada: ir ao cinema. Não foi preciso ir a muitas sessões para finalmente se dar conta de que era uma perda de tempo assistir a um filme e simplesmente voltar para casa: tornou-se, então, um dos precursores da crônica de cinema no Cone Sul.

No dia 13 de setembro de 1918, pouco mais de um ano depois de ter regressado à capital argentina, estreava nas páginas de *El Hogar* — um maganize nos moldes de *Caras y Caretas* — sua coluna sobre cinema. Do seu lugar de escritor de prestígio, falava sobre a arte nascente, os atores, as atrizes e da sua paixão pela tela iluminada na sala escura. Não havia ainda outros críticos a se inspirar, o terreno do cinema era tão intocado quanto sua meseta missioneira. Então Horacio, o pioneiro, experimentava — ao falar de alguém que ele considerava um mau ator, como o estadunidense George Walsh (1889-1981), por exemplo, dava-se liberdades de cronista: "Hoje em dia, o nome de Jorge Walsh é amplamente conhecido. As garotas solteiras sonham com ele, e as casadas sonham com um homem assim para namorado de suas irmãs. 'Exclusivamente' porque George Walsh é charmoso. Não tem outro motivo, nem sequer a sugestão dramática, porque o rapaz é péssimo ator, no sentido comum da palavra."[142] Aquelas figuras espectrais, tão próximas dos espectadores, permitiam as falas mais diretas, as críticas mais explícitas e afloravam os desejos mais intensos, do público e do próprio cronista.

Ainda sobre Walsh, Horacio dizia que o erro do rapaz fora ter trocado de estúdio, culpa de um empresário inescrupuloso. Depois de ter feito três bons filmes, "Walsh teve a desgraça, como ator, de tropeçar na vida com a Fox, cuja má fé artística de hoje contrasta violentamente com a primeira grande época da casa. A Fox viu o que tinha nas mãos com Walsh, e como as moças têm de tontas o que os empresários têm de inescrupulosos, a casa Fox decidiu cativar o público feminino oferecendo-lhe o ídolo quase nu, fazendo ginástica com farta exposição de músculos, para particular prazer das meninas. (*The Island of Desire*)".[143]

Era preciso falar dos bastidores, chamar a atenção para o que o público não via na tela, explicitar o papel da indústria, dos empresários, mostrar que atores e atrizes, nos filmes, podiam atuar de distintas formas. A magia do cinema, sim, mas também o que havia nos bastidores de cada produção. Havia um mundo a se desenrolar em torno ao cinema, atrás e diante das delas. Horacio queria mostrá-lo.

E conforme os dias avançavam, o escritor ia descobrindo outros aspectos: o que acontece com cada pessoa no cinema quando o foco de luz se projeta sobre a tela e o olhar embevecido da plateia deita-se sobre ela? Aquela sedução trazida pela inédita contemplação dos corpos. Horacio percebe que o que estava em jogo no cinema, desde seus primórdios era a sedução — erótica — da plateia.

Os corpos estavam expostos e era possível olhá-los, corpos tão diversos, de homens musculosos e mulheres jovens, nunca os mesmos, numa contemplação solitária, porque liberta de qualquer outro olhar de volta. O voyeurismo da sala escura. A suspensão do pudor social, ainda que momentânea.

Horacio se lembrava do soneto "A uma passante" (1861) de Baudelaire, quando a beleza fugaz da moça, que erguia furtiva a barra do vestido preto, partia para se tornar indistinta no meio da multidão, sem que o eu lírico pudesse vê-la para além daqueles poucos segundos. No cinema, não. A contemplação era detida, embevecida, fortemente sensual e duradoura. A fugacidade da convergência dava lugar ao enlevo de se ver em meio a braços, pescoços, seios, lábios, olhares. Corpos. A mulher dos sonhos ganhava a materialidade luminosa da tela do cinematógrafo: tornava-se disponível para ser vista, repetidamente, tantas vezes quantas o espectador estivesse disposto a pagar pelo ingresso:

"Ao redor de nós, a nosso lado, vivem e pulsam mulheres de inexpressável encanto, que um dia atravessaram a rua ou passaram de bonde, deixando-nos na alma o relâmpago de uma demasiada breve felicidade. (...) Por que, então, a profunda onda de amor pelas estrelas mudas na qual se afoga e continua se afogando a alma masculina nas salas de cinema? (...) A bela garota que toma o bonde leva com ela o tempo que teríamos necessitado para adorá-la. Foi nossa estrela de Belém por apenas um segundo, e a adoração, já às portas da alma, extinguiu-se com sua breve chama. Mas a estrela de cinema nos entrega sustentadamente seu encanto, nos oferece sem taxa de tempo tudo quando nela é perturbador: olhos, boca, frescor, sensibilidade atirada e arranque passional. É nossa, podemos admirá-la, absorvê-la por quarenta e cinco minutos contínuos."[144]

O roteiro, a fotografia, a direção... sim, sim. Daqui a pouco. Porque agora está diante da tela a bela Dorothy Phillips, que seduz particularmente Horacio. Mulher pequena e de olhar doce, os braços expostos, os lábios pequenos, ela domina seus sonhos com uma atitude entre juvenil e sedutora a tal ponto que ele não se contenta com ir ao cinema admirá-la e vê-se obrigado a escrever crônicas sobre ela, criar um conto com ela, incorporá-la à sua assinatura de cronista: o marido de Dorothy Phillips. Nascida em Baltimore, a mesma cidade em que morrera Edgar Allan Poe, ela tinha quase a mesma idade de Ana María...

"Era nos tempos em que Quiroga apaixonou-se pelo cinema com tal força que, ultrapassando a esfera artística, passou a imperar também na das ilusões, inclusive afetivas. Vivia, pode-se dizer, no cinema. 'Pertencia ao grupo dos pobres diabos, ele confessa, que saem de noite do cinema apaixonados por uma estrela'. Assim, encarinhou-se realmente de Miss Phillips com esse amor tão fantástico, humano e original que nos descreve em seu conto. Não por ser imaginário, e talvez por isso mesmo, tal querer deixou de embargá-lo com uma veemência suficiente para satisfazer totalmente suas necessidades de amar e sonhar. Um dia, Iglesias, a quem as confidências daquela alienação faziam, naturalmente, sorrir, enviou-lhe uma fotografia de Miss Phillips, com uma cordial dedicatória assinada por ela; tudo, é claro — selos de carta, letra e endereço — mais ou menos toscamente forjado. Quiroga não teve a menor dúvida sobre sua autenticidade, quando até o mais simples dos inocentes teria farejado de imediato a farsa."[145]

O amor espectral de Horacio o fez escrever um conto sobre um jovem sul-americano que viajava da Hollywood para conhecer sua amada estrela. A história maior, no entanto, era mesmo aquela protagonizada por ele, da qual ele certamente não era o narrador mais adequado. Quem melhor a contou foi aquele que conviveu com o pai em várias sessões de cinema, seu filho Darío:

"Ao acabar a primeira guerra mundial, ou talvez um pouco mais adiante, Quiroga vive em Palermo, a poucas quadras de sua irmã María, que o acompanha neste segundo e definitivo contato com a tela. María tinha permanecido na cidade, acompanhado de perto o cinema, e estava em condições de indicar ao irmão que chegava da selva, os principais diretores, os melhores atores e os mais importantes filmes.

"Cinco são as salas de Palermo que ele começa a frequentar: *Palais Bleu, Palais Blanc, Odeon Palace, ABC* e *Cine de las Familias*. Todos ficavam na rua Santa Fé, entre a rua Salguero até a Callao. (...) Eu também ia a esses cinemas, e em seus telões prateados travei relações com Perla White, Ruth Roland e todas as heroínas dos filmes em episódios.

"É certo que então se falava com maior frequência, 'fitas' para os filmes e 'biógrafos' para os cinemas.

"Mas o verdadeiro cinéfilo não consegue esperar projetarem no cinematógrafo da esquina o filme que nesse momento está sendo exibido noutro lugar. Quiroga abandona as salas de bairro e vai às de estreia. Entre 1922 e 1926, as principais eram o *Empire*, já desaparecido, na Corrientes, entre Esmeralda e Maipú. Tinha ainda o *Esmeralda* e, mais tarde, o *Gran Splendid*. Este último foi, na verdade, aquele ao qual ele ia com maior frequência.

A atriz Mae Marsh (1894-1968), tema da crônica de Horacio Quiroga

"Naquela época, costumava acompanhar meu pai quando ele ia de tarde. Geralmente ele ia à noite. Eu era menino então, com uma idade que oscilava entre os dez e os doze anos, mas já tinha ideias cinematográficas bem firmes no que se refere às atrizes.

"A este respeito, e quanto à preferência por uma ou outra, sempre discordávamos. Quando ele, verbigracia, demonstrava seu entusiasmo por Dorothy Phillips e o apregoava no conto que se chama, precisamente, 'Miss Dorothy Phillips, minha esposa', eu tentava convencê-lo de que Katherine MacDonald era muito mais bonita.

"Não consegui... mas continuo achando que eu tinha razão.

"Depois de Dorothy Phillips ele se comoveu com Aileen Pringle. Ainda mais inexplicável me parecia essa preferência. Eu a achava muito mulherona e pesada. E me contrapunha, sem sucesso, com May McAvoy.

"E também, como no caso anterior, continuo achando que eu tinha razão.

"Nos últimos tempos do cinema mudo, quando De Forrest se prestava a revolucionar a indústria, Laura La Plante constituiu o ideal quiroguiano de beleza cinematográfica. Também discordávamos, apesar de achá-la atraente, eu preferia a Joan Crawford. (...)

"A última atriz de que me lembro tê-lo ouvido falar com entusiasmo foi Norma Shaerer, no começo de uma carreira até hoje prolongada. Enquanto isso eu, mais fiel que meu pai, continuava apaixonado pela mesma..."[146]

Era a primeira vez que o filho falava publicamente sobre a relação com o pai. Foi numa conferência em Montevidéu, na Universidad de la República, em 13 de janeiro de 1949, quando ele foi paraninfo. Cai o pano.

CAPÍTULO 10

Anaconda, essa mulher

Depois do mundo dos cabarés de Paris, das empregadas de Buenos Aires, dos sonhos das mulheres espectrais no cinema, da vida burguesa de casado e da vida solitária na selva, Horacio, de volta a Buenos Aires, passou a ver as mulheres com outros olhos. Passou a conviver com garotas que nunca antes tivera chance de conhecer: artistas, escritoras, poetas e intelectuais que o tratavam de igual para igual. Com elas, não havia o puritanismo das jovens alunas, submetidas às estritas regras da família patriarcal, e o casamento, muitas vezes, sequer se apresentava como opção. Com elas, podia rir, não precisava impressionar nem sustentar uma posição de superioridade intelectual. Eram garotas de pouco mais de vinte anos que, quando Horacio deixou Buenos Aires, eram ainda crianças. Uma nova geração, algo estranha àquela junto à qual o barbudo havia crescido.

Assim foi que ele conheceu a poeta e pintora de Rosario, Emilia Bertolé; com ela, veio a irmã caçula Cora, também pintora. Apresentada pelo então editor Manuel Gálvez, chegou a poeta nascida na Suíça, Alfonsina Storni. Aproximou-se ainda do grupo uma atriz nascida em Minsk, na Bielorrússia, Berta Singermann. Além do jovem casal de pintores Ana Weiss e Alberto Rossi, que se somaram à trupe.

Horacio, com seu prestígio, conseguira a façanha de ter em torno a si tanto essa gente jovem quanto seus amigos de Salto e de Buenos Aires, veteranos então bem estabelecidos na vida. Entre eles, estavam o pintor e ilustrador Centurión, já habituado a estampar as páginas das revistas locais. Também Enrique — ou El gato — Iglesias, médico e pregador de peças, entre outros.

Bem-humorados e dispostos, reuniam-se para comer, beber, escrever versos em guardanapos de cafés e restaurantes, brincar e ler poesia.

Desde os cenáculos de Salto, o mundo artístico e intelectual de Horacio era exclusivamente masculino. Assim, não era casual que os nomes dos grupos fossem igualmente viris: Consitório da Gaia Ciência, Os Mosqueteiros. Nessa nova etapa, surgia um sugestivo nome feminino: Anaconda — a quilométrica serpente de um conto de 1918, "O império das víboras", que tivera apelo sobre adultos e crianças e acabara por nomear aquele entusiasmado grupo de artistas. A grande cobra devorava o passado dos cenáculos misóginos, a tristeza missioneira e instaurava uma alegria que contagiava quem os visse. Além de tudo, ficava recolhida, à espreita, pronta para dar o bote quando fosse necessário: no conto, Anaconda era a líder de um grupo multitudinário de cobras e serpentes, as quais, graças aos conhecimentos ofídicos do autor, eram descritas em seu comportamento e suas habilidades distintas; as cobras de Anaconda estavam sempre a postos, críticas em relação às relações sociais e à humanidade em geral. Pantagruélicos em seus banquetes, as anacondas de Horacio estavam dispostas a devorar literal ou metaforicamente tudo quando lhes atravessasse o caminho. Tornavam-se a vanguarda das vanguardas, embora não fossem reconhecidos como tais, eram velhos demais para isso, diziam alguns.

O rastro da cobra ia ficando, no entanto, pela cidade. Era um emblema que logo se aderia a Horacio, aquele homem que vivera quase uma década na selva e que descobrira e experimentara coisas que os demais, crescidos sob telhados protegidos e aquecidos, não poderiam saber ou supor. Seria ainda a marca de uma rede de livrarias de Buenos Aires, a cargo do amigo Leonardo Glusberg, desde sempre responsável por difundir o legado narrativo e ofídico do narrador.

O ano era 1920 e Horacio fala empolgado sobre sua trupe, quando pedia a amigos que a abrigassem em uma excursão pela capital de seu país de nascimento:

"Para esse momento, e coincidindo com minha viagem, o grupo Anaconda (coisa que você ignora e que já tem um ano e meio de existência), irá passear por quatro dias (eu vou ficar quinze) em Montevidéu, e contamos com vocês, e também com Bueno e Brum, para que nos acolham. Formam Anaconda exclusivamente: Alfonsina, Centurión, Rossi, Ana Weiss de Rossi, Emilia Bertolé, Mora, Petrone, Amparo de Hicken, Ricardo Hicken, Berta Singermann, Enrique Iglesias e eu. Todos gente de arte."[147]

Segundo contaram seus biógrafos de Salto, "Os anacondas vieram a constituir uma instituição presidida mais ou menos pelo mesmo espírito do Gaia Ciência.

Nenhum propósito de batalha, nenhum plano pré-concebido, nem mesmo o de manter a vocação literária; sem que, por isso, tivessem deixado de brotar nele belas iniciativas. Integravam-no figuras alheias a toda atividade estética, apesar de predominarem os artistas. Reuniam-se para conversar e, às vezes, para satisfazer desejos pantagruélicos. (...) Além dos amigos íntimos, muitas figuras destacadas do ambiente artístico argentino, sem exclusão de sexos, nem de idades, nem de escolas, vinham a Vicente López."[148]

Anaconda continuaria, ao longo de anos, a deixar suas marcas, mudaria seus lugares de reunião, ora um café, ora a nova casa de Horacio, nos arredores de Buenos Aires, ora o casarão da família Lange, ora nos bosques de Palermo. "Bem à margem dos trabalhos da vanguarda — na versão grave de Boedo ou satírica dos martinfierristas — e ignorados por ela, os confrades de Anaconda reúnem-se sem escrúpulos produtivos, não publicam manifestos nem mantêm polêmicas, apesar de muitos estarem vinculados à revista *Nosotros*."[149]

Dessa amálgama artístico afetiva, no entanto, surgirão elos fortes, como o germe da criação da Sociedade Argentina de Escritores (SADE), entidade que encarnaria alguns ideais anacôndicos: união para o fortalecimento dos que tentar viver da pluma. A Sociedade defenderia os direitos dos escritores, como uma nova lei dos Direitos Autorais, a extensão dos direitos dos descendentes por um período maior que o dos dez anos então vigente, entre outros.

Diversificada quando de sua fundação, como os congressos das cobras, em 1928, a SADE teria um sisudo Leopoldo Lugones como seu primeiro presidente, Horacio Quiroga como seu vice. O restante do corpo diretivo e dos sócios-fundadores seriam os nomes de Anaconda, acrescidos dos escritores reunidos em torno à revista *Martín Fierro* e às revistas de esquerda, como *Claridad* e *Los Pensadores*.

Os olhos de Norah

Anaconda ia picando, devorando e deixando marcas no comportamento de quem a visse. Era inevitável não ceder a seus encantos. Uma adolescente ruiva, filha do norueguês Gunnar Lange e da irlandesa Berta Erfjord, antes de se tornar escritora, já se impressionava com a voracidade da cobra dominical. O casarão de sua família era o palco das reuniões de celebração. Norah, depois de anos, iria se lembrar assim daquelas atípicas tertúlias:

"Tínhamos nove dormitórios e um jardim de mil metros. Em um dos quartos havia um gancho pendurado numa janela. Era a balança dos nascimentos. Quando nascíamos, a mãe pesava a gente. Agora a casa está dividida em duas. Nos sábados vinham os jovens. Nos domingos os traíamos com os velhos. Curiosamente, os sábados eram dedicados às discussões intelectuais; nos domingos, nos divertíamos."[150]

Norah Lange tinha então quinze anos e começava a despertar para a literatura. Ter a casa cheia de escritores e artistas nos fins de semana era para ela a possibilidade de escolher seus favoritos e ir formando seu próprio cânone. No sábado, vinha seu tímido primo Jorge Luis Borges, então com vinte e um anos e que, recém-chegado de uma temporada de sete anos na Europa, estava totalmente deslocado. Georgie se reunia na casa dos tios com alguns amigos intelectuais, tímidos e sérios como ele, para debater sobre o movimento Ultra e a revista mural de mesmo nome, que estavam então criando, com um só objetivo: estabelecer em Buenos Aires um movimento estético de vanguarda. O objetivo das visitas, mais ou menos inconfessável para Georgie, era que o rapaz encontrava na casa dos Lange um ambiente mais alegre e arejado que o lar repressor do qual vinha, e que, por lá estarem as quatro irmãs de Norah e as respectivas amigas, havia clima para alguma paquera, sob o véu da exibição de seus dotes literários.

O certo é que Norah era cortejada pelo primo, boboca que só, e a garota não achava muita graça nele. Sua libido se ativava na presença de outro casal, com mais ânimo, mais carne, mais paixão:

"Certa vez, Alfonsina Storni e Horacio Quiroga tinham que pagar uma prenda imposta por um jogo: beijar ao mesmo tempo as duas faces de um relógio de bolso. Quiroga deixou o relógio cair e beijou os lábios de Alfonsina. Minha mãe os viu e ficou muito irritada. O jogo predileto dos domingos era o Martin Pescador. Nos divertíamos mais do que as crianças, com os braços em arco e a famosa pergunta."[151]

A imagem erotizada de Alfonsina e Horacio manteve-se na mente de Norah por anos. Horacio fora para ela uma espécie de mestre literário daqueles primeiros anos. Ela o escolhera para ser o leitor privilegiado de seus primeiros contos. Tinham em comum o apreço por Ibsen. Entre eles, entretanto, a relação era formal, epistolar e professoral. Norah guardou vida afora uma das cartas que recebeu daquele que ela sempre lia interessada nas páginas de alguma revista ou jornal:

"Estimada Norah: li e devolvo conto. Parece bom, por sua idade e sua pouca experiência do conto. Talvez o conto seja a forma de arte para qual se requer maior acumulação de sentimentos próprios; sentidos quase em carne própria. Continue trabalhando, amiga, e tudo virá. Até logo e saudações."[152]

A escritura nascia da própria vida, dizia-lhe Horacio, e sabia do que falava. Ele, que a impressionava quando chegava de motocicleta a sua casa, uma das primeiras Harley Davidson que circularam pela região, com o barulho tremendo do escapamento, que chamava a atenção de toda a vizinhança.

O primo de Norah via Horacio pela primeira vez e se dava conta de quanto ele era o seu completo avesso: magro, ágil e enérgico, afrontava o mundo com sua longa barba e seus costumes de quem se sabia um bicho do mato detrás de sua roupa social. Ali nascia uma antipatia que haveria de perdurar por décadas, a despeito do gosto comum pela literatura, e mais especificamente pela literatura de Rudyard Kipling.

Ao perceber que não teria chances com Norah, com certa indolência, Georgie renunciou a seus interesses até que, segundo seu biógrafo, "em algum momento de março, descobriu que estava apaixonado por Concepción Guerrero",[153] uma amiga da família, filha de espanhóis, que finalmente lhe dera bola.

Assim, Georgie teve que se contentar com Norah sendo sua colega de letras, e tentava torná-la sua pupila, formando-a em seus cânones líricos. Desse modo, integrou-a a seu grupo vanguardista e quando, em agosto de 1922, publicou o primeiro número de *Proa*, sua revista, fez questão de publicar três poemas curtos da prima. Nos dois números seguintes, Norah continuou colaborando com a publicação de alguns poemas.

Entre a prosa de Horacio e a poesia de Borges, a jovem Norah foi formando o gosto literário que, se esteticamente era plausível, na disputa local dos grupos em formação, iria adquirir contornos irreconciliáveis.

Não fosse isso o bastante, tempos depois, iria se somar a seu círculo de amizades afetivas um terceiro elemento, o sorridente e bonachão Oliverio Girondo. Proclamado por Georgie o embaixador do grupo vanguardista em 1924, aquele que buscaria unir diversos grupos artísticos latino-americanos, Oliverio foi apresentado a Norah num almoço ao ar livre nos bosques de Palermo, no fim de 1926.

Norah chegara ao evento de mãos dadas com Georgie e fora por ele apresentada ao amigo poeta, que entre uma garfada e outra lhe dissera, num exótico galanteio — "Vai correr sangue entre nós" —[154] com uma ousadia que Borges, ao longo dos últimos cinco anos, na condição de amigo e confidente, nunca fora capaz. Norah ficou arrebatada com aquele poeta de olhos grandes, cabeludo, que passava longas temporadas em Paris: "Ele era vital, apaixonado. E me apaixonei por ele desde aquele dia. Pena que já tinha no bolso uma passagem para Europa."[155]

Borges teve de se contentar em ir para casa sozinho naquele fim de tarde. E pouco a pouco foi perdendo Norah para o poeta que, àquela altura, já havia regressado a Paris, onde tinha uma relação estável com outra mulher.

Girondo, no entanto, continuou correspondendo-se com Norah, para desespero de Borges. Naquele momento, dava-se para Norah um processo novo: ela voltava à prosa, mas não mais a prosa curta dos primeiros anos, mas uma prosa longa, autorreferente. Ela se dedicou a escrever um romance epistolar, baseado nas cartas que trocava com Oliverio: *Voz da vida*, espécie de autoficção em que encena seu amor à distância. Mila, a

Encontro do grupo Anaconda, na casa de Horacio, em Vicente López. De pé, a partir da esquerda: Emilia Bertolé, Samuel Glusberg, Julio Iglesias, Eglé Quiroga, Corina Bertolé, Rosa García Costa, Arturo Mom, Ana García Costa e Norah Lange. Sentados: Guillermo Guerrero Estrella, M.Costa, Alfonsina Storni, Luisa e Paulina Sofovich e Luis Cané. (Foto de Horacio Quiroga)

protagonista, passa seus dias próxima a um querido amigo que faz maledicências em relação ao amado ausente e lhe propõe casamento insistentemente. O romance termina com a partida de Mila para Paris, em busca de seu amado.

O livro foi publicado em 1927, a poucas semanas de a própria Norah viajar a Europa, não em busca de Oliverio, mas sim da irmã que, em Oslo, acabava de ter seu primeiro filho.

Órfã desde os dez anos de idade, com saudades da irmã mais velha, cercada por tantos homens que a cortejavam — dizem que por seus belos olhos claros e por seus cabelos ruivos — enquanto o único que verdadeiramente lhe interessa estava do outro lado do mar, Norah vai perdendo a paciência com seu meio social e com a tutela borgiana. Discorda de muitas das opiniões rígidas do amigo, de suas reservas estéticas e pessoais a gente a quem ela estima, como Horacio. Assim, a despeito das reservas de Borges, ela continua frequentando a nova casa do uruguaio, um casarão em Vicente López, nos arredores de Buenos Aires, em algumas das tertúlias da Anaconda.

A vida podia ser diferente, e ela já estava ficando farta das longas caminhadas com Borges, que fazia para satisfazê-lo. Não aguentava mais a conversa plácida e tediosa com a qual ele a brindava há anos. Queria outra coisa, o movimento que havia do outro lado do mar.

Borges era-lhe surdo às indiretas, às negativas. Borges vivia com uma Norah intangível, que coincidia em muito pouco com ela. A jovem resolveu então lutar no território inimigo, com uma franqueza que até então ainda não experimentara: publicou um breve artigo na revista de vanguarda *Martín*

Fierro, para ver se Georgie a compreendia. Nele, caracterizada de maneira precisa a cidade que emergia dos poemas do amigo, com uma perversa adjetivação. Não queria mais que ele fosse seu mestre, não queria mais ter seu nome sempre associado ao dele.

O texto em questão tinha por título "Jorge Luis Borges pensado em algo que não chega a ser poema", e seu argumento seguia assim: "Um dia, Jorge Luis nos estendeu seus versos. Versos grandes e tranquilos, por vezes dolorosos. Alameda de palavras frescas ou profundas, que vai situando-se no coração, sem nenhum rancor de sílaba que espreita outra sílaba. Seus versos dão a sensação de serem recém-escritos. São prestígio para cada quintal, cada rua, cada lembrança e até para cada silêncio, que diz sua voz. (...) Mas faço uma reprimenda: [Jorge Luis] nos deu em seus livros uma Buenos Aires tão sossegada e dominical!"[156]

Esperando ter sido bem compreendida, Norah, farta de tudo, partiu para Oslo. Sua viagem foi anunciada pela mesma revista *Martín Fierro*, onde também propagandeou aos leitores seu livro, no qual um personagem inspirado por Georgie era o incômodo antagonista. Norah embarcou num navio cargueiro para seu mês e meio de viagem, com bem pouco dinheiro. A bordo, quase não havia passageiros e ela era a única mulher. Lá foi que começou logo outro romance, que para ela significava, no mínimo, seu grito de liberdade. Era mais uma autoficção, na qual Ingrid, uma passageira num navio de igual feição é também a única mulher a bordo, e é cortejada, com maior ou menor intensidade, pelo capitão do barco, pelos marinheiros e pelo restante da tripulação.

Enquanto escrevia o livro, pela primeira vez em sua vida completamente solitária, sem os cuidados da mãe, o zelo interessado dos amigos ou o assédio dos escritores portenhos, Norah experimentava seus limites. Ser desejada, cortejada, assediada por tantos não era novo para ela, o que era novo era ela só ter a si mesma para se defender e, ao mesmo tempo, poder também, de modo mais claro, investigar aqueles olhares, aqueles gestos atabalhoados e a sua própria condição de centro das atenções.

No livro, à maneira de um diário, Norah ia romanceando aqueles dias únicos. Era seu exercício de solidão e independência, longe de todos que a queriam proteger, desposar, conduzir. No romance, Ingrid ia vivendo todas as experiências eróticas às quais era submetida, sem sentir-se obrigada a ceder a nenhuma delas e lamentando, por vezes, a previsibilidade dos que a cortejavam. Ela ia criando, página a página, uma voz própria, bem diversa daquela do livro anterior: não havia um amado, não havia um antagonista. Eram homens, somente, bem menos que interessantes, homens enfadonhos.

No romance, além da defesa da liberdade erótica das mulheres, destacava-se outra passagem, de apreciação estética sobre a literatura argentina, posta na boca de um personagem, o enigmático e circunspecto Stevenson, o único dentre aqueles homens que não cortejava Ingrid; o único que parecia cultivar uma certa indiferença, o que a cativava. O que saía da boca de Stevenson era a experiência da liberdade própria, de quem produzira e desbravara um repertório de leituras por sua própria experiência e gosto, sem a interveniência da opinião alheia.

Stevenson, o personagem norueguês, havia passado cinco anos vivendo na Argentina, e expunha à jovem suas predileções literárias, em nada parecidas com as de Borges e Girondo. Ele lia o que lhe caía nas mãos e afirmava a quem quisesse ouvir seu credo literário:

"Creio em Ibsen e meu livro de cabeceira é *Brand*. (...) Na Argentina, onde estive por cinco anos, projetei a princípio ler recomendados pelo povo. Soube de Martínez Zuviría, em um setor; de Roberto Arlt, em outro; de Soiza Reilly, mas adiante. Claro que me afastei. Lendo Arlt, que é muito bom, não tolero Zuviría e menos ainda, quase nada, Soiza Reilly. Depois percebi que bem poucos se regozijaram com Horacio Quiroga, com um poema de Banchs e com outros que para mim valem muito."[157]

O passageiro de poucas palavras, solteirão, que só falava de literatura com Ingrid e que apreciava os escritores que valorizavam a marginalidade, a perturbação amorosa, as aventuras na selva e o realismo remetia à singularíssima constelação pessoal de Horacio — discreta homenagem a um escritor que, para ela, também "vale muito". Uma afirmação de seu universo interior, a despeito das sucessivas tentativas de colonização que lhe impusera Jorge Luis Borges.

Finda a longa viagem que lhe rendera o livro, que permaneceria inédito por algum tempo ainda, Norah matou seu desejo de conhecer suas raízes norueguesas e de conhecer seu pequeno sobrinho. Passou nove meses com a irmã em Oslo e outros três pela Inglaterra, onde também tinha parentes a conhecer.

Ao regressar a Buenos Aires, sentia-se outra. Mais independente, mais impaciente, mais desejosa de estabelecer na capital natal a sua própria vida. Retomou, é certo, a amizade com Georgie, que seguia desejando-a à sua maneira enfadonha.

Norah, à sua nova maneira voluntariosa, seguia interessada em Oliverio. Ela então frequentava com maior desenvoltura os círculos literários portenhos. Conhecera de uma só tacada García Lorca e Pablo Neruda. Desfrutava da vida, cada vez com menos amarras.

Em 1931, já mais próxima a Oliverio, decidiu que era tempo de publicar seu manuscrito do romance marítimo, mas o companheiro Girondo a desestimulou enfaticamente: "Você vai publicar essa coisa sem substância?"[158] Custava a ele, libérrimo e sensual em sua poesia, aceitar aquele romance que narrava a longa viagem de Norah, sozinha, rumo à Europa, expondo literariamente ideias ousadas — para os seus — sobre a sexualidade feminina.

Dado o impasse, Norah aquiesceu, mas não desistiu. Dois anos depois, já separada de Girondo, decidiu enviar o manuscrito a um leitor isento, que pudesse opinar com maior propriedade, que não estivesse afetivamente envolvido com ela, ou interessado sexualmente nela, enfim, um mero leitor.

O escolhido foi o escritor galego Amado Villar, que após ler o manuscrito manifestou-se com entusiasmo, enunciando uma improvável trindade que incluía o presidente argentino de então: "Acredito em Deus, em Yrigoyen e em Norah Lange". Veredito dado, o livro seguiu para a publicação.

O editor da Tor — uma das maiores editoras argentinas de então — José Torrendal, empolgou-se com o manuscrito e quis colocá-lo numa coleção especial, cujos dez títulos seriam lançados simultaneamente. Assim surgia a "Colección Cometa", em 1933, que trazia capas padrão, com a moderna ilustração de um céu cheio de nuvens no qual flutuava uma imensa pipa. O livro de Norah foi batizado com um título provocativo, que certamente teve o mérito de horrorizar, de uma só vez, Jorge Luis Borges e Oliverio Girondo: *45 dias e 30 marinheiros*.

Na festa de lançamento, o incômodo que se via na personagem da obra era substituído por uma grande celebração, com Norah vestida de sereia e vasto elenco de seus amigos escritores vestidos de marinheiros. Entre os muitos marinheiros ilustres, estavam Federico García Lorca, Pablo Neruda e Oliverio Girondo. O pudico Georgie não fez parte da celebração e limitou-se a uma resenha vagamente elogiosa da obra, fazendo alguns reparos à amiga. Horacio Quiroga tampouco se fez presente, porque era totalmente alheio àquele círculo.

A pátina dos anos, porém, terminaria fazendo com que Norah entendesse seu impetuoso livro como algo menor. Em entrevista da maturidade reavaliou-o como "um livro superficial. Também foi parar na gaveta dos dejetos. Só me resta dele a lembrança de uma festa que fizeram para mim quando ele foi publicado. Para mim, foi um treinamento".[159]

Norah finalmente casou-se com Oliverio em 1943 e o marido passou a ocupar o lugar de Borges como seu rígido preceptor e mentor intelectual: "Oliverio me obrigava a trabalhar oito horas diárias e lia com muita severidade o que eu havia escrito."[160] Com aquela nova intervenção em seu gosto em formação, Norah terminou por preterir autores até então de sua predileção, como também muitos dos gêneros que já havia praticado: o conto e a autoficção.

No imaginário da escritora, já viúva e anciã, Horacio restou esquecido, a não ser por aquele primeiro beijo em Alfonsina. Seus mestres seriam já para ela para ela outros: "devo a duas pessoas tudo quando de valor há em minha obra: a Jorge Luis Borges os anos de minha iniciação na literatura; a Oliverio durante o resto de minha vida. Se não os houvesse conhecido, estou certa de que minhas obras seriam bem diferentes do que são."[161]

Georgie receberia ao longo dos anos o reconhecimento literário de Norah, mas nunca o seu afeto. Primeiro teve que dividir a atenção literária da moça com outros, como Horacio, e depois teve que abrir mão de cortejá-la por conta de Oliverio. Conformou-se com elogiá-la, prefaciá-la, recordá-la e nada mais. Nada mais, a não ser cultivar um desdém calculado pela obra de ambos, em graus diferentes: Horacio Quiroga e Oliverio Girondo. Se em matéria de amores carnais, a vida de Georgie era parca, no campo dos ressentimentos, era hábil em deslocá-los da intimidade para a esfera pública, diminuindo quem o deixasse contrariado.

CAPÍTULO 11

Em busca do Brasil

O diplomata vai viajar. Depois de anos como poeta decadente, professor de normalistas, aspirante a produtor rural, chacareiro, contista na capital, Horacio finalmente vestia novamente seu mais belo traje e, na condição de membro da embaixada uruguaia, foi ao Rio de Janeiro celebrar na capital da República o centenário da independência do Brasil.

Deixava por algumas semanas os filhos, como deixava também a anacôndica poeta Alfonsina Storni, então sua namorada. Ia, na delegação uruguaia, acompanhado do amigo Alberto Brignole que, como ele, desempenhava funções diplomáticas.

O Brasil sempre fora presença difusa para Horacio. De suas beiradas transbordavam peões negros que chegavam à Argentina falando uma língua fronteiriça: assim em "As feras cúmplices", de 1908, folhetim assinado por Aquilino Delagoa; assim também no insólito conto "Um peão", publicado dez anos depois.

Os brasileiros, quando surgiam nos relatos de Horacio, vinham com a marca da subalternidade e da exploração, e eram chamados pelos patrões de macacos, negros, morenos. Eram personagens sempre pobres, que só podiam se valer da força corporal e da astúcia para sobreviver na extração de madeiras, na plantação de erva-mate, no atendimento das demandas desumanas dos patrões. Os brasileiros não difeririam em muito dos paraguaios — indígenas ou mestiços — que desempenhavam semelhantes funções. Os peões paraguaios também explorados, xingavam os patrões, de boca cheia ou entre dentes: "gringo de *añá-membuí*".

O outro Brasil de Horacio era o de um passado lusitano, de um império do qual sua região nalgum momento fizera parte como Província Cisplatina. Ecos que lhe chegaram no nome que um dia escolheu para si, Aquilino Delagoa. Brasil que alguma vez avistara, ao longe, nos primeiros meses de 1900, quando passou pelo Cabo Frio com destino à Europa, e vislumbrou a costa brasileira. Ainda: o mesmo Brasil que, meses depois, em sua volta frustrada para casa, contemplou com aparente indiferença.

O Brasil, aquela terra enorme, também cheia de selvas, sempre existira como uma realidade paralela, nunca próxima, convidativa, para o diplomata que ele agora ensaiava ser. Nunca, sobretudo, a capital, o Rio de Janeiro em frenética atividade, pronto para receber delegações do mundo inteiro, estivera em seu horizonte.

Iria finalmente se tornar palpável e ele tinha que estar preparado. Não apenas com suas roupas de gala, mas também com leituras. Um amigo, tradutor e crítico do *La Prensa*, conhecedor de literatura brasileira, tornara-se o consultor de Horacio para assuntos brasileiros. Indicou-lhe a leitura de um escritor que havia traduzido no ano anterior, um certo José Monteiro Lobato, e ofereceu-lhe inclusive um exemplar de *Urupês*. Seu nome era Benjamín de Garay.

O livro que lhe caiu nas mãos teve poder encantatório. Do outro lado da fronteira e em outra língua, Horacio encontrava um irmão, um semelhante seu. Ficou fascinado com aquela série de contos curtos e escreveu logo em seguida ao escritor de Taubaté para apresentar-se e saudá-lo:

"Não é comum nestes países tropeçar com pessoas a quem se quer felicitar de todo o coração, como o seu caso. Muito contente, portanto, de poder fazê-lo, cumprimenta-o, com profunda estima seu companheiro Horacio Quiroga."[162]

O impacto de *Urupês* na Argentina fora grande. Livres das amarras das cronologias nacionais, alguns bons leitores apontaram Lobato como o iniciador de uma revolução de vanguarda na literatura brasileira. O poeta Nicolás Olivari disse:

"O iniciador da revolução foi Monteiro Lobato. Seu livro *Urupês* foi o grito do Ipiranga da literatura brasileira. Criou com seus processos verbais — híspidos, cáusticos, chocantes — em violenta contradição com a melíflua doçura da velha prosa francesa, o nosso credo artístico, que no fundo, inconscientemente, é o regionalismo. (...) Era, pois, isso: o início da grande batalha que nós — modernistas — faríamos em seguida."[163]

A Horacio, ler os livros que vêm do outro lado da fronteira é como se as rivalidades intransponíveis entre escritores de diferentes grupos perdessem o sentido, e os textos recobrassem sua condição de tinta impressa sobre a página, cobrando dos leitores uma relação sem posições dadas a priori.

Mesmo assim, em Buenos Aires, já por aqueles anos, os jovens poetas da vanguarda, como Borges e seus amigos, começavam a brindar a geração dos proletários da escrita como Horacio com o silêncio depreciativo ou com provocações indiretas, como um anúncio publicado no primeiro número da segunda época da revista *Martín Fierro*: "Se você julga que colaborar nos grandes jornais pressupõe talento, não leia MARTIN FIERRO."[164] Ao mesmo tempo, é preciso reconhecer que nem Lobato nem Horacio se mostravam dispostos a descer do patamar ao qual acreditavam ter chegado para ter com os garotos cuja estética não lhes era de todo familiar.

No Brasil, Monteiro Lobato chegou mesmo a desancar a jovem pintora Anita Malfatti com seu artigo demolidor "Paranóia ou mistificação", publicado em 1917 em *O Estado de S. Paulo*. Horacio, por sua vez, limitava-se ao silêncio, não tinha interesse em intervir como crítico ou autoridade no campo cultural. Quando perguntado, é claro, respondia, como chegou a fazer em entrevista, mas com evasivas, como quando dizia que era cedo para apontar nomes.

Assim, em 1922 e às vésperas de vir ao litoral brasileiro pela primeira vez, Horacio não estava interessado em ler a jovem poesia brasileira que causara furor naquele ano com a Semana de Arte Moderna, entre os dias 11 e 18 de fevereiro. O que ele queria mesmo era conhecer os *Sertões*, de Euclides da Cunha, não importava que ele não fosse a Minas ou ao nordeste brasileiro.

No mais, era desfrutar aquele novo país com seu enxoval recém-preparado. O espírito de dândi se reavivava, em tudo diverso de sua alma selvagem lapidada em San Ignacio. O diplomata fazia adormecer o selvagem.

Meses antes, Horacio e Lobato estavam ainda trocando os primeiros livros, os primeiros afagos e compartilhando as leituras preferidas. Em 6 de outubro de 1921, Horacio escreve ao amigo brasileiro, mostrando seu contentamento pela leitura, entre os brasileiros, do exemplar de *Irremediavelmente*, livro de poemas de Alfonsina Storni, lançado em 1919, que havia enviado a Lobato. Na mesma remessa, encaminhara ainda dois livros seus, sua estreia como contista infanto-juvenil — *Contos da Selva* — além do recém-lançado *O Selvagem*, de 1920.

Sempre comedido nas palavras, Horacio derramava-se em elogios por Alfonsina, contente com a boa repercussão informada por Lobato: "Gostei que eles tenham gostado de Alfonsina Storni. Ela é uma das melhores escritoras que temos aqui. Claro que é muito evidente a analogia entre você e eu. Particularmente no pudor para tratar dos sentimentos. Bons filhos de Kipling, ao fim e ao cabo".[165] Naquela mesma carta, enviava ao brasileiro dois exemplares de seu livro *Anaconda*.

O ligeiro Lobato logo transformou a remessa literária em trabalho e, ao invés de escrever a protocolar carta pessoal agradecendo e comentando os livros recebidos, escolheu logo fazer uma resenha na recém-adquirida *Revista do Brasil*, em suas mãos desde 1918. A velocidade de Lobato era tão surpreendente que, quando Horacio lhe escrevia a carta acima, as resenhas já estavam até publicadas.

Na edição 69, do mês anterior, quem abrisse a *Revista do Brasil* ficaria sabendo de alguns dos livros aparecidos no Rio da Prata: os *Contos da Selva* e *O Selvagem*, de Horacio Quiroga, recebiam destaque. Lobato elogia muito a Horacio: ora, para ele, elogiá-lo era elogiar-se, tal a analogia que também ele encontrara entre a obra de ambos: assim Lobato comparava os *Contos da Selva* a seu *A menina do nariz arrebitado*. A resenha, no entanto, não estava assinada: Lobato repetia um procedimento já utilizado por Poe em sua época: publicar uma crítica anônima sobre seu próprio livro.

"O ilustre escritor que é Horácio Quiroga não desdenha escrever para crianças. (...) Ao ler os seus 'Cuentos de la selva', não se pode furtar ao paralelo que se nos impõe com Monteiro Lobato, o autor do 'Narizinho arrebitado'. A concepção da literatura infantil é, em ambos, através da distância que os separa no mundo e das diferenças de nacionalidade, de formação e outras, exatamente a mesma. Um e outro compreendem que só o maravilhoso pode seduzir a alma infantil, que só as coisas que lhe são familiares podem viver para ela e que só essas mesmas coisas lhe podem ensinar a vida, educando sentimentos e espírito."[166]

Com muito mais comedimento, *Irremediavelmente* (1919), de Alfonsina Storni, foi comentado, contando com o cuidado do puritano editor e resenhista de se desviar dos trechos mais picantes do livro, em versos como os do poema "Homenzinho miúdo" ("homenzinho miúdo, eu te amei por meia hora, / não me peça mais."). Dado o calculável desconforto de Lobato diante do livro de Alfonsina — que, ele imaginou, também pudesse ser o mesmo do público leitor —, ele optou por uma estratégia infalível: escolher um poema mais convencional e citá-lo longamente. Em sua apreciação crítica, limitou-se a destacar a "estranha eloquência" da poeta, influenciada "pelas modernas tendências poéticas".

O contraste ficará mais evidente para quem hoje folhear a revista e ler o texto de Lobato dedicado a Horacio, falando justamente do exemplar recebido de *Anaconda*. O texto saiu em maio de 1922. O amor literário do homem de Taubaté pelo contista do Rio da Prata era loquaz:

"Este livro de contos pertence à família da literatura ao ar livre, de que é Rudyard Kipling o representante mais graduado. Só a fazem os homens que 'viveram a vida', porque há o que a sonham ou só conhecem dela os trechos confinados, perceptíveis das janelas de um gabinete."[167]

Ao falar de Horacio, Monteiro Lobato falava de um parente literário seu que, porém, diferentemente dele, não se limitara ao sítio, ao ambiente rural, avançando em direção à selva e de lá trazendo o que outros não puderam. Lobato destacava as afinidades entre os dois, mas tinha uma espécie de admiração extra, porque via na literatura de Horacio uma coragem e um destemor que não estavam em sua própria personalidade. Lobato seguia:

Seu texto "tem o encanto das paisagens amplas, cheias de sol, batidas de vento, onde o homem faz parte do ambiente, numa integração perfeita. (...) Demonstrada aí, como em livros anteriores, a sua forte capacidade de 'psicologizar' a vida dos animais, passa Quiroga nos demais contos a jogar com criaturas humanas — e revela-se um conteur completo. Nenhum elemento falta às suas composições; o equilíbrio é perfeito, a observação, exata, a escolha de elementos, sempre justa, o tema, sempre original."[168]

Era o melhor dos mundos: havia afinidade, admiração mútua. O que faltava? Faltava apenas Monteiro Lobato propor traduzir Horacio no país, por sua Editora do Brasil. Lobato, sempre ligeiro, pensou justo nisso: publicar os *Contos de amor de loucura e de morte* em português. Mais ainda: o livro de Horacio entraria numa coleção de literatura argentina.

Feito o projeto, Lobato tentou fazer a proposta avançar por intermédio do amigo e tradutor Benjamín de Garay, a quem Lobato encarregara de tratar com Horacio sobre o negócio. Diligente, Lobato disse a Garay que a tradução inclusive já se encontrava pronta, realizada pela escritora brasileira Lila Escobar de Camargo, a jovem autora de *Caracteres femininos*.

Quando Benjamín procurou Horacio, ele se surpreendeu, mas não positivamente.

Com a experiência das vezes anteriores em que uma possibilidade de ganho se transformara em nada, como no caso da publicação dos *Contos de amor de loucura e morte*, por Manuel Gálvez, Horacio quis eliminar o intermediário. Preferia tratar diretamente com o chefe da editora. Como é que o livro já estava traduzido sem que sequer o tivessem consultado? E por que, afinal, era preciso envolver um terceiro no negócio, se entre eles seria já possível se entender? O terreno turvo no qual Horacio se via ingressando impôs-lhe escrever diretamente a Lobato e tratar as coisas com clareza.

Se sua profissão de fé desde que chegara à Argentina era tratar com profissionalismo seu ofício de escritor, não havia motivo para ser diferente no Brasil. Lobato tinha uma revista, tinha uma grande editora. Não havia de decepcioná-lo. Certamente ia lhe pagar o justo. Escreveu-lhe:

"Meu estimado Monteiro Lobato: — Acabo de receber uma carta do amigo Garay na qual, anunciando-me ter sido traduzido 'Contos de Amor de Loucura e de Morte' pela senhorita Camargo, pede-me autorização para publicar tal tradução por sua casa editora. Como você me disse alguma vez algo sobre o mesmo assunto, teria muito mais prazer em tratar diretamente com você, como me parece razoável. Garay me diz que a senhorita tradutora não tem aspirações pecuniárias a respeito. Tampouco as tenho eu muito grandes, amigo, se bem que, como profissional e pobre, sinta-me reconfortado quando consigo uns pesos. Este assunto editorial deixo-o a seu critério, como colega e editor, no que possa me corresponder no problemático ganho. Não é este detalhe que vai colocar uma trava em minha amável relação com o Brasil, com sua casa editora e com a senhorita que achou por bem traduzir o livro.

"Não queria que o amigo Garay levasse isso a mal e escreverei a ele esclarecendo o ponto. Mas sendo você o editor e eu o autor, acredito ser razoável que entre você e eu se trate diretamente a coisa. Umas linhas suas a respeito me deixaram muito reconfortado."[169]

Horacio deixa clara a seriedade que o assunto tem para ele ao tomar a questão da publicação do livro como questão diplomática internacional, que tem a ver com sua relação amistosa com o Brasil. Não dá margem à dúvida sobre o quanto lhe é imprescindível receber pela publicação, e ainda trata com sutil ironia o fato de que Lila Escobar de Camargo, a tradutora que não quer receber um centavo pelo trabalho, tivesse feito por iniciativa própria a tradução. Era evidente que fora Lobato quem pedira o trabalho não remunerado à jovem e que, então, com a tradução pronta, usava o trabalho grátis dela para incentivar Horacio a também agir com generosidade e desprendimento. Entretanto, não frontalmente, mas através do amigo comum. O uruguaio recusou-se a morder a isca. Era um escritor profissional.

Assim, falhado o plano de Lobato, o livro ficava, num primeiro momento, adiado, e nenhum dos dois voltaria, por ora, a tocar no assunto. Apesar disso, na *Revista do Brasil* a possibilidade do livro não morria. Dois meses depois, já na edição 73, de janeiro de 1922, Lobato publicava o primeiro dos *Contos de amor de loucura e de morte*, na tradução de Lila Escobar. Era justamente o primeiro conto do livro, a *nouvelle* "Uma estação de amor". A tradução ocupava treze das cem páginas da revista e era antecedida por breve apresentação:

"(É um dos mais belos contos do notável escritor argentino H. Quiroga. A tradução devêmo-la ao formoso espírito da senhorita Lila Escobar de Camargo)"[170]

Lobato estava avaliando como ia seguir com o projeto Horacio Quiroga no Brasil. Naquele momento, em sua livraria, já oferecia, em espanhol, exemplares de outros livros do autor — muitos dos quais ele já resenhara na *Revista*. No número seguinte, o 74, de fevereiro de 1922, era possível ver que se encontravam à disposição dos clientes os *Cuentos de Amor de Locura y de muerte, El Salvaje, Anaconda, Cuentos de la Selva* e *Las Sacrificadas*. A edição brasileira dos *Contos de amor de loucura e de morte*, no entanto, parecia ter ficado adiada.

Oscar Mendes, leitor de Horacio Quiroga

Monteiro Lobato espalhava livros, próprios e alheios, brasileiros e estrangeiros, traduzidos ou não, por todos os seus canais de difusão: a revista, a editora e a livraria. Com precisão invejável, aqueles exemplares iam atingindo leitores significativos. Dentre os leitores e fregueses de Lobato, que devem a ele parte de sua formação, estava, naqueles anos, o jovem recifense Oscar Mendes (1902-1996). Aluno de direito da faculdade do Largo São Francisco, ele foi um dos leitores ávidos por novidades que compraram exemplares da livraria de Lobato. Seu exemplar de *Anaconda* foi adquirido em junho de 1924, quando ele tinha 22 anos, bastante tempo ainda antes de se tornar a máquina de traduzir que o fez conhecido, tendo assinado mais de duzentas traduções. Oscar reteve o exemplar de Quiroga consigo até o fim da vida.

Morto Oscar, em 1996, a família dissipou sua biblioteca para um sebo. Por aqueles anos, no centro de São Paulo, não era difícil encontrar seu acervo espalhado pelas diversas livrarias. Ora, tropeçava-se, por exemplo, com a edição de bolso da *Educação Estética do Homem*, de Schiller, cuidadosamente grifada por seu antigo proprietário com lápis vermelho.

Assim, vagabundeando pelo centro da cidade foi que, no finzinho do século vinte, numa tarde de sábado, topei com o exemplar de *Anaconda* no sebo O Belo Artístico, na rua Líbero Badaró, número 100, pela bagatela de oito reais (então cerca de seis dólares). O atendente, nordestino, erudito, não perdia a oportunidade de comentar algo sobre os volumes que vendia. Jovem receoso que então era, temia que ele se desse conta do valor inestimável daquela primeira edição de Horacio e resolvesse subir-lhe o preço de uma hora para outra. Diante do balcão, minha nota de dez reais em punho, vi quando ele me olhou nos olhos e depois olhou para o livro, finalmente declarando seu veredito: "Anaconda... Uma cobra!".

Já aliviado, tornei-me o herdeiro do exemplar de *Anaconda* de Oscar Mendes. Esse livro, que agora tenho diante de meus olhos, mostra ter sido bem conservado nessa sua trajetória secular, tendo viajado por diversas cidades e países até o momento, mas também carrega as marcas da leitura de Oscar. Segundo seu sistema próprio de anotação, ele fizera uma marcação "-" para a imensa maioria dos contos e um "x" distinto, para apenas três textos: "Noite adentro", "A língua" e "Dieta de amor".

O mistério e as idiossincrasias da marginália. "A língua" é um conto fantástico nos moldes clássicos: um paranóico o narra do Hospício de las Mercedes, de Buenos Aires, e conta suas aventuras com os linguarudos e com as línguas que o perseguem. O próprio Horacio, a partir da segunda edição do livro, decidiu suprimir o conto. "Noite adentro" narra a travessia de um casal de comerciantes por um caudaloso rio Paraná, que quase lhes custa a vida; no conto, o narrador termina fazendo a apologia do esforço em detrimento dos resultados. Finalmente, "A dieta de amor" é um conto humorístico e urbano sobre um jovem que, para ser aceito pela família da sua pretendente, é submetido a uma dieta composta exclusivamente por chá pelo sogro, um nutricionista sagaz, que sabe ser o resultado a inação completa do rapaz. Terão sido esses três contos a decepcioná-lo de alguma forma.

Terá Oscar, anos depois, quando se pôs a traduzir, do francês, os contos de Edgar Allan Poe, se lembrado daquele seu leitor uruguaio, o autor de *Anaconda*? Talvez, embora não seja o livro mais poeiano de Horacio. E tampouco aquele volume exclusivo de Oscar ganharia tradução nacional até bem avançado o século vinte, quando, em 1987, a carioca Angela Melim publicasse a convite da

Editora Rocco a primeira versão em português da obra, aquela que os novos ávidos leitores do país puderam ter em mãos. Ela era tradutora de inglês e foi convidada a fazer o trabalho.

Nos agora longínquos anos vinte, um bravo Monteiro Lobato, no entanto, mantinha viva a ideia de que um livro de Horacio viria à luz por aqueles meses. Alimentava a confiança dos leitores com um anúncio estampado no número 80, de outubro de 1922, a anunciar o breve lançamento da *Biblioteca Sul-Americana*:

"Esta coleção se comporá de cuidadosas edições das melhores obras aparecidas na Sul-America e iniciará praticamente o programa de aproximação que tem a empresa. Iniciar-se-á com o Facundo, do Sarmiento, dará obras de Galvez, de Quiroga, de Lynch, de Salaverri, de Barrios e de todos os grandes representativos da literatura hispano-americana."[171]

A coleção realmente começou no ano seguinte, com a publicação do clássico ensaio oitocentista *Facundo*, do argentino Domingos Faustino Sarmiento; em outubro de 1924, saiu a tradução de *Nacha Régules*, de Manuel Gálvez.[172] Porém, no ano seguinte, sobreveio o pior: a editora de Monteiro Lobato faliu e os planos ficaram suspensos. Horacio Quiroga, em livro, continuou inédito no Brasil e o manuscrito da senhorita Lila Escobar de Camargo ficou vagando entre pastas pelos anos a fio, fora do alcance de olhos que soubessem do seu valor e que o pudessem resgatar.

Outras revistas do Brasil

O livro de Horacio traduzido por Lila, no entanto, por certo tempo estava diante dela e sob o governo dela, sem a perspectiva de que Lobato o fosse lançar. Era uma pena fazer um trabalho e, além de não receber por ele, sequer vê-lo publicado. Receber do editor da revista a alcunha de "a de formoso espírito" em nada melhorava a situação para ela, que já recebera, no ano de 1921, uma acolhida cheia de reservas a seu livro de estreia, *Caracteres femininos*.

Enviou, então, a outras revistas mais contos de Horacio. Em 24 de fevereiro de 1922 sua tradução do conto "A insolação" aparecia nas páginas do número 18 da revista carioca *Ilustração Brasileira*. Horacio chegava ao Rio de Janeiro impresso, sete meses antes de sua visita em corpo presente com a delegação uruguaia. Assim, os fluminenses ficaram conhecendo a história do cachorro Old, que tinha encontros frequentes com a Morte, quando essa visita a propriedade para levar consigo o dono alcoólatra.

As imagens, como indica o título da revista, eram o forte da publicação, que se ocupava em mostrar aspectos de cidades de diversas regiões do Brasil, acidentes naturais, fotos das obras para as celebrações do centenário da Independência, projetos dos pavilhões, tudo com fotografias de excelente qualidade e de grande formato. Era preciso seduzir os estrangeiros para as belezas das terras brasileiras. Também o conto, impresso em duas páginas, era acompanhado de duas grandes fotos, uma de Lila e outra de Horacio, ambas de mesmo tamanho e com o mesmo destaque, dando à tradutora uma visibilidade pouco usual não só naqueles tempos, mas em qualquer outra época ou país.

Faziam companhia a Lila e Horacio um conto do jovem mineiro Carlos Drummond, uma crônica sobre "o vício de Oscar Wilde" e uma reportagem sobre a criadora da Teosofia, Madame Blavatsky. A revista era o órgão oficial da Comissão Executiva do Centenário da Independência e trazia ainda reprodução de autógrafos de autoridades estrangeiras, que celebravam os festejos. Dentre eles, Baltasar Brum, presidente uruguaio, Schulthess, presidente da Confederação Suíça e Alberto I, rei da Bélgica.

Contos de Horacio continuaram aparecendo na imprensa brasileira. Quatro anos depois, em 1926, apareceriam mais duas traduções, ambas, contudo, sem nomear o tradutor ou tradutora: no *Jornal das moças*, imprimiu-se o conto "A mancha hyptalmica", em abril. Como o texto é parte dos *Contos de amor de loucura e de morte* é de se supor que seja obra da incansável Lila. Já em setembro, o carioca *Correio da Manhã* publicou o infantil que no original se chamava "Las medias de los flamencos". Na versão brasileira, a fábula explicativa da origem das patas rubro-negras dos flamingos era cruelmente deturpada na cidade-sede do time do Flamengo: ao invés de flamingos, os protagonistas do conto serão... cegonhas. "As meias das cegonhas".

O mudo e o loquaz

Assim, quando Horacio aportou no Rio, na segunda-feira, dia 28 de agosto de 1922, a bordo do *Principessa Mafalda*, ele não era um autor de todo desconhecido. Estava longe de ser célebre, mas as traduções de Lila e a divulgação de Lobato já haviam desbravado o ambiente para um contato inicial.

A delegação havia partido de Buenos Aires com destino ao Rio pouco mais de três semanas antes, em 5 de agosto. Quando chegaram, a cidade já estava em festa, recebendo várias delegações, mas ainda se apressava para, na última hora, aprontar o que não pudera ainda ser concluído na capital da República: o Hotel Glória, o primeiro cinco estrelas da cidade, fora inaugurado há menos de duas semanas, em 15 de agosto. Foi nele que a delegação uruguaia e muitas outras ficaram hospedadas a convite do governo brasileiro. O Rio era a capital do mundo: celebrava-se naqueles dias, tal como ocorrera na Paris de 1900, a Exposição Universal.

Horacio celebrava a coincidência, tendo para si algo dos previstos louros com os quais sonhara há mais de duas décadas: era mimado pela imprensa, dava entrevistas e era saudado como grande escritor. O amigo Brignole, que o acompanhava na viagem, faria loas ao portento diplomático no qual se convertera seu amigo selvagem:

"quando chegados ao Rio — transformado no centro de cem delegações internacionais — tiveram que tomar aulas para se ajustar ao protocolo, ninguém prestou mais atenção ao instrutor diplomático do Itamaraty. Horacio foi o primeiro aluno da embaixada em matéria de gestos solenes e evoluções palacianas, tanto que se tornou o marcador que ia recordando 'sotto voce' aos companheiros o que devia ser feito nos momentos solenes."[173]

Horacio deixou outras marcas na imprensa nacional naqueles idos anos vinte. Com diferentes graus de detalhamento e pompa, sua passagem pelo país não passou desapercebida pelos jornalistas locais. Pela imprensa da época é possível seguir-lhe os passos em sua jornada brasileiras. A comitiva uruguaia, assim como todas as outras, era objeto de acompanhamento próximo dos jornalistas.

Os jornais cariocas iam dando notícias da delegação uruguaia como um todo, e Horacio Quiroga era citado, em geral, como secretário. Alguns poucos veículos, porém, atentavam para o fato inescapável de que ele era escritor reconhecido no Uruguai e na Argentina. *O Jornal* publicou, ainda antes da chegada de Horacio, na edição do dia 24 de agosto, um perfil generoso e bem-humorado do escritor. Num curto resumo da vida de Horacio, o artigo aludia à temporada no Chaco como produtor rural:

"Não logrou êxito nesse primeiro ensaio industrial e tornou a Buenos Aires, narrando então em contos magníficos, de fino lavor literário, as impressões que seu espírito recebera nas terras do norte argentino."[174]

Logo em seguida, complementa, falando da maledicência de seus contemporâneos argentinos:

"Este Quiroga — dizia-se em Misiones — perde o dinheiro na cultura dos campos e recupera-o em Buenos Aires, contando como se arruinou."[175]

Também o *Correio da Manhã* o entrevistara em sua chegada, sem conseguir tirar-lhe, no entanto, nenhuma declaração memorável. Tímido e parco de palavras, embora desfrutasse da viagem, Horacio não parecia cômodo a ponto de se arriscar na língua estrangeira.

Depois de alguns dias, Horacio, entre entrevistas, celebrações e compromissos diplomáticos, escrevia ao amigo Lobato, informando que rumaria a São

Paulo no dia 19 de setembro, e que esperava poder ter com ele "uns quantos dias extra-diplomáticos".[176]

Dois dias depois, noutra mensagem escrita em papel com o timbre do hotel, deixava transparecer sua expectativa pelo encontro:

"Meu estimado Lobato: verei você por aqui ou teremos que ir a São Paulo para isso? Você deve supor a vontade que tenho de ver a sua cara."[177]

Vencer os mais de quatrocentos quilômetros que separam as duas cidades não era tarefa fácil há um século, e seria necessário que Horacio o fizesse, porque Lobato encontrava-se envolto em seu trabalho editorial. A timidez do escritor uruguaio entre desconhecidos fazia com que fosse algo penosa sua estadia.

Nos momentos de recolhimento, deixava o pensamento se perder noutras latitudes. No luxo do Hotel Glória, seu pensamento migrou do possível editor e amigo em São Paulo para Buenos Aires. Lá, entre as amizades de Anaconda, sentia-se à vontade, sem a dureza do protocolo, os infinitos eventos e celebrações em uma língua na qual, apesar de compreendê-la, não podia falar sem vacilar e gaguejar.

Desenhava-se na sua lembrança o rosto de uma das anacondas, a que lhe parecia a mais bonita e atraente: Emilia Bertolé, pintora e poeta da cidade de Santa Fé. No clima de festa e camaradagem de Anaconda, era comum irem juntos ao cinema, com a irmã caçula de Emilia, Cora, e muitas vezes também em companhia de Alfonsina, a parceira de Horacio. A camaradagem coletiva, os almoços e jantares, as festas e tertúlias, aconteciam sempre entre muitas risadas, com alguns vexames de Horacio quando tomava muito álcool, mas, em geral, com muita cordialidade. Quando queria ir ao cinema, a algum jantar ou comer empanadas, o uruguaio escrevia às duas irmãs ao mesmo tempo:

"Amigas: fui esta manhã ao destino do passeio e aquilo está impossível de tão úmido. Como é indispensável, por outro lado, comer as empanadas já adquiridas, proponho a vocês ir esta noite para comê-las em casa. (...) No entanto, como é sabido em minha casa não pisa senão gente jovem (!), pediria a vocês humildemente sacrificarmos a mamãe nesta oportunidade em honra ao regimento mencionado."[178]

Na solidão nababesca do Hotel Glória, as empanadas argentinas ganhavam outro sabor, e Horacio pensava em comê-las noutra companhia, não no evento grupal, mas na intimidade daquela cuja imagem ia se formando na sua lembrança. Sentou-se para escrever e as palavras que surgiram se arriscaram para além dos limites do afeto amistoso e pareciam querer se instalar na zona mais delicada das possibilidades de uma intimidade erótica:

"Companheira loira, já estou muito cansado deste ir e vir diplomático que, como você sabe, não é o meu forte. Lembro-me de você com muito prazer, e também dos nossos amigos e das próximas anacondadas. Dia 19 vou a São Paulo e estarei em Buenos Aires perto do dia 5 de outubro. Falarei com você de muito bom grado. Caso lhe interesse saber, você é a única mulher a quem escrevi. Fique orgulhosa, portanto, da velha amizade desse seu companheiro."[179]

Envolvido que estava com Alfonsina, as insinuações de Horacio anunciavam complicações para as relações entre o grupo para os próximos dias. Com a carta lançada ao mar e a imagem de Emilia entre seus pensamentos, foi que Horacio chegou a São Paulo, já não tanto na condição de diplomata, mas noutra, que o deixava um pouco mais à vontade — a de escritor.

Contrariamente à sua expectativa, a delegação chegaria dois dias antes em São Paulo. Todos hospedaram-se no centro da cidade, no hoje extinto Hotel Terminus. Também de grande luxo, o hotel fora inaugurado há pouco mais de um mês, no dia 1 de setembro, por conta dos festejos do centenário. Imponente, ficava na rua Brigadeiro Tobias, 576, na esquina com a Washington Luis, na região que começava a ser remodelada com a recente inauguração do Theatro Municipal, no qual ocorrera, meses antes, a Semana de Arte Moderna. Em 1923 seria inaugurado na região também o Hotel Esplanada, a ser habitualmente frequentado por um ainda abastado Oswald de Andrade, poeta que lhe dedicaria os célebres versos de sua "Balada do Esplanada".

Findos os festejos oficiais cariocas, a delegação pode finalmente livrar-se dos protocolos. Embora ainda houvesse compromissos, a maior parte era de eventos literários.

Foi possível, então, fazer incursões a outros locais e instituições, onde não havia chefes de Estado. Visitaram uma fazenda em Itapetininga, o Instituto Butantan e, na noite do domingo, dia 25 de setembro de 1922, Horacio foi convidado a um jantar em sua homenagem.

Além de Monteiro Lobato, a quem finalmente encontrava pela primeira vez, estava o tradutor Benjamín de Garay e um grupo de escritores brasileiros bastante heterogêneo, que ia de modernistas da semana de 22, como Menotti del Picchia, Guilherme de Almeida e Oswald de Andrade, a escritores da direita integralista, como Plínio Salgado; também estavam outros hoje menos lembrados, como Cyro Costa, René Thielier e Agenor Barbosa.

Na ocasião, Lobato fez um longo e espirituoso discurso em homenagem a Horacio, no qual destaca seu talento de "cobrófilo" e o fato de ele ser "mudo", ou seja, ter imposto como condição para participar do banquete o direito a permanecer em silêncio:

La foto pauliceana. Benjamín de Garay, mulher desconhecida, Horacio Quiroga, Lila Escobar de Camargo e Monteiro Lobato numa praça de São Paulo. Setembro de 1922. (Acervo CEDAE/UNICAMP)

"Mais uma palavra, apenas. Quiroga não fala; escreve somente. E a condição que impôs à ameaça de ser jantado foi essa de ficar mudo como um peixe, ou melhor, mudo como uma anaconda — como uma anaconda muda, visto como as que ele romanceia e as que convive em Buenos Aires falam pelos cotovelos. Senhores! Bebam à saúde do grande *conteur* uruguaio, este copo de soro antiofídico."[180]

O texto de Lobato foi reproduzido na íntegra, dois dias depois, pelo *Correio Paulistano*. O jornalista, alheio aos lugares comuns argentinos e uruguaios quanto à timidez e a gagueira de Horacio, e talvez querendo causar boa impressão tanto a seus leitores quanto ao próprio uruguaio, dizia em sua reportagem que, ao fim da intervenção de Lobato e dos aplausos, o uruguaio teria respondido "num maravilhoso trecho de prosa tersa e rútila", pedindo licença para integrar-se a outra embaixada além da uruguaia, a do pensamento, pela qual poderiam se aproximar os dois povos.

Alberto Brignole, o amigo que fazia parte da comitiva, que certamente não lera o jornal, teve uma versão bem divergente daquela do jornalista do *Correio Paulistano*, a qual relatou não sem certo prazer perverso:

"O único momento amargo teve que passar foi por culpa da literatura. Aconteceu que um dia o convidaram para participar de reunião de uma sociedade de gente de letras. Não pôde recusar, apesar de fugir de tudo quanto se referisse à academia prosopopéica como da peste. Fizeram-no sentar-se, naturalmente, no palco, contra sua vontade. Tudo decorreu muito bem enquanto foi possível; do alto de sua cadeira, deixava passar o tempo alisando de quando em quando a barba, com o rosto fixo nos dissertantes e a alma em outro lugar. Mas, de repente, um acadêmico levantou-se, então, após fazer ressaltar a honra que significava ter diante de si o ilustre autor de *O Selvagem* e *Anaconda*, desfez-se em glosas ditirâmbicas sobre sua obra. (...) Finalmente, o acadêmico que estava a seu lado, começou a cutucá-lo com o cotovelo e a dele exigir:

"— Você tem que falar.

"— Eu não sei falar.

"— Mesmo que sejam duas palavras.

"— Não saberia articular nem uma.

"E foi preciso dar por encerrado o espetáculo, entre o desconcerto geral de um público que se retirou do recinto como se tivesse assistido ao panegírico de uma celebridade fraudulenta."[181]

As duas imagens de Horacio, o rutilante e o mudo, pairam diante de nossos olhos. Nalgum ponto do amplo espectro está uma imagem mais verossímil da cena, onde a alegria bonachona de Oswald encontra um ponto de contato com a circunspecção de Horacio, articulada com alguma gentileza pelo anfitrião de Taubaté. Terão se entendido, certamente, mas não é difícil de imaginar que Horacio tenha se recusado a tomar parte numa fala pública, numa língua que ele não pode falar. Lobato fora generoso e, com humor e tato, aludira à personalidade do novo amigo.

Estar num país de língua estrangeira só aumentou o desejo de mutismo e o embaraço com não saber manejar uma conversa intelectual. Nos jornais brasileiros, o que ficou foi uma imagem de sucesso da passagem de Horacio pelas terras brasileiras. Horacio levava consigo momentos bastante descontraídos na companhia de Lobato, Lila e Benjamín de Garay, e como lembrança uma foto dos três tirada num encontro num parque paulistano.

A delegação uruguaia finalmente se despediu do país no dia 1 de outubro, fato devidamente noticiado, mais uma vez, pelo diligente *Correio Paulistano*. A *Revista do Brasil* repercutiria ainda a visita, em sua última edição do ano, quando reproduziria, mais uma vez, o discurso de Lobato. A memória de Horacio no Brasil, que começava a constituir-se, não contou, no entanto, com muito mais gente para a levá-la adiante, depois que Monteiro Lobato e Lila Escobar de Cabral já não estavam disponíveis para aquele trabalho pioneiro. Foram tempos de silêncio até que surgisse a precursora tradução que Angela Melim fez do livro *Anaconda*, sessenta e cinco anos depois.

Efeitos da língua

A viagem produziu em Horacio o desejo de escrever a Emilia. De vê-la. Produziu mutismo nos momentos em que o instaram a falar português em público. Produziu embaraço, mas aquela mudez tímida, léguas e léguas distante do Brasil, produziu outra coisa também. A língua que lhe faltava foi substituída, noutro canto, por uma loquacidade epistolar. Como estudante aplicado, como o amigo saudoso, Horacio escreveu uma carta cheia de ternura, marcada pelas lembranças da viagem ao Brasil. O que não lhe viera nas palavras faladas — rocha, rútilo, cobra muda — jorrava-lhe sedutor no escrito:

"Junio 14 — 1923

Meu grande irmao Lobato:

Eu vo a escriver a vossé en esa bella e tropical lengua irmá, para que vossé pueda gostar dos grandes adelantos feitos por o infrascripto. Aymé, irmao! Fosse vocé tam sequer Rosaliníssima entào que lee, e a minha elocuencia — até que a grammatica — fosse muito mais engracada do que parecerá a vossa mercede. En fim, lá va.

Nao recivé os livros que vossé me anonciou por carta. Nao fique vossé tan cossoador como a prima Lisboa, que prometeu, prometeu... e nao mandóu sus versos hindúes. Eu mando agora a vossé a HISTORIA D'UM AMOR TURBIO; um exemplar para vossé, e otro para a prima Lila, rogándole a o irmáo faça chegar a ella o exemplar que le está dedicado. Nada sei de issa menina. Tal vez está zangada comigo. Por qué? Os eternos misterios femininos.

Os journaes informan-me do que Garay está doente. E viene-me o recuerdo de uma otra vez que o mesmo amigo estuvo doentinho, e cuya terapéutica vossé me contou. Salude e diga a o caro amigo que en otro correio enviaré-le um exemplar do amor turbio.

Como quiera, irmao, paréceme que esto falando todavía n 'aquela mesa do paseio público, con as anaconditas de Camargo. Efeito da língua...

Vossé quere facer uma grande fortuna, e conseguirá-lo (!) mais nao dexe, de quando em quando, de pensar en fabricar uma grande casa, con cuartos para huéspedes, afim de que o misero irmao que lhe escreve, poda ir a hospedarse dez días na excelsa finca de vossé. E a conta da litteratura.

Por que nao recevo mais a REVISTA DO BRASIL?

E um grande abrazo, irmao,

H. Quiroga"[182]

A carta, tecida com a mediação da língua meio ouvida, meio recordada, meio inventada e remendada com algo do castelhano nativo, construía um outro Brasil, próprio, que não aquele anterior à partida: *Os Sertões* de Euclydes da Cunha não fazem mais a imagem daquela terra por tanto tempo imaginada. Ter estado com um escritor amigo, e com dois tradutores — Lila e Benjamín — derramou Horacio numa errância gozosa entre línguas, que fez desses meandros um território no qual não era desterrado nem estrangeiro.

Apenas três anos depois, Horacio escreveria o conto que daria título a seu mais importante livro, *Os desterrados*. Nutria da experiência daquela viagem: a fala dos protagonistas, dois peões brasileiros, que se noutros contos falavam o essencial da comunicação, agora falavam o essencial do sujeito. A língua deles era a terra da infância, o lugar para onde sonhavam retornar. No conto de 1925, Joao Pedro e Tirafogo tinham vida, tinham língua, tinham saudades.

Os dois velhos peões brasileiros, desterrados, caminhavam delirando com o desejo de voltar para casa, a língua materna emergia, aos borbotões, nunca como fora um dia, mas cravejada do castelhano que a remoldara. Uma travessia difícil, sem termo, para outro lugar:

"— Eu cheguei ya, meu compatrício... — disse.

Tirafogo não apartava a vista do roçado.

— Eu vi a terra... E lá... — murmurava.

— Eu cheguei — respondeu ainda o moribundo — Você viu a terra... E eu estô lá.

— O que é... seu Joao Pedro — disse Tirafogo — o que é, é que você está de morrer... Você nao chegou!

Joao Pedro não respondeu desta vez. Já tinha chegado.

Durante longo tempo Tirafogo ficou estendido de cara contra o chão molhado, movendo de quando em quando os lábios. Finalmente, abriu os olhos, e suas feições se agrandaram de pronto em uma expressão de infantil alvoroço:

— Ya cheguei, mamae!... O Joao Pedro tinha razón... Vou con ele!..."[183]

No conto "Os desterrados", Tirafogo e Joao Pedro morriam na travessia, sem poder chegar a lugar algum. Horacio, por sua vez, encontrara um Brasil.

CAPÍTULO 12

Alfonsina e o selvagem

Quando Horacio retornou de San Ignacio a Buenos Aires, nos primeiros meses de 1917, Alfonsina já estava lá. A poeta chegara na cidade cinco anos antes e já havia publicado seus dois primeiros livros: *A inquietude do roseiral* e *Irremediavelmente*. Suíça, filha de suíços do Cantão Ticino, seus pais a trouxeram, quando ela tinha quatro anos, para a província de San Juan, Argentina. Lá, seu pai Alfonso já havia trabalhado com os irmãos mais velhos, antes de seu nascimento, no estabelecimento de uma fábrica de cerveja, gelo

A poeta suíço-argentina Alfonsina Storni (1920). Acervo do Archivo Nacional de la Nación - Argentina.

e água com gás. Pioneira da região, a cerveja *Los Alpes* teve relativo sucesso.

Melancólico e indolente, porém, Alfonso foi se perdendo em meio ao álcool. Aquele homem fabricava seu próprio veneno. A esposa percebeu que a situação ficava delicada e tentou de muitas formas salvar o marido. Mudar-se de cidade, de país, de continente, no entanto, não melhorou aquela situação, que já dava mostras de sua irreversibilidade. A nova filha que tiveram, novamente na Suíça, e que foi batizada em homenagem ao pai Alfonso, representou uma nova força àquele homem alquebrado.

Tanto que ele se animou a voltar à Argentina e retomar seus negócios. Isso aconteceu quatro anos depois, em 1896. Assim a menina Alfonsina cresceu entre línguas: primeiro ingressou na linguagem ouvindo o italiano suíço, sua língua materna, até que chegou à Argentina, onde ouvia o castelhano. Foi o país, então, a nova terra onde, ainda aos quatro anos, acabou surpreendida pelos primos na soleira da porta, lendo concentrada um livro de ponta cabeça. Tornou-se objeto do riso dos moleques. Eles não entendiam que a menina não brincava de ler, mas de inventar suas próprias histórias em línguas imaginadas. Naqueles primeiros tempos, precocemente, um livro não era para ser lido, mas escrito.

Em meio ao ciclone da mudança de língua e de país, Alfonsina foi aprendendo com a mãe — professora — o francês que logo seria o da poesia de Baudelaire, Verlaine e outros que a empurrariam às letras, ao teatro e à música. Com o pai descobriu a boemia, quando esse decidiu que a família deveria se mudar de San Juan para Rosario, onde iria criar o Café Suíço, no qual Alfonsina, companheira de trabalho, lavaria a louça, atenderia as mesas e conheceria em seu pai um homem distante e sonhador. Não tardou muito até que Alfonso, tão jovem, sucumbisse à bebedeira, antes de completar cinquenta anos de idade.

A filha, que então só tinha dezesseis, teve o apoio da mãe para sua vida de artista e decidiu aceitar o convite para fazer uma turnê pela Argentina, como atriz, numa companhia de teatro. A arte ia, cada vez mais, ocupando o centro da vida daquela menina. Aprendeu os clássicos do teatro, encenando-os. Ao mesmo tempo, experimentou o assédio dos homens e logo aprendeu a se defender por si só.

Voltou para casa, formou-se normalista rural e foi, em Rosario, professora de educação infantil. Deu vazão a seus desejos a despeito dos ditames da etiqueta burguesa. Tornou-se amante de um deputado, engravidou e não quis nada dele.

Partiu à capital, onde a vida seria menos impossível para ela e poderia criar seu filho. Trabalhou como balconista de uma farmácia, como redatora psicológica — escrevia cartas aos clientes da fábrica de azeite para que comprassem mais e mais de seus produtos — e, entre uma propaganda e outra, escrevia os versos que publicaria em seu primeiro livro, *A inquietude do roseiral*.

Em 1919, quando conheceu Horacio, ele era um viúvo de 40 anos, com dois filhos de idade próxima à de seu filho Alejandro: a menina Eglé tinha oito, e menino Darío, sete. Alfonsina, treze anos mais jovem que Horacio, mãe solteira, sofria do estigma de não ter se casado. Poeta de gênio forte, generosa e disponível para a vida, de olhar e sorriso irônicos, tinha o perfil para fazer parte de Anaconda, mas não só. Apaixonaram-se.

O amor sob as palavras

"Para evocar uma relação de amor ou de amizade é preciso apoiar-se sobre a correspondência, isto é, sobre os momentos em que os protagonistas não se veem. Uma relação *in praesentia* — uma vida comum — corre o risco de parecer menos importante que uma correspondência com um amigo distante. Os momentos mais intensos e mais decisivos de uma existência são talvez aqueles que deixam menos traços."[184] Contista ele, poeta ela, nunca se escreveram uma carta sequer que tenha sido legada ao futuro. Tão próximos estavam.

Onde cabem os amores e, quando passam, onde ficam suas marcas? Horacio e Alfonsina se amaram, mas não se casaram. Hoje se diria que foram namorados. Ou amantes, pois, mesmo desimpedidos, pairava sobre os dois uma sanção social.

Alfonsina, corajosa, já no livro de estreia tinha publicado uns versos nos quais se dizia a loba que afrontava um rebanho de mulheres cordatas e afirmava ter um filho, fruto do amor sem lei. Destemida e independente, atraiu Horacio. Aquele homem solitário, arisco, misterioso, que fazia da escrita sua forma de estar no mundo; que, magro, pequeno e musculoso, pilotava uma moto barulhenta e se escondia detrás de uma copiosa barba. Aquele homem atraiu Alfonsina.

Aos olhos da boa sociedade do Rio da Prata, seriam um casal maldito: três crianças submetidas àqueles desavergonhados. Aquela mulher solteira, de versos obscenos, não era bem-vinda sequer na casa dos amigos de Horacio. Quantas daquelas burguesas mães de família teriam lido seus

versos, "Homenzinho miúdo, eu te amei por meia hora. Não me peça mais."?
Quando Horacio, a Salto, tinha não apenas que ir desacompanhado, como
também avisar de modo explícito em suas cartas, como essa que escreveu a
José María Delgado, amigo de toda a vida:

"Na quinta 27 estarei na sua casa, por diversos motivos, e sozinho como
um cogumelo. Faço esse alerta para que você avise sua esposa. Hoje farei
igual comunicado ao Brignole, pare eu não ser devorado por suas mulheres.
Se não para comer, queria ao menos passar uns momentos agradáveis com
vocês. Informe-me em seguida e um grande abraço."[185]

Alfonsina só revelava a existência de seu filho nos círculos mais íntimos.
Mesmo após dez anos de convivência em Anaconda, a atriz russa Berta
Singerman relatava nas suas memórias que soube da existência de Alejandro
no Rio de Janeiro, onde a poeta fez escala para a Europa:

"Alfonsina tinha um filho natural, cuja existência ignorávamos até seus
melhores amigos. Talvez o tenha ocultado durante um tempo porque era
professora e ter um filho, naqueles anos, e mesmo hoje em dia, tinha e tem
seus problemas.

"Conhecemos seu filho, Alejandro, anos mais tarde, enquanto eu realizava
uma de minhas temporadas no Rio. Vivíamos no hotel Palace. Uma manhã bem
cedo tocou o telefone. Meu marido atende e eu o escuto dizendo: 'Alfonsina,
o que você está fazendo no Rio?'. Alfonsina explicou que estava de passagem
com o vapor em viagem à Europa e acrescentou: 'Trouxe uma surpresa para
vocês. Posso subir?'. 'Sobe logo', respondeu a ela meu marido. Abre a porta e
entre Alfonsina com um rapaz. Olhou-nos sorrindo e disse:

"— Não sabem quem eu trouxe aqui para vocês...? Meu filho!

"Ficamos boquiabertos. E, já mais séria, acrescentou:

"— Meu filho Alejandro. Vou com ele para a Europa.

"E assim foi como Alfonsina nos mostrou e nos apresentou Alejandro, que
naquela época tinha uns dezoito anos."[186]

A poeta, como o desconcertante encontro faz supor, inventara para si
uma forma de organização familiar alternativa. Solteira e mãe, tinha uma
empregada que lhe cuidava da casa e a ajudava com Alejandro: era Fina
Grosso, que foi considerada por ele, vida afora, como uma avó. Alfonsina
ocupava-se do filho entre aulas, escrita de artigos para jornais e revistas para
garantir a subsistência. E educava-o com seus valores de independência e
solidariedade, de uma forma tal que causaria horror a seus contemporâneos.
Alejandro assim se lembra de sua mãe, anos depois:

"Eu me lembro, era um Ano Novo. Estávamos caminhando e na rua estava
um homem bêbado cercado de várias garrafas. Minha mãe me deu cinco

pesos para eu entregar a ele. Eu olhei para ela desconcertado. Ela me disse: 'hoje, nesta data, você tem a mim e eu tenho a você, estamos juntos, então nada nos falta, mas ele está sozinho. Se é feliz com o vinho, embriagando-se, que seja. Eu não estou aqui para julgar."[187]

Alfonsina se lembrava do pai, que mesmo ao lado dela, dos irmãos e da mãe sentia-se tremendamente só. Por que não fazer a alegria daqueles a quem não há como se aproximar de outra maneira? Ela conhecia os que sofriam em silêncio. E por isso Horacio a atraía, porque conhecia aquele que se mostrava nas frestas de seu mutismo. O filho intuía esse lugar inacessível no qual Horacio e ela se encontravam, o que não o agradava em nada. Aquele barbudo de maus modos. Era tão diferente dos outros amigos da mãe, como o Quinquela, que pintava quadros, e mesmo de escritores como Capdevila e Gálvez, que a visitavam em sua casa. Com Horacio era diferente. A única compensação era que com ele vinham seus maiores amigos da infância: Darío e Eglé, que era como uma irmã para ele.[188] A poeta sempre foi clara com Alejandro sobre quem era seu pai e apresentou-o a ele, para que ele pudesse compreender desde cedo sua condição de filho natural.

A situação não tinha nada de simples. Quaisquer passos dados fora do matrimônio, núcleo da família burguesa, eram inaceitáveis. Uma história de uma amiga de Alfonsina, por aqueles mesmos anos, terminou tragicamente. Tratava-se também de um filho natural. Em 1928, aos dezessete anos, Píton Botana descobrira que, embora seu pai, Natalio Botana, o tivesse registrado, na verdade ele era filho de outra relação, vivida por uma Salvadora ainda adolescente — a alguns anos, portanto, de se tornar a dona do jornal *Crítica*. Para Píton, pela primeira vez apresentado àquela realidade, foi como contemplar o horror e a morte. E ele não teve meios para lidar com a verdade, como conta seu irmão:

"Píton entrou em nosso quarto e me contou que Salvadora acabava de provar que ele não era filho de Natalio. Ela o havia parido quanto tinha dezesseis anos, antes de conhecer papai. Ele, assegurou Salvadora, era filho do doutor Pérez Colman. Natalio havia dado a ele seu sobrenome e o havia tornado seu predileto apenas para tirá-lo dela. Então meu irmão Píton, rindo nervosamente com essa força de ofídio constritor que lhe conferia o apelido, nos beijou e deu-se um tiro com um revólver niquelado. Apaguei com facilidade Píton morto de minha mente. O que demorei para me livrar foi a imagem de sua fronte sangrando pelo golpe com a travessa de vidro verde, mas toda minha vida continuei procurando no punho branco da minha camisa uma gota de sangue."[189]

Alfonsina, apesar de sua origem burguesa na Suíça, onde no ramo materno tinha antepassados na política, na poesia e na igreja, empobrecera, e não estava de forma alguma submetida aos códigos sociais e às instituições do mesmo modo que a classe alta. Forjou à sua maneira suas relações, à margem dos preconceitos e etiquetas, e teve em Horacio um companheiro com quem pôde contar para construir uma relação singular.

Em torno deles, porém, o desconcerto social produzia silêncios: dos amigos próximos, que respeitavam a relação; dos demais, que se calavam horrorizados ante aquela aberração. Fosse de um, fosse de outro lado, Horacio e Alfonsina não cabiam nas vozes de seus contemporâneos.

Puxaram a fila dos silenciosos os biógrafos José María Delgado e Alberto Brignole, que, na caudalosa biografia de Horacio por eles escrita, ao longo de 404 páginas não se estampa o nome de Alfonsina uma única vez. O outro uruguaio que os sucedeu, Emir Rodríguez Monegal — em vinte anos escrevendo e reescrevendo a vida de Horacio —, em seu livro final, *O desterrado*, de 1968, ousou oferecer apenas dois parágrafos a Alfonsina, baseado nas cartas trocadas entre o escritor e José María Delgado: passados trinta anos da morte do biografado, diminuíra o pudor, mas não mais que isso. Já na curva do fim do século vinte, o escritor Pedro Orgambide, em 1994, coloca Alfonsina ao lado de amores fugazes, no disputável terreno da viuvez anterior ao segundo casamento — insinuações em torno a Emilia Bertolé, Norah Lange e Alfonsina Storni. Ele atribui a Alfonsina a responsabilidade por ter corrigido e ajudado o escritor a melhorar sua peça de teatro *As Sacrificadas*.

Nos dias que correm, ao menos dois autores decidiram dedicar ao casal um texto literário: primeiro Ana Atorresi, com seu *Un amor a la deriva. Horacio Quiroga y Alfonsina Storni*, de 1997. Mais recentemente ainda, o dramaturgo português Ricardo Cabaça segue na mesma toada e escreve sua peça *Storni-Quiroga*, em 2017, no registro melodramático do folhetim, situando os dois criadores e um terceiro ente, a Anaconda, no amor louco da juventude.

Note-se: a chegada de Horacio a esse território chamado Alfonsina sempre careceu de dados precisos. Tudo era pessoal e furtivo, como as linhas dedicadas nas memórias dos conhecidos: o beijo visto por Norah Lange, um beijo dado na rua, visto por César Tiempo, as insinuações nas memórias de Enrique Amorim, de "Horacio não escrevia a ninguém. No entanto, para a Alfonsina ele tinha por que escrever",[190] pois apenas uns poucos lances dessa jornada são de conhecimento público. Não se narram as carícias, o tempo compartilhado, a intimidade. O que foi dito entre os dois, o que terá garantido a permanência da relação no tempo, fora das instituições, se foi o desejo, a amizade, o afeto, não é coisa da qual se possa dizer muito. O silêncio quanto a isso que se desenrolou entre 1919 e 1925 é tão eloquente quanto a impossibilidade do relato.

O que se pode dizer com precisão é que Horacio preparava talharim ao sugo; Alfonsina, quando cozinhava, arroz à suíça. Alejandro Storni, o filho, muitos anos depois, já no século vinte e um, tinha essa saborosa memória gastronômica do casal. Ainda assim, evitava dizer que havia um romance. Limitava-se a dizer que eram amigos e inclui o pintor Centurión nessas reuniões íntimas para, cabalmente, desdizer-se na frase seguinte:[191] "Minha mãe nunca teria se casado com Horacio. Eu não gostava dele e ela nunca me contradiria."[192]

Passadas décadas, os afetos à flor da pele. Devoto à mãe, Alejandro só dava entrevistas sobre ela no Café Tortoni, na rua Corrientes, onde Alfonsina costumava se reunir com outros habitués, recostada ao piano, para dizer poemas aos presentes. Nos silêncios do filho estava dito tudo.

Como anos antes, nas cartas de Horacio aos amigos, muito também estava dito, na empolgação que o circunspecto escritor dedicava à recém-descoberta poeta. Quando José María Delgado ia estrear na literatura, com seu *Relicário*, aconselhou-o:

"Anime-se a vir quando estiver pronto seu livro, e de quebra vou te colocar em contato com a Storni, que me inteirou do tiroteio contigo, e a quem mostrei algo seu; ela quer te conhecer. Responda esta carta, para eu saber se você quer recebê-la ou não."[193]

José María precisa se dar ao respeito, como quer escrever poesia em 1919 se nem sabe ler como se deve a obra de Alfonsina? — perguntava-se a si mesmo um indignado Horacio. Duas semanas depois, insistiu, e da remessa que recebera dos livros de José María, destinou um exemplar a Alfonsina. Antes mesmo que José María pudesse decidir que queria ele mesmo enviar um livro a poeta, o próprio Horacio informou:

"Ontem estive uma hora aqui com a Storni, a quem dei um livro seu, dos que você mandará a ela. Eu acho que se você voltar a ler com atenção *O doce dano* você vai se reconciliar plenamente com a dama."[194]

Horacio defende Alfonsina diante do amigo como nunca defendera sequer sua própria obra, observou certa vez Emir Rodríguez Monegal.[195] Alfonsina é para Horacio algo novo, uma mulher de letras com quem tem uma relação sem a mediação de idealizações. Não é das jovens a quem ele fantasiava em seus contos e em suas cartas, não é das mulheres que fazem parte dos seus "assuntos de saias", mas uma artista que ocupava um lugar importante ao lado de outros escritores que ele respeitava.

A insistência de Horacio com Delgado quanto a Alfonsina é inversamente proporcional ao silenciamento ao nome da poeta na futura biografia do escritor. Ela está profusamente ausente, como amante, como amiga, como poeta contemporânea, como contertúlia de Anaconda. Para tantos, porém, Alfonsina era o silêncio, a palavra omitida, a cesura precoce do verso, a censura enfim.

As vozes

Não. Não façamos um folhetim com Alfonsina e Horacio, nem mesmo um assinado por Aquilino Delagoa. O casal esteve sempre ali, namorando pela cidade, enquanto tantos passavam apressados de bonde e os viam, sem nunca compreender o que significavam, juntos, em vida comum, beijando-se. Há não poucas imagens fugazes, registradas não sem algum prurido:

"Depois de um encontro acidental, [Quiroga] me pediu que o acompanhasse para visitar Lugones. Logo depois de descer do bonde, encontramos Alfonsina Storni. Quiroga disparou ao encontro dela e beijou-a na boca. Depois me fez sinais com a mão para eu me aproximar. Apresentou-me Alfonsina e se despediu de mim ali mesmo."[196] — diz César Tiempo, editor do último livro de Horacio, sobre a primeira vez que os viu juntos.

Alfonsina, se não deixou cartas escritas a Horacio, sempre que podia dirigia-se a ele, publicamente, com admiração e afeto. Quando em novembro de 1926, a revista *Babel*, por iniciativa de seu diretor Samuel Glusberg, dedicou uma edição especial ao escritor, a poeta foi uma das convidadas a discutir a obra de Horacio. O texto ambiguamente mostra aquilo que, mais do que os traços de sua escritura, são aspectos de sua personalidade. Alfonsina falava do homem que conhecia de perto:

"Este escritor, mais do que um homem de temperamento dúctil, azulejado, afinado pela civilização e a brilhante escova das bibliotecas, é um torrão de terra, erguido sobre ela para observar a natureza em seu jogo total de contraditórios interesses, com olhos ávidos, esquadrinhadores, impressionados e zelosos de toda sensação de forte colorido."[197]

A natureza, nas palavras de Alfonsina, é um corpo feminino:

"Namorado sincero da natureza, seus grandes achados como escritor vêm de havê-la possuído, em seu contato rendido e frequente, como a uma mulher."[198]

Apesar de sua relação ter se construído na cidade e vida cotidiana, Alfonsina e Horacio moveram-se pelos cafés, cinemas e bares de Buenos Aires, na literatura e nos textos públicos, o que os unia eram as imagens plenas de terra molhada, rios, árvores. Tudo o que Alfonsina escrevia sobre Horacio cheirava a natureza selvagem.

Enquanto isso, também os contos de Horacio rememoravam suas experiências no Norte, inventava outras, todas tendo como palco aquele torrão de terra que chamava de seu país, e foram quatro livros fruto dessa vertigem: *O Selvagem* (1920), *Anaconda* (1921) e *O Deserto* (1924). A selva era sobretudo recordada, salvo as poucas oportunidades nas quais conseguia dar uma escapadela a San Ignacio, o que era cada vez mais difícil, pois agora tinha que ir a Montevidéu para reuniões consulares. Ao longo daqueles oito anos na cidade, a vida de Horacio se urbanizava cada vez mais. Pensava em San Ignacio. Queria voltar para lá e, no início de 1925, voltava a escutar o que seu contemporâneo Jack London chamara *the call of the wild*, num livro de 1903.

The call of the wild

Alfonsina não soube o que dizer quando sentiu um frio percorrer-lhe a espinha, seguido de uma onda de calor nas axilas e um vazio no oco da barriga, assim que ouviu de Horacio aquela meia proposta, falada com dificuldade, que era também um comunicado e um pedido desesperado: ele iria voltar a San Ignacio e queria ir acompanhado dela.

Horacio era o primeiro homem que ela amara e fora correspondida, sua companhia na cidade, seu amante e seu companheiro de letras. As crianças se entendiam, o que não era pouca coisa, e eles desfrutavam da vida comum entre os camaradas da Anaconda. San Ignacio era uma fantasia selvagem, um *habitat* longínquo onde Horacio terminara de se forjar como homem e como narrador. Ela sempre quisera fazer parte daquele mundo, na mesma medida em que o temia. Sabia, bem pouco, é verdade, da morte de Ana María, e temia que tudo aquilo despertasse quando tocassem juntos a terra vermelha de Misiones.

Alfonsina tinha trinta e dois anos, e era a primeira proposta de vida comum que recebia. Não era um casamento burguês, não era uma aventura. Vinha dos lábios daquele a quem ela respeitava como poucos. Estava tocada com o pedido. Mas e o que seria dela? Tamanha renúncia: abandonar a cátedra de poesia, abandonar os saraus, sua notoriedade como poeta, que crescia. Estava por publicar seu quinto livro, *Ocre*, sua obra da maturidade, na qual acreditava tanto... e ia abandonar tudo isso? Sabia o quanto Horacio escrevera em Misiones, mas sabia também que não publicara um mísero livro. Aquilo tudo era longe demais de Buenos Aires, e ela tinha ainda alguns livros para escrever e fazer acontecer, era um risco demasiado alto.

Gostava de apostar, é verdade, mas talvez aquilo fosse longe demais. O que seria perder a liberdade que os dois tinham, trocar as tertúlias pelo ronco das onças ao cair do dia? Tão livre era Alfonsina, e de um momento a outro corria o risco de passar a se sentir cativa de uma proposta à qual mal sabia como responder.

Conversava com amigos comuns, trocava confidências com eles e pedia conselhos. Da sua conversa com o pintor Quinquela Martín, ficara uma frase, apenas, emblemática: "Com esse louco? Não!"[199]

Não. O amor vivido e os dias compartilhados para terminar em recusa. Não foi por isso que ela declinou. Se fosse mais nova, se não tivesse uma obra em construção e um filho, certamente teria ido. Era sedutor aquele pedido. Mas, naquela altura da vida, não podia abrir mão de tudo por um homem. Sua família cruzara o oceano em busca de outra vida, ela mesma viera de Rosario a Buenos Aires para ter seu filho, para ter sua obra, e nunca renunciaria a nada por um homem, por um amor, mesmo que ambos se chamassem Horacio.

Foram dias de angústia, mas ela se manteve firme. Disse que não podia. Que sentia muito, que queria muito, mas que não podia ir. Horacio engoliu em seco. Horacio entendeu. Sem ela tampouco para ele aquele plano fazia sentido. Não poderia partir sozinho. Ao mesmo tempo, entre os dois, sabiam que, naquele momento, algo se perdera.

CAPÍTULO 13

Generosos de amores

> *Quanto a mim, sou ou acredito ser duro de nariz,*
> *(…) longo de pernas, largo de solas,*
> *Amarelo de tez, generoso de amores,*
> *Impossível de cálculos, confuso de palavras.*
> (Pablo Neruda)[200]

No caudaloso alvoroço dos dias, fazendo frente ao que lhes refreasse os afetos, Horacio e Alfonsina tinham ainda outro ponto em comum: um verso de Neruda os definia. Davam vazão a seus afetos, mesmo os mais inconvenientes, extemporâneos e fora de propósito segundo as boas normas da urbanidade.

O símbolo da beleza para eles parecia encarnar-se em jovens de dezessete anos, a cifra que os seduzia. Alfonsina, já encerrada sua relação com Horacio, em 1927, quando contava trinta e seis anos, um dia, teve uma desconcertante conversa com o jovem escritor Manuel Mujica Lainez:

"Conheci Alfonsina quando eu tinha dezessete anos, na Festa da Poesia, da tia Pepa Lainez, que deu origem a relações de prestígio. Costumava visitá-la então, em seu alto e pequeno apartamento na esquina da rua Córdoba com a Esmeralda. Ela era bem mais velha que eu, desgrenhada e veemente. Uma admirável poetisa, sem dúvida, mas os matizes me escapavam. Deixei de ir, ou melhor, escapei da casa dela, espantado, no dia em que ela quis me beijar. (...)[:] 'Eu só considero um homem meu amigo depois de tê-lo beijado.'"[201]

Horacio e amigos também, mais de uma vez, já perderam a linha diante da beleza juvenil. Berta Singerman, a jovem atriz russa que se incorporara ao grupo, nas memórias de sua maturidade, lembrava-se do inesquecível dia em que teve a literatura rioplatense a seus pés:

"Dessas reuniões me lembro de algo engraçado. Uma noite marcamos de nos encontrar não no estúdio [do pintor Emilio Centurión], mas na casa dos pais de Centurión, que estavam viajando. Emilio aproveitou a ocasião para organizar uma pequena festa para o grupo Anaconda. Abriu muitas garrafas de excelente vinho e bebeu-se em abundância. Para Quiroga e Enrique [Spinoza], que quase nunca bebiam, as taças subiram muito depressa. Em poucos instantes, estava eu aturdida olhando para os três homens ajoelhados a meus pés: Quiroga, Enrique e Centurión. E os três juravam e perjuravam que 'eu sou quem mais te ama' (...). Eu tinha então dezessete anos e Quiroga era já um homem maduro."[202]

Em paz com seus corpos, livres e inebriados pela beleza da juventude, assim era a relação de Horacio e Alfonsina com seu entorno. Vezes houve, no entanto, em que a apreciação sensual fazia com que um deles escorregasse na beira dum barranco. Foi o que parece ter acontecido com Horacio, no fim de 1922, com Emilia Bertolé. Desde que Horacio lhe escrevera do Hotel Glória, não mais as mensagens bem-humoradas para comer empanadas, ir ao cinema com o grupo ou eventos afins, as coisas mudaram de figura.

Emilia era magnética. Pouco importava que ela tivesse 28 anos e não 17. Havia vindo sozinha de sua Rosario natal para tentar a vida em Buenos Aires. Trabalhava como retratista da burguesia portenha e vivia em hotéis. Não tinha pouso, não se casara e nem pretendia entregar-se ao matrimônio. Filha de italianos, estava livre das amarras da sociedade e dos preconceitos locais. Formara-se em Belas Artes e pintar era o que lhe importava.

Chegara em Buenos Aires seis anos antes, pelas mãos do acaso: seu pai, Francisco, um dia se encontrara na estação de trem Rosario Norte com um médico portenho de prestígio, o doutor Gregorio Aráoz Alfaro. Ao conversarem, o doutor ficou sabendo do talento da premiada Emilia. Decidiu então convidar a família de Francisco para que fossem a Buenos Aires, para que a jovem pintora pudesse fazer-lhes um retrato. Francisco aceitou com naturalidade.

Em maio, os Bertolé chegaram a Buenos Aires, hospedaram-se no Hotel Internacional e foram apresentados, pela família Aráoz, à *high society* de então. Entre o luxo dos hotéis e o luxo da burguesia, a garota vislumbrou uma vida possível para si. Retrato pronto, o pai retornou e ela teve autorização para ir ficando na capital, em uma vida mais ou menos provisória, pulando de quadro em quadro, mas, o principal, vivendo de seus próprios recursos. Em pouco tempo conseguiu custear a vinda da família à capital. Sentia-se independente, porém, paradoxalmente, cada vez mais presa às obrigações de manter os seus.

Foi se ambientando na cidade, percebeu até que a loira que conhecera em sua cidade se tornara uma grande poeta, quando viu que foi lançado *O doce dano*, o livro de estreia da moça. Contou empolgada à irmã Cora:

"Se você soubesse, em uma revista *Pebete* velha li umas poesias de Alfonsina Storni. Quem diria que era aquela menina que conheci em Santa Fé, que poetisa!"[203]

Tem o impulso de conhecê-la, saber, ao fim e ao cabo, como é que se faz para se transformar em artista como ela.

Emilia era voluntariosa e seguia adiante. Seis meses após sua chegada, inscrevia dois quadros seus no Salão Nacional de 1916: o retrato da esposa do médico que a acolhera e o quadro *Minha prima Ana*. Aquela escolha não era gratuita, representava seu métier: obras autorais e encomendas da alta sociedade. Apenas o segundo quadro foi aceito.

A entrada de Emilia no mundo das artes permitiu que ela, para além das abastadas famílias portenhas, conhecesse os artistas locais e a vida boêmia. Foi quando se descobriu não apenas em suas aspirações, mas também nas limitações que então ser mulher implicava: "Se eu fosse homem, boêmio como eu não existiria na terra mãe."[204]

Naqueles tempos, conheceu Emilio Centurión, o pintor que tinha mais ou menos sua idade e que sobrevivia como retratista, ilustrador e caricaturista nos magazines portenhos, como *Caras y Caretas* e *Plus Ultra*. Foi assim que Emilia ficou sabendo que ele ilustrava os contos de um escritor que vivia lá pelas bandas de Misiones.

Ao conhecer Centurión, Emilia tornou-se uma jovem Anaconda. Ávida pela vida boêmia entre artistas, pelo diálogo intelectual, pelo exercício da poesia, compartilhando espaço com gente que ela admirava, foi logo aceita pela trupe. Ao estar ao lado de Alfonsina, Berta e de sua irmã Cora, ela se sentia menos avulsa: passava a ter não apenas uma família artística da qual fazer parte, como também um grupo de mulheres artistas com as quais dividir anseios e dificuldades.

Especialmente em relação à Alfonsina, Emilia tinha algo em comum: comprazia-se com o jogo da sedução: tinha sempre em torno a si alguns pretendentes, aos quais não deixava partir e tampouco chegar demasiado perto. Gostava de ser desejada. Os que a queriam ou desejavam se afligiam com suas ambíguas promessas. Um deles, Sandro Berra, médico e seu pretendente entre 1920 e 1921, desesperado, escreveu-lhe um dia numa carta: "Você não pode ter uma pessoa ao seu alcance sem feri-la com as unhas."[205] Outro, César Pico, também médico e pretendente seu, entre 1921 e 1927, à beira da exasperação, quase ao fim de suas muitas e pertinazes esperanças, lhe disse: "Já são mais de seis anos, Emilia. É tempo de definir a natureza da nossa amizade."[206] Mas a garota nada tinha a responder. O preço de estar a seu lado era esse: não chegar muito perto e permanecer à espera.

Em 1922, o acaso ofereceu a Horacio a imagem de uma Emilia sem pretendentes. Do Brasil, a lembrança da pintora gravou-se em sua mente. De volta, ao fim do ano, a despeito de Alfonsina, investiu em direção à pintora, mas não soube lidar com seus meandros, com seus matizes nem com seus encantos.

Apaixonou-se e idealizou-a. Perdeu-se. Para Horacio, se a ambiguidade era-lhe atraente nos contos, na vida o fazia cair, derrapar, ficar à mercê da *tigresa de unhas negras e íris cor de mel*. Um desastre, nada menos, estava por se abater sobre aquele homem que sempre fizera questão de difundir uma imagem de equilíbrio e autocontrole entre os seus.

Cativo, apaixonado e reativo, Horacio já não sabia como agir com Emilia. Chegou ao ponto delicado de já nem saber como se dirigir a ela. Sua vaidade, sua sensibilidade exacerbada e sua agressividade nem sempre controlada transformaram essa relação num inferno.

Numa carta que era mais uma inusual abstração, tentava definir seu próprio comportamento diante da garota, pois já não sabia sequer como agir em busca de reconciliação:

"Quando estou ferido, não digo quase nunca o que tenho que dizer, mais ou menos verdadeiro. Mas sempre o limite: ao invés de conciliar, ataco. Esqueço-me de que não estou escrevendo um livro, e assim ficamos depois, eu e a pessoinha com quem falei. Quarenta vezes me veio à lembrança nos últimos tempos uma das rimas de Bécquer: "Você era o furacão" etc."[207]

Acometido pelos danos daquela que lhe partira as asas, Horacio se inquietava. Em meio ao furacão e à tempestade mental, surgia-lhe um nome, o da única a compreender sua situação: "Apenas Alfonsina suspeitou e suspeita sempre que eu bailava sobre cacos de vidro."[208] E se ela, sim, o entendia, por que Emilia não?

"E por que você, como mulher, não me apaziguou com um só gesto ou uma só palavra, uma gota de ânimo para suspender você suas contorções e abandonar eu minha posição de menino malcriado?"[209] Enredava-se. Quanta potência atribuía àquela mulher: "Um só olhar de compreensão pode nos bastar por toda uma noite."[210]

Ao terminar a carta, Horacio lançava mão do expediente que melhor tinha lhe servido na vida: acertar por escrito aquilo de que pessoalmente e à viva voz não conseguia dar conta. Finalmente confessava, o jovem de menos de dezessete anos, neste caso, era ele mesmo, não Emilia:

"Graças a Deus, encontrei como um garotinho de dezesseis anos a chave destas eternas histórias: conciliar por carta o que desconfunde um mal entendido de presença. Estou certo de que vou ser a seu lado o dos primeiros dias. Se você também fizer isso, apagaremos esses meses, com uma legenda que parta da inauguração do Salão: 'Continuará...'"[211]

Quer o recomeço, mas já não sabe bem de onde partir. Colocar um fim folhetinesco talvez não tenha sido o meio mais eficaz. Emilia não parecia disposta à paz.

Horacio se sentia incômodo no papel improvável de adolescente desastrado, tão diferente do diplomata que escrevera à poeta de sua suíte de luxo do Hotel Glória.

Definitivamente, a correspondência se interrompeu. Era um não.

Por que não me casei?

Alfonsina, ao fim das contas, não foi à selva com Horacio. Emilia não engrenou uma relação com o barbudo. Horacio, a despeito das singularidades que o tornaram único no panorama rio-pratense do começo do século vinte, era homem casadoiro.

Generoso de amores, *bon vivant* e viúvo. Apesar de tudo isso, queria se casar. Queria voltar a San Ignacio. Queria mais uma vez encher a fresta das suas unhas com o barro vermelho do seu país.

Elas, não. Emilia continuou a pintora da classe alta por anos a fio, até que a década seguinte, pouco a pouco, fosse deslocando o gosto artístico academicista do qual ela se valia para conquistar sua clientela, levando-a a se dedicar à propaganda e a ilustrar capas de revistas.

Em 1939, numa entrevista ao magazine *Estampa*, numa época em que a pergunta ainda se colocava, explicou aos leitores porque nunca havia se casado: "Já estaria casada se tivesse encontrado o homem que me pegasse de improviso, que, por exemplo, ao sair de minha casa me levasse pelo braço sem trâmites para o Registro Civil. Ficariam salvaguardados numerosos e inconcebíveis detalhes do aparelho nupcial. Não me vejo em uma sala nupcial me fazendo de noiva ou esperando nervosa o meu futuro, separando lencinhos bordados nas alternativas da espera. Eu não ia poder sofrer os parabéns sugestivos das senhoras casamenteiras para quem um noivado é uma fonte inesgotável de comentários. Nem mesmo a chegada solene do noivo, de sapatos lustrados e polainas brancas, empunhando o correspondente ramo de flores... Todos esses conhecidos momentos do noivado me parecem o antídoto do amor."[212]

Emilia tinha ojeriza de tudo aquilo e, artista reconhecida, dizia isso do alto de seus 36 anos, em página dupla, cercada por sete fotos suas na intimidade de sua casa.

Anos antes, e em muitas entrevistas, Alfonsina também fora seguidamente chamada a justificar ante a sociedade sua solteirice. Quando foi a Madri pela primeira vez, em 1930, na companhia de uma amiga boliviana, a professora e declamadora Blanca de la Veja, o repórter lhe perguntou:

"— Por que você não se casou?

"— Porque, quando eu pude, não quis, e agora... Bom, não terminei a frase mentalmente, agora também não quero."[213]

Meses depois, nas páginas da revista *El Hogar*, já um pouco mais paciente, resolveu dar a versão mais longa numa entrevista importante:

"Você compreenderá que uma pessoa como eu, que se colocou em contato com a vida de um modo tão direto, de um modo tão varonil, digamos, não podia viver, pensar, trabalhar, como uma menina encerrada entre as quatro paredes de sua casa, e minha literatura precisou refletir isso, que é a verdade de minha intimidade; eu tive que viver como um homem; eu reclamo para mim uma moral de homem. O que a experiência me deu é para mim superior a quantas coisas me tenha dito o meu entorno. Por outro lado, com isso não faço mais do que antecipar a mulher futura, pois toda a moral feminina baseia-se no regime econômico atual. Nossa sociedade ainda descansa sobre a família; sobre a família e a autoridade do homem, que é quem legisla, isto é, quem ordena de forma intelectual os fatos e quem provê o sustento. Mas se a mulher prover o sustento e não depender de homem algum e puder penetrar e superar com sua inteligência a rede legal em que seu sistema a aprisiona, adquirirá, automaticamente, direitos de homem, que a meu modo de ver são apetecíveis por serem maiores e de mais alta moral que os femininos."[214]

Anaconda reunia mesmo as artistas mais lúcidas. Generosas de amores. Zelosas de se manterem livres do jugo patriarcal. Aquelas mulheres, com sua sensibilidade, sua lucidez e suas posições e vanguarda deixavam Horacio pisando brasas.

CAPÍTULO 14

Da selva sem ela

Era 1925 e Horacio partiu novamente a San Ignacio. Poucos entendiam sua teimosia em voltar à selva. Quanto tempo duraria a viagem? O que afinal pretendia fazer lá? Ninguém ousava responder. Circunspecto e misterioso, não havia como saber. Cada partida de Horacio encerrava um lance de dados. Talvez ficasse por lá uma vida, talvez alguns meses. Alfonsina não quisera ir com ele. Embora o amasse, não se via como personagem daquele roteiro. Não fazia sentido para ela aquela insistência de abandonarem, juntos, o que cada um deles conquistou na capital do país para se embrenharem numa selva que, se na boca de Horacio a seduzia a ponto de invadir sua poesia, não a convencia nem um pouco como opção de vida.

Horacio, do seu lado, tinha então que se despedir daquela mulher com a qual compartilhara parte importante dos últimos anos, aquela que fora seu amor mais duradouro: textos compartilhados, sessões de cinema, jantares, os filhos crescendo... o fim. Horacio precisava partir. Não podia suspender sua ida. Tinha um fardo doloroso aguardando-o em San Ignacio, o qual era preciso depositar sobre as costas e conduzir a algum destino. Ia em busca, na selva, de nada menos que sua redenção.

Sem Alfonsina, tudo ia ser mais difícil. O próprio Horacio desconfiava, de antemão, que talvez não ficasse muito tempo, mas tinha que tentar. Trabalhara duro para aquela partida, deixara prontos nada menos de quarenta e três artigos, para irem sendo publicados periodicamente em *Caras y Caretas*: contos, artigos sobre literatura e — a grande maioria — textos breves da série *A vida de nossos animais*. Essa última era sua mais nova galinha dos ovos de ouro: verdadeira enciclopédia mínima dos animais do Norte, com suas peculiaridades e idiossincrasias. Uma crônica descritiva por animal, por vezes com algum traço narrativo.

Se tudo estava tão certo, por que diabos teria que ficar? Fez as contas: uma série de livros publicados, com grande sucesso, ainda mais contos e crônicas de cinema nas revistas, contos infantis, seu trabalho como diplomata que equilibrara sua vida e, para além disso tudo, um certo cansaço. Saudades de sua chácara à beira do rio, do contato mais frequente com os animais — embora não fosse isso de verdade que o movesse. Tinha 46 anos e queria revisitar aquela terra em que a promessa da felicidade e o fracasso tinham mostrado limites tão tênues que, para ele, eram ainda invisíveis. Ia, sim, partir.

Emprestou a casa portenha, na rua Agüero, a um jovem amigo escritor de Salto, Enrique Amorim, que estava mesmo querendo se instalar na cidade. Foi embora, como um fantasma. E, também feito fantasma, ficou em Buenos Aires: seus textos continuavam saindo nas revistas, sua casa, seus livros, tudo estava instalado e funcionando. Estava nos dois lugares ao mesmo tempo, esperando que a viagem pudesse lhe trazer alguma paz.

Ocre

Alfonsina também se mudava de casa. Ia agora para a rua Cuba. Enquanto isso, finalizava a organização do seu novo livro de poemas, o primeiro em cinco anos, *Ocre*. Desde o fim da década passada, se tornara célebre também como cronista: escrevia sobre as mulheres que iam surgindo na cena pública — datilógrafas, balconistas, adolescentes sedutoras, feministas ou casamenteiras —, todas retratadas por seu olhar crítico. Perguntava-se sobre o lugar da mulher na sociedade: se as mulheres deveriam votar, se deveriam usar saias, enfim. Alfonsina era a poeta atrevida, que lançava desafios e perguntas. E que, finalmente, deixara Horacio diante de si mesmo, para que também ele pudesse se perguntar sobre sua própria vida.

Em *Ocre*, Alfonsina, com outra dicção e outra voz, rememora Horacio, sua história com ele, do sábado em que se beijaram à recusa final. Sem nomes ou cerimônias, escrevia um soneto:

"Você, que nunca será...

Sábado foi e capricho o beijo dado,
capricho de homem, audaz e fino,
mas foi doce o capricho masculino

para este meu coração, lobinho alado.

Não que eu ache, não acho, se curvado
sobre minhas mãos lhe senti divino
e me embriaguei; compreendo que este vinho
é de outrem, mas giram os dados que lancei…

Eu sou a mulher que vive alerta,
você o grande homem que desperta
uma enxurrada que se alarga em rio

e mais se encrespa enquanto corre e poda.
Ah, eu resisto, mas você já me tem toda,
Você, que nunca será completamente meu."[215]

No poema, que é também um rio, Alfonsina, mais uma vez, lança sua recusa ao matrimônio — "Você, que nunca será complemente meu". O lamento da amante que nunca será assumida em sua plenitude, mas também a afirmação de um amor livre, de entrega plena e nula posse. Tendo forjado sua vida em liberdade, tendo sido reconhecida por toda a gente por isso, Alfonsina não poderia possuir ninguém. E só poderia entregar-se à sua maneira, sem também ser possessão de ninguém.

Doía-lhe, porém, a perda do companheiro. Pensava nele com frequência. Revia-o pela cidade e, quando a falta era demasiado forte, ia à casa onde ele não estava para visitá-lo, para confirmar a sua ausência. Numa das vezes, as luzes acesas encheram-na de uma estranha esperança. Teria Horacio voltado? Abre furtivamente a porta, há de fato alguém na biblioteca. Aquele é o território exclusivo dele. É certo que ele tinha voltado, sem dar disso notícia a ninguém. Esperançosa, as pernas trêmulas, Alfonsina caminhou em direção ao quarto dos livros. Moveu a porta delicadamente e viu, para sua decepção, que o homem sentado à mesa não era Horacio, mas Enrique Amorim:

"O quarto dos mistérios era a biblioteca, que Julia [a faxineira], para se aliviar das responsabilidades e trabalhar menos, mantinha fechado. (...) Foi lá que me surpreendeu escrevendo, no dia em que apareceu sem se anunciar, claro, Alfonsina Storni. Tinha passado pela rua Agüero e queria ter notícias de Quiroga."[216]

De fato, Horacio vivia um momento de profundo silêncio. Não escrevia a ela como não escrevia a mais ninguém. Como seus personagens mais obstinados, queria acertar-se com o seu passado. Se era espectro em Buenos Aires, onde não estava, em San Ignacio era o viajante no tempo, que encontrava de forma voluntária o fantasma de Ana María Cirés, para que ela finalmente pudesse perdoá-lo.

Foi num passeio pelo povoado que reencontrou os Palacio, seus vizinhos venezuelanos, que acompanharam de perto aquela tragédia. Numa das visitas, reconheceu a filha deles, que também se chamava Ana María e que, quando de sua partida, era uma criança. Reencontrar-se com os Palacio trouxe-lhe uma série de lembranças que tinham sido deixadas à sombra. Mas ao ver Ana, uma torrente de memórias atualizou-se. Aquela menina uma vez demorara-se largamente olhando Horacio carregar a Ana María Cirés nos braços, em seus últimos instantes. Ana María Palacio.

Horacio se deixara perturbar por aquele olhar de descoberta, mas o guardara no fundo de si, junto com toda a história perturbadora da morte da esposa e tudo o mais que ele fizera questão de esquecer. Quando contemplava a garota, aquele olhar perdido estava de volta, trazido por uma mulher que o seduzia com a possibilidade de curá-lo do trauma. O tempo parecia mesmo ter retrocedido, apresentava-se diante de si uma nova chance de recuperar o passado torto. Horacio afirmava para si mesmo que estava apaixonado. Que Ana María Palacio era a mulher de sua vida. Também a garota parecia disposta a ser a redentora do sedutor escritor. Juntos, em encontros furtivos, apegavam-se à sofreguidão erótica e quase mística de um encontro necessário.

Mas não era apenas para Horacio e Ana que o passado retornava. Os pais da jovem, que haviam acompanhado os tempos finais do casamento de Horacio, quando as coisas já não iam bem, quando havia as brigas com a sogra, a melancolia doentia da garota, até o desfecho trágico, não queriam nada daquilo para a própria filha. Sabiam que a única coisa a fazer era apartar a filha do excêntrico escritor. Era preciso fechar as portas da casa ao viúvo forasteiro, para que ele não se tornasse uma ameaça também contra eles.

Para Horacio, o insidioso roteiro, já vivido tantas vezes com outras jovens repetidamente preservadas por seus pais zelosos, tinha agora um caráter absolutamente novo: aquilo que chamava de amor, aquilo que se despertara em relação à jovem Ana, era poderoso como a ideia de superar a morte traumática da esposa. Não havia motivo para recuar. Ana María Palacio também o amava e podia fazer com que o mundo, isto é, San Ignacio, voltasse a ser um lugar menos miserável e infértil.

Revivendo sua juventude, Horacio trocava com a moça cartas furtivas de amor colocadas no oco de uma árvore morta, inventava artimanhas e códigos para sustentarem encontros noturnos, beijos fugazes, sonhos inconsequentes e, como mágica, o corpo que então rumava para meio século de existência alimentava-se daquele frescor há muito perdido, daquela nova promessa de vida que o fazia sentir-se revigorado.

Às investidas do escritor, os Palacio respondiam com mais e mais restrições. As visitas de Horacio à casa da família iam se tornando cada vez mais espaçadas. De outro lado, Ana María sofria cada vez mais sanções, até que se viu obrigada a ceder por completo à autoridade familiar. Os pais decidiram levá-la à casa de parentes, em lugar insabido para Horacio, até que a chama arrefecesse.

Subitamente e com um breve bilhete, Ana María se despediu de Horacio, que sentiu aquela partida e o desaparecimento da amada com intensidade comparável à dor da morte do amor homônimo. Daquela vez, no entanto, pesava com ainda mais força sobre ele o peso de uma tampa de mármore. Ele era quem restava sepultado e a ele, somente o consolo de suas lembranças e o abismo de sua melancolia sem termo: mais uma vez solidão, rejeição, abandono e luto. O trauma rondava seus dias.

Sobre sua vida, restava a Horacio um silêncio profundo de quando tudo se detém e se atualiza diante de si, a imobilidade inapelável do trauma. De novo, tudo cessara para ele. Não queria escrever cartas, sentia-se ridículo com a mínima possibilidade de se dirigir a seus velhos amigos para falar que pela enésima vez se apaixonara pelo frescor de uma jovem e sua promessa de vida. Tampouco queria escrever a Alfonsina.

Foram dias de prostração que ninguém, a não ser a faxineira, presenciou. Cada vez que ela retornava, perguntava-se se ia encontrar o patrão vivo. Puxava assunto com ele e ele não dizia nada. Um silêncio sepulcral de dar medo. Aquele homem estava seco de vida e de palavras.

O mato ia tomando conta do entorno da propriedade. A casa só não se deteriorava mais porque ela ao menos a limpava, inutilmente, semana a semana, da terra vermelha que ia se depositando sobre os móveis, os poucos livros e o chão.

Após semanas naquela situação assombrosa foi que ela viu, depois de tanto tempo, que Horacio batia alguma coisa à máquina. E desde então o barulho das teclas não cessou mais e encheu a atmosfera da casa daquela frenética atividade.

O patrão estava escrevendo de novo um livro.

Passado Amor

A quem confiar minha dor? — se perguntava um personagem de Tchékhov. Nenhuma pessoa estava disponível para ouvir a história da morte de seu filho, até que ele, desesperado, encontrou apenas consolo ao conversar com o próprio cavalo.

Horacio vivera uma história que não interessava de verdade a seus amigos. Não tinha vontade nenhuma de contá-la numa carta, porque não era uma aventura amorosa frustrada. Era sua última esperança perdida.

Mas, pensando melhor, talvez pudesse contar à literatura. Os rumos intrincados daquele enredo pessoal poderiam render, sim, um texto. Dessa vez, não um conto, mas um romance. Aquele passado que o acossava a cada lance na direção de Ana, uma Ana que se sobrepunha a outra. As duas que no fim desapareciam como numa perversa mágica. O amor, a loucura e a morte se fazendo presentes.

Dizer por escrito, numa narrativa, havia de criar para si alguma serenidade, algum rumo. Poderia render alguns pesos também. Não era uma história de um efeito só, não era um dos contos que aprendera com Poe, era um romance folhetinesco, em todas as acepções da palavra. Naqueles dias de duplicações imprevistas, Horacio decidira de uma vez por todas ser Aquilino Delagoa. Ser ele mesmo o autor de seu folhetim. Por que não?

Àquela altura da carreira, nem revistas nem editoras lhe diziam não. Tinha prestígio em Buenos Aires, estava no auge. Então não seria difícil publicar o folhetim sobre seus dissabores afetivos nalgum veículo de grande circulação do país. Não tinha por que se esconder mais detrás de um pseudônimo. Ia deixar sua marca. Seu folhetim ia se chamar *Passado Amor*.

Mulheres povoam as lembranças do escritor como mulheres povoam as falas do narrador do folhetim. Uma narrativa que, como poucas vezes, escrevia a si mesmo, dando nome e movimento a seus fantasmas.

Na solidão missioneira, narrava seu exercício em torno ao abismo sem nome, de fracassos, culpas e morte. De fracassos amorosos, comerciais, literários; de culpas pela morte de Ana, de Federico, do padrasto e do pai. No fundo de si, remoíam os infindáveis caminhos alternativos que poderia ter tomado nalgum momento para evitar que o pior acontecesse. A solidão e a dor rasgavam seus argumentos.

Era preciso escrever. Primeiro um protagonista, homem urbano, sofrido, misterioso. Morán, que regressa a Misiones após a morte da esposa. Ao encontrar a família de vizinhos peruanos, os Iñíguez, vê a adolescente Magdalena que, quando de sua partida, era apenas uma criança. Magdalena, agora com 17 anos, olhava para Morán e revivia uma cena do passado que nenhum dos dois podia esquecer:

"Morán recordou, então — reviveu como se não houvesse passado desde aquela tarde mil anos — a interminável detenção com que Magdalena contemplou sua mulher estendida no catre, quando, um dia antes de sua morte, Morán levou-a para fora para respirar. E a expressão de intensidade quase espantada com que ela seguiu Morán, quando ele, já caído o crepúsculo, ergueu nos braços a mulher como a uma criança e a levou para dentro.

"Não tinha voltado a se lembrar disso. Agora transportada aquela expressão daquela que era então uma criança para os olhos da mulher atual, ficava pensativo, sem deixar de se esforçar duramente no arco de pua."[217]

Só ela o compreendia. Só ela podia salvá-lo de si mesmo, ao redimi-lo de seu passado. Morán avançava cegamente, com a desmesura não apenas da paixão que o acometia, como também com uma esperança de que — dez anos depois — a melancolia pela morte da esposa pudesse chegar ao fim.

Magdalena correspondia aos amores de Morán. Apaixonara-se também, seduzida pela possibilidade de se tornar a mulher que pudesse redimi-lo de sua dor incurável. Virgem Maria. Ela o tratava, mais de uma vez, em suas cartas, de "meu menininho".[218]

O amor ia ganhando contornos espirituais. A redenção:

"Só uma mulher de corpo imaculado e alma sem mancha podia se expressar assim.

"Eis aqui seu destino — sussurrou Morán com profunda ternura. Não se possui em vão sua sede de bondade e o insondável anseio de seu olhar, minha Magda, eterna luz de minha vida."[219]

Se o vórtice amatório era pouco frequente nos textos de Horacio, o religioso inexistia. Seus personagens riam-se muitas vezes da religião. O cruzamento de ambos era inédito e não cabia na forma calculadamente contida do autor. O folhetim, no entanto, acolhia o experimento, que era menos de forma que existencial.

No romance, fazendo contraponto a uma espiritual Magdalena, havia uma certa Alicia, feita todinha de carne e sensualidade, e cuja família faria muito gosto que se casasse com o prestigioso intelectual. Tal como numa narrativa cavaleiresca, Morán visitava a casa de Alicia cinco noites seguidas, com regularidade cativa dos anseios da carne, e, apesar das facilidades criadas, do desejo dos dois, conseguia refrear seus impulsos, numa mostra de virtude e propósito elevados:

"Nas cinco noites que se seguiram, Morán não faltou nenhum dia na cada de Hontou. Também como nas vezes anteriores, a excitação expressou-se com a mesma linguagem que o amor. E Alicia, ébria e desfalecida, só encontrava, na imensidão de sua alegria, forças para resistir."[220]

Alicia e a mãe, num povoado em que tudo se sabe de todos, bem sabiam do caso de Morán com Magdalena, mas continuavam insistindo para que ele se casasse com Alicia.

Em meio a essa miríade de mulheres, o folhetim trazia ainda uma outra, que bem poderia ser uma colega de Anaconda: uma vizinha norueguesa, Inés Ekdal, casada. Mulher interessante, é o oposto da mentalidade local: insubmissa, autônoma e inteligente. Trata Morán com afeto e camaradagem. Eles sempre cuidavam de não ferir as suscetibilidades dos vizinhos, com motivos para fofoca. Porque realmente Morán gostava de desfrutar da presença e da agudeza daquela mulher da Noruega. Seus diálogos são ambíguos e sugestivos, apresentando a certos leitores o desejo de que Morán pudesse se livrar das meninas e dedicar àquela mulher que passava ao largo das convenções católicas.

Inés não tinha pudores em relação ao corpo e diferia frontalmente das donzelas burguesas dependentes dos pais e tementes a Deus. Inés tinha algo de Norah, de Alfonsina, de Emilia — mulheres que se deixaram seduzir e seduziram o escritor, embora não admitissem, ao fim e ao cabo, ceder à rigidez que predominaria em sua vida privada.

O folhetim autoficcional ganhou as páginas de um dos maiores jornais do país, o *La Nación*. Dia a dia, entre 5 e 17 de abril de 1927, o público acompanharia, sem grande interesse, aquela versão desconhecida de Horacio Quiroga. *Passado Amor* era em tudo atípico. Ao ser republicado em livro, tempos depois, foi o maior fracasso comercial do escritor, com meros quarenta exemplares vendidos em livrarias.

Não importava. Horacio quis assinar o folhetim, quis publicá-lo em livro. Não bastava escrever para elaborar, nem publicar para ganhar uns pesos. Era preciso que os leitores soubessem que aquela história desditosa era a dele. Que aquela era sua versão dos fatos, que algo daquela morte brutal precisava vir à luz para que ele tivesse algo de paz consigo mesmo. Era uma tentativa de acertar as contas com seus medos.

Já tinha tentado uma outra vez um romance. Também daquela vez com uma experiência sua: o livro se chamara *História de um amor obscuro*, fora lançado em livro em 1908 e igualmente rechaçado pelo público. Repetir a tentativa na narrativa longa, vinte anos depois, era a forma de lidar com outra situação-limite, com outra situação que o deixara na lona.

Depois de vir a Misiones sem Alfonsina, depois de encarar a miragem Ana María esfumar-se, a terra mais uma vez se abriu, e Horacio precisou encarar o fracasso e a morte. E também dessa vez não se livrou da culpa.

O lance final do livro era engenhosamente perverso. A família de Magdalena blefou e disse a Morán que haviam pensado melhor, que haviam reconsiderado. Que a filha poderia, sim, se casar com ele, caso ela quisesse, mas que teria que abrir mão do convívio com eles, os pais. Colocavam desse modo sobre as costas da garota o peso da decisão, ela, que, como toda adolescente da época, fora educada para nada decidir. Morán, ainda assim, sentia que suas chances cresciam. Poderia se casar com Magdalena.

Enquanto isso, Alicia escreveu a ele, dizendo que sabia já que ele iria se casar, mas pedindo que, mesmo assim, ele fosse vê-la uma última vez. Morán vacilou, avaliou a situação, considerou o laço que tinha com Alicia e, sem poder atender o pedido da amante, deu-lhe uma resposta evasiva, prometendo que iria visitá-la dentro de alguns dias.

Na iminência do casamento e cheio de esperanças infantis, Morán recebeu uma carta breve de Magdalena, na qual ela confessava sua impossibilidade de fazer frente aos pais e, inapelavelmente, rompia a relação com ele. No meio das cinco linhas da carta de Magdalena, a expressão eloquente que desarmava os ideais e a utopia de redenção de Morán: "Estou convencida de que para nós não há salvação."[221] Com ela, o temor de Morán de que a religiosidade de Magdalena e de sua família a levasse, ao fim e ao cabo, fazer a vontade de seus pais em detrimento dele, cumpria-se.

Ato seguido, Morán recebeu outra notícia, ainda mais brutal: Alicia se suicidara. No contexto do folhetim, a notícia era dura para Morán, mas ecoava muito mais sobre o autor da história: nunca se dizia no romance qual fora o motivo da morte de Alicia, a amante adolescente.

Por outro lado, conhecemos as circunstâncias da morte de Ana María Cires. Morán, ao dirigir-se à casa de Alicia, deparou-se não apenas com o cadáver da jovem, mas também com a mãe aos prantos, que lhe disse sem ambiguidade:

"Ontem [Alicia] mandou lhe chamar... o senhor não veio. Ela sabia que o senhor ia se casar... Mas só ontem soube que você partia... e escreveu. Eu acredito, Seu Morán... o senhor é um homem e sabe o que faz... Mas eu acredito... que se o senhor tivesse vindo... um minutinho, nada mais, para encontrar com ela... minha pobre filhinha estaria viva ainda!...

"Há sofrimentos cuja essência não pode ser analisada em toda a diversidade tumultuosa de seus motivos. Mas quando essa dor é constituída toda ela de remordimento, e este remordimento está ligado a uma persistente fatalidade, pode se esperar qualquer coisa desse homem, menos a de se sentir — outra vez e novamente — um assassino."[222]

Embora o narrador desculpe Morán, Horacio não se desculpara. Criando aquela cena no final do livro, ele queria mesmo é falar da "persistente fatalidade", legando aos leitores o poder do perdão, para ele tão essencial. Era impossível para Horacio conviver com aquele suicídio persistente, que se repetia para ele indefinidamente.

Ele estava continuamente voltando a se apaixonar pela mesma jovem Ana, e a mesma jovem Ana estava sempre morrendo, não importando o nome — fosse Ana ou Alicia.

O capítulo final, muito curto, era de clareza ofuscante. Ele nos trazia Morán no barco a vapor que o levaria embora da selva do Norte. Só se escuta a voz do narrador:

"Da borda do vapor, onde sem pitar e sob a chuva cerrada parecia fugir para sempre de Misiones, Morán dirigiu o olhar para a mata brumosa em direção ao povoado da erva-mate (…). Desejou, ofereceu, confiou sua vida partida a uma felicidade redentora: a religião — mais forte que um grande e puro amor — tirou-a dele."[223]

Horacio, na boca imprudente do narrador, culpava a mentalidade católica, sem perceber que também era essa mesma forma que dava os contornos de seu amor por Ana. Em sua companhia no barco, com Morán, viria Horacio, farto das tentativas de redenção e, pior, extenuado com elas.

Na frase final do folhetim, uma tentativa de se dizer pronto para o futuro:

"Ele havia invocado cem vezes o Destino, como a uma invencível Divindade. Podia ficar dali por diante tranquilo: a sua fatalidade já estava cumprida."[224]

Horacio, assim como Morán, saía de Misiones. As soluções eram precárias, mas foram as possíveis. Não se arriscaria a dizer, como Morán, que a fatalidade estivesse mesmo cumprida. Ao menos regressava um pouco mais leve.

CAPÍTULO 15

A fama em revista

Expelido da selva missioneira, do passado traumático, do presente doloroso e estéril, Horacio retornou a Buenos Aires. A natureza selvagem ia ter que se limitar ao espaço de seus contos e, no máximo, à nova casa onde iria morar. Ao chegar, decidiu que não queria continuar vivendo no meio da cidade, na rua Agüero. Se era para ficar na capital, que ao menos tivesse um lugar que o fizesse recordar de Misiones, onde pudesse manter alguns animais soltos: o quati Tutankamon e o cervo Dick eram os preferidos dos filhos.

Encontrou um lugar assim nas redondezas de Buenos Aires, no município de Vicente López. Lá aportou com sua arca de Noé às margens do Rio da Prata, de onde não sentia certamente a brisa antiga do rio Uruguai, que conhecera em sua infância em Salto, mas algo do encanto aquático vinha até ele. Viver perto do rio era um imperativo, descoberto com seu horizonte de San Ignacio. Lá, de seu quintal via o Rio Paraná ao longe.

Vicente López era interessante: poucas casas, muito verde e a proximidade do rio. Não era difícil chegar de trem a Buenos Aires, porque estava a apenas vinte quilômetros do centro. Era, enfim, possível, agradável e conveniente.

Alfonsina começava a participar de saraus literários no recém-inaugurado subsolo do Café Tortoni, coordenados pelo pintor Quinquela Martín. Ela era cada vez mais famosa na cidade, lotava teatros com sua poesia. A vida seguia seu rumo e os dois já não eram tão próximos.

Darío, por sua vez, então adolescente, já tinha emprego. Começara a trabalhar numa das livrarias Anaconda, de Leonardo Glusberg. Um dia, Horacio foi com o amigo César Tiempo visitar o filho no expediente da livraria, que ficava próxima à praça do Congresso. Passaram lá longo tempo, conversando e olhando os livros, até que se despediram do garoto.

Orgulhoso do filho, saiu de lá com César e foram caminhando pela rua. Enquanto elogiava o garoto, quadras adiante, na esquina da Avenida Rivadavia com a Rua Montevideo, Horacio colocou a mão no bolso do sobretudo e, surpreso, retirou de lá um exemplar raríssimo. Era um livro fundamental em sua vida: a primeira edição de *As montanhas do ouro*, de Leopoldo Lugones — o livro que o fizera confirmar seus votos como poeta, quando lera com os amigos de Salto "Ode à nudez".

Num rompante de fúria, arrastou Tiempo de volta à livraria, deu um memorável sermão no filho, dizendo que ele não podia trair a confiança de seu patrão com uma traquinagem daquelas, que estava muito envergonhado e decepcionado com ele. Finalmente, largou o livro e foi embora pisando duro e falando sozinho. Depois de um longo solilóquio de indignação, conta César Tiempo, seu semblante de distensionou:

"— O Darío é um louco. Impulsivo. Na escala de seus valores, o coração ocupa a primeira posição, o que não é boa coisa para enfrentar a vida. Gostaria de me desculpar pelas bobagens que disse a ele."[225]

Os desterrados

Naquele 1926 que então começava, Horacio reunia contos para um novo livro. Aquele livro seria diferente. Pensava executar uma proposta que Anton Tchékhov imaginara uma vez, mas não chegara a concretizar: um volume composto por vários contos autônomos, mas que guardassem entre si algumas reiterações, tanto de paisagens quanto de personagens.

Misiones já existia para Horacio há anos, tanto em sua vida quanto em sua literatura. Era chegada a hora de ter seu livro missioneiro, com os homens e mulheres que conhecera naquele país transformados em personagens. Mais do que um aventura, mais do que um conto de efeito, cada história encerraria um perfil de uma pessoa vinda de outras terras, de Buenos Aires, do Brasil, da Europa, para construir em San Ignacio uma trajetória excêntrica. Horacio descreveria e narraria aqueles que, como ele, se deixaram encantar pelo território alheio à presença do Estado, onde as ruínas imperavam. Contaria as histórias daqueles que lá chegavam e se deixavam seduzir pelas mais diversas promessas: de riqueza, de autoaniquilação, de se abandonar da vida urbana e civilizada.

Os contos, na verdade, já existiam. O seu trabalho consistiria em lhes dar unidade entre si. Modificava os inícios, fazendo remissões de uns a outros contos, e logo ia alcançando o efeito de sugerir, com o conjunto dos textos, um território singular, uma região da literatura.

Ao final, chegou a oito contos, separados em duas partes, ao modo do que fizera o brasileiro Euclides da Cunha e outros que ainda mantinham em si algum resquício de espírito oitocentista: parte I — o ambiente; parte II — os tipos. O livro começava com sua personagem mais célebre, num conto chamado "O regresso de Anaconda". Nele, a cobra quilométrica que conferira fama a Horacio retornava, depois de anos, à selva missioneira e, na companhia de suas colegas, queria reconquistar o rio Paraná — tomado pelos homens — para a vida selvagem. O final do conto era de uma beleza sem igual.

Para abrir a segunda parte do livro, Horacio escolheu um conto que publicara no ano anterior, "Os proscritos", sobre dois peões brasileiros que, depois de toda uma vida na selva missioneira, resolviam retornar ao Brasil. Aqueles dois brasileiros, falantes do portunhol, não mais do português, donos da alcunha que daria título ao conto e também ao livro: "Os desterrados".

O primeiro parágrafo ia ser uma celebração coletiva daqueles sujeitos singulares que habitavam o universo missioneiro:

"Misiones, como toda região de fronteira, está repleta de tipos pitorescos. Costumam ser assim aqueles que, como as bolas de bilhar, nasceram com

Matéria dedicada a Horacio Quiroga na revista *Caras y Caretas*, edição de 2 de outubro de 1926.

efeito. Espirram e tomam os rumos mais inesperados. Foi assim com Juan Brown que, tendo ido só por algumas horas ver as ruínas, ficou vinte e cinco anos por lá; o doutor Else, a quem a destilação de laranjas levou a confundir sua filha com uma ratazana; o químico Rivet, que se acabou como uma lamparina, abarrotado de álcool carburado; e outros tantos que, graças ao efeito, reagiram do modo mais imprevisto."[226]

Misiones, a selva recordada. Cada um dos contos publicados que compunham o novo livro havia sido escrito a léguas de seu habitat. As cenas que ficaram na cabeça do autor, os causos que ouvira e outros tantos que inventara: *Os desterrados* era soma e decantação. À distância. Tudo fora escrito no semiconforto de Buenos Aires e logo publicado em revistas ou jornais da mesma cidade, entre dezembro de 1919 e julho de 1925. Um tempo e tanto. A vida de Horacio se mostrava longa como a própria Anaconda.

Sua editora já há algum tempo não era mais a cooperativa de Manuel Gálvez. Horacio tivera uma boa experiência em seu último livro, *O deserto* (1924), com seu amigo Samuel Glusberg, que, ampliando o negócio livreiro da família com as livrarias Anaconda, fundara em 1922 a editora Babel — sigla para Biblioteca Argentina de Boas Edições Literárias.

Samuel, visionário, há pouco firmara um contrato de parceria com a editora espanhola Espasa Calpe, para conseguir distribuir seus livros na Espanha. Quando Horacio acordou com ele a publicação de *Os desterrados*, definiu-se que a impressão de todo o material seria feita na Espanha, a fim de baratear os custos.

A primeira tiragem foi impressa em Madri no dia 31 de julho de 1926, fazendo com que pela primeira vez, os contos de Horacio pudessem ser comprados e lidos na Espanha e no Rio da Prata ao mesmo tempo.

Nunca tivera um livro seu publicado sob esquema tão profissional. A cooperativa de Gálvez era um empreendimento local com um importante papel na consolidação da obra de Horacio em livro, mas Samuel Glusberg tinha um grau de ambição e profissionalismo que permitiam outros voos:

além da editora e da livraria do irmão, tinha também a revista *Babel*, que dirigia, e ainda colaborava em veículos como *Caras y Caretas*.

Muito embora naquele mesmo ano estivessem sendo lançados livros decisivos — como *Dom Segundo Sombra*, de Ricardo Güiraldes, e *O brinquedo raivoso*, de Roberto Arlt — com o esquema de produção, divulgação e circulação de Samuel Glusberg, aquele seria definitivamente o ano de Horacio Quiroga.

Se os *Contos de amor de loucura e de morte* haviam tido tiragem inicial de quinhentos exemplares, o novo livro aumentava exponencialmente sua circulação: com apenas três meses após o lançamento, já haviam sido vendidos mais de três mil exemplares de *Os Desterrados*.

Na edição de 2 de outubro, *Caras y Caretas* estampava uma reportagem composta por quatro páginas sobre o cotidiano de Horacio Quiroga em San Ignacio. Apesar de fazer já vários anos que ele já não vivia na selva, a reportagem criava um perfil espiritual seu naquele ambiente. A reportagem tinha início com uma foto de meia página de Horacio com seus dois filhos, seguida pela sugestiva legenda: "Os protagonistas de *O deserto*, dez anos depois".

"O deserto" era o conto em que Horacio colocava em cena, de modo mais cabal, um aspecto da morte de Ana María Cirés: os dias de luto do viúvo com os filhos pequenos na selva, preocupado com as consequências de uma infecção insidiosa em seu pé, que se alastrava pelo corpo e potencializava os delírios do homem. Publicado nos primeiros dias de 1923, na revista *Atlántida*, o conto colocava em cena a viuvez do protagonista de modo sutil. O autor da reportagem de *Caras y Caretas*, Enrique Espinoza, dizia sem ambiguidades que se tratava de um conto autobiográfico, ao mesmo tempo, respeitosamente, guardava um silêncio ímpar sobre Ana María Cirés.

Espinoza era um generoso amigo de Horacio. Mais que isso, Espinoza era o pseudônimo de seu interessado editor Samuel Glusberg. Onipresente, voraz e com tino comercial ímpar, o mesmo Espinoza publicaria, já no mês seguinte, como Samuel Glusberg, o 21º número de *Babel. Revista de Bibliografía*... totalmente dedicado a Horacio.

A edição, que se ocupava de construir uma efígie em vida, buscava nada menos que a consagração do escritor. A capa estampava uma foto de Horacio acompanhada dos hiperbólicos dizeres, em caixa alta: "EL PRIMER CUENTISTA DE LENGUA CASTELLANA". Na página seguinte, em três colunas, uma nota biográfica do escritor, primeiro dando conta de sua influência literária sobre os contemporâneos e logo a trajetória desde o seu nascimento, destacando sua origem argentina: embora tivesse nascido em Salto, seu pai era da banda ocidental do rio da Prata.

Não se mencionava, como tampouco qualquer outro texto da revista o faria, as vicissitudes do seu passado, dando mais uma vez mostras do cuidado de Enrique/Samuel em zelar pela intimidade do amigo.

Estava-se plenamente no plano da efígie literária, isso sim: o homem de letras estrangeiro consagrado em vida. Vários colegas de geração assinavam textos, poemas ou depoimentos para elogiá-lo. Logo na página seguinte, havia declarações de Leopoldo Lugones, Roberto Payró e Alberto Gerchunoff, todos mais velhos que Horacio.

Seguiam-se então alguns colegas de geração: Benito Lynch, Arturo Capdevilla, Rafael Alberto Arrieta. Em seguida, toda uma página crítica de Alfonsina Storni, acompanhada de um poema de Juana de Ibarbourou, duas de suas colegas anacôndicas.

Nas páginas centrais, uma tradução de Eduardo Mallea da resenha de Ernesto Montenegro, crítico chileno estabelecido nos Estados Unidos. O chileno havia publicado o artigo "Horacio Quiroga, parente literário de Kipling e Jack London" no caderno de livros dominical do *The New York Times*, no ano anterior, em 25 de outubro. Era um longo texto crítico que abordava os quatro últimos livros de Horacio: três deles relançados pela editora Babel — *Contos de amor de loucura e de morte, O deserto, História de um amor obscuro* e — em separado na diagramação original do jornal americano, o livro lançado pela Agencia General de Librería — *Anaconda*.

Na edição da revista argentina, alguns trechos do original de Montenegro, que poderiam dar margem a boas discussões, foram retirados em nome do ideal de consagração do escritor. Nada constava, portanto, do mencionado "orgulho masculino dos hispânicos", que poderia levar a duelos passionais; nem das inverossimilhanças de contos como "Miss Dorothy Phillips, minha esposa". Enfim, a edição que Samuel Glusberg fizera do artigo de Montenegro, depurara-o de qualquer polêmica que pudesse dar margem a debates.

O contraponto ficaria a cargo de escritores e editores nacionais. A página encabeçada pelo título "Uma visita a Horacio Quiroga e várias opiniões"[227] dá conta de mostrar um outro lado de Horacio, cuidadosamente amenizadas pela palavra estrategicamente escolhida: "opiniões". Primeiro um depoimento do editor Manuel Gálvez, responsável pela publicação dos *Contos de amor de loucura e de morte*. Sua imagem de Horacio, depois da ruptura de ambos, não era de todo generosa:

"Poucos escritores sentem tão intensamente o caráter das coisas e dos seres como Quiroga, e por isso seus contos têm um colorido e uma originalidade tão extraordinários. Carece de ternura e de emoção; e escreve em uma prosa bastante incorreta, resultado, em parte, de seu afã de sintetizar e apertar seus parágrafos até a saturação. Mas, por outro lado, possui uma grande potência imaginativa e uma rara mestria para produzir sensações, sobretudo de horror."[228]

Aquelas acusações de que escrevia mal estavam se tornando cada vez mais frequentes. A pecha já era quase um lugar comum contra escritores que, como ele, incorporavam em sua literatura as vozes da linguagem ouvida na rua, seja em Buenos Aires, seja em San Ignacio. O jovem Roberto Arlt começava a publicar por aqueles dias e já era chamado de semianalfabeto. Horacio, por sua vez, queria apenas que em seus contos "se respirasse vida". Na medida em que cresciam os julgamentos positivos e elogiosos, cresciam também contra ele as acusações, ao ponto de Horacio ver-se obrigado a, por mais de uma vez, publicar artigos nos quais fazia sua profissão de fé do ofício de contista e de sua visão sobre a linguagem literária. Num desses, mostrava o seu grau de comprometimento com seu mundo ficcional:

"Conte como se seu relato não tivesse interesse mais do que para o pequeno ambiente de seus personagens, dos quais você poderia ter sido um. Não de outro modo se obtém a *vida* no conto."[229]

O narrador, para ele, definitivamente nada tinha a ver com o homem ilustrado do século dezenove, que narrava do seu gabinete as agruras da vida que acontecia lá fora, separando-se do universo de seus personagens com uma linguagem diferente e uma visão de mundo diversa. Horacio se tornava as cobras que narra, como se tornava os peões e os caçadores. E havia uma linguagem para isso, impura, mesclada e viva.

Porém, Horacio àquela altura já sabia que defender seu estilo não bastava. O preço da fama alcançada com o tipo de literatura que ele fazia implicava receber outros ataques, aos quais não era possível responder. Manuel Gálvez, além de criticar-lhe o estilo, atacava sua personalidade. Não escapou a Horacio como o crítico torcia a frase para dizer que não era o texto, mas o próprio escritor quem "carece de ternura e de emoção" e de que era a ele, também, a quem estava dirigida a frase posterior: "possui uma grande potência imaginativa e uma rara mestria para produzir sensações, sobretudo de horror". Sim, Horacio, o homem frio, insensível, que despertava sensações horrendas, e que tampouco conseguia escrever de modo correto e sem uma concisão extrema. Nada havia a ser respondido a Gálvez. Tudo o que ele merecia era silêncio e esquecimento, e foi isso que Horacio fez, deixou-o falar.

Na mesma página da revista, a escritora Luisa Israel oferecia um curto relato de uma visita a Horacio. Mimetizava, com sua escrita, um conto de horror, no qual chegava à casa do escritor com o pressentimento de que encontraria algo terrível. Tal impressão se confirmava, através da visão das peles de cobras expostas pelas paredes. Finalmente, tentava estabelecer mentalmente a conexão entre os objetos encontrados e a obra do uruguaio, com o seguinte resultado:

"Penetramos na casa. Penetramos com cautela, com o temor de quem vai encontrar algo estranho, algo diferente; com a sensação de esperar descobrir um pouco de temor... Efetivamente, na penumbra do interior, que parece ainda obscura pelo brilho vivo que vem de fora, divisam-se, cravadas nas paredes do laborioso cômodo, uma profusão de peles de víboras e de serpentes, de todas as larguras e comprimentos, de todas as cores. Sabemos que ele próprio matou as mais temíveis jararacas... e meditamos. Pensamos em sua obra... buscamos uma correlação entre a pele fria da serpente e o frio pavor que nos infunde."[230]

Israel queria fazer literatura ao comparar a pele fria da cobra morta — a terá tocado? — com o frio pavor produzido pela obra do escritor, ali feito personagem de seu relato. Seu retrato era fruto de sua experiência da leitura dos contos de Horacio, mais do que do homem que tinha diante de si. Curiosamente, seu texto terminava sem um diálogo com o escritor, como se ele fosse uma presença espectral, um Nosferatu moderno.

Afora aquela página disfórica, Horacio ficou satisfeito com o que viu. Era celebrado como nunca antes. Na contracapa, um grande anúncio de seus livros. Excetuando-se os seus primeiros três trabalhos — *Os recifes de coral*, *O crime do outro* e *Os perseguidos*, todos esgotados e aos quais Horacio não considerava reeditar — havia outros oito à disposição: *História de um amor obscuro* (em nova edição, corrigida), *Contos de amor de loucura e de morte*, *O Selvagem* (no segundo milheiro), *Contos da Selva*, *As sacrificadas*, *Anaconda* (no segundo milheiro), *O deserto* (no segundo milheiro), *O Deserto* (também no segundo milheiro) e o novo e recém-lançado *Os desterrados*, já no terceiro milheiro, com menos de cinco meses de publicação.

Horacio, como sua obra Anaconda, chegara onde sempre desejara estar. Nada mal.

Os meninos da rua chique

Quem tem medo de Horacio Quiroga? Os leitores dos seus contos terríveis, como "O travesseiro de pena", "A galinha degolada", "A câmara escura", e quem mais? Em Buenos Aires, alguns escritores da nova geração o admiravam, como o Roberto Arlt. Vinte e dois anos mais jovem que o ídolo,Roberto lançara naquele mesmo ano seu romance de estreia, *O brinquedo raivoso*, uma narrativa urbana como nunca se fizera antes no Rio da Prata, na qual estava no centro da cena não a burguesia afetada — aquela dos próprios contos de Horacio — mas os pobres, os filhos de migrantes e outros marginalizados.

O brinquedo raivoso e os outros romances de Arlt fariam com a urbe portenha o que Horacio fizera com a selva missioneira: revelar-lhe os tipos singulares, a linguagem, a marginalidade e as histórias que até então restavam silenciadas. Pois o próprio Arlt, em uma de suas super populares crônicas daqueles anos, as águas-fortes portenhas, prestaria sua homenagem, pagando-lhe tributo de grande escritor:

"Outra noite me dizia o amigo Feilberg, que é o colecionador das histórias mais estranhas que conheço:

"— Já prestou atenção nas janelas iluminadas às três da manhã? Veja, ali há argumento para uma nota curiosa.

"E imediatamente se enfiou nos meandros de uma história que não teria sido desprezada por Villiers de L'Isle Adam ou Barbey de Aurevilly ou pelo barbudo do Horacio Quiroga. Uma história magnífica relacionada com uma janela iluminada às três da manhã."[231]

Nem tudo eram flores, porém.

Da geração mais jovem, havia quem vivamente se incomodasse com Horacio, justamente aqueles que já tinham tido contato com ele na casa de Norah Lange, na rua Tronador: garotos como Jorge Luis Borges e Eduardo Mallea, gente que se comprazia de uma outra visão da literatura e do modo de ser do literato. Nada mais distante de um homem como Horacio que um rapaz como Georgie.

Os jovens vanguardistas, como já o disse Beatriz Sarlo, se apresentavam como "o novo" e todos aqueles que representassem as gerações anteriores deveriam ser devidamente postos de lado: assim, atacavam em sua bela e alegre revista, *Martín Fierro*, escritores da velha guarda, como Manuel Gálvez. Eram ambíguos com relação a Leopoldo Lugones, que apoiava com dinheiro a publicação; guardavam um respeito singular por Rubén Darío, tendo certa vez publicado artigo contra as edições populares da obra do poeta nicaraguense, com diagramação precária e impressão em papel jornal, vendidas nos subúrbios. Diziam que era um desrespeito à sua memória.

Quanto a Horacio, dedicavam a ele um silêncio monumental. Nas raras vezes em que compareceu às páginas da revista *Martín Fierro*, foi para ser satirizado. As menções, laterais e satíricas, eram quase sempre de caráter pessoal. Para eles Horacio era o mal-educado, o que cuspia no chão, o mulherengo. De sua literatura, sugeriam que era de um mero imitador de Kipling. No número 43 da revista, publicado em 15 de agosto de 1927, Luis García dedicou-lhe um burlesco epitáfio:

"Escreveu contos dramáticos
Sumamente dolorosos
Como os quistos hidáticos.
Fez falarem leões e ursos.
Jacarés e javalis.

A selva deixou a seus pés
Até que um autor inglês
(Kipling) fez dele o que quis
Colocando os pingos nos is."[232]

Era o jeito de responderem o elogio ao artigo sobre Horacio, de Ernesto Montenegro, no *The New York Times Book Review*, publicado na edição de homenagem a Horacio da revista *Babel*, traduzido pelo próprio Mallea, membro da *Martin Fierro*. Se no artigo nova-iorquino celebrava-se Horacio como parente de Kipling, no epitáfio satírico ele era rebaixado à condição de impostor, um imitador barato do britânico. A má vontade das igrejinhas da vanguarda portenha se manifestava com vistosas tintas.

A triunfante chegada de *Martín Fierro*, com seus jovens escritores na casa dos vinte anos, atingira em cheio os brios de Horacio. Eles queriam impor sua agenda estética às letras argentinas. Diziam fora ao beletrismo decimonônico, com o qual Horacio tampouco estava de acordo. Eles estavam de olhos bem abertos para as vanguardas europeias, as quais Horacio via de longe e apenas com relativa curiosidade. Assim, esteticamente, Horacio não seria inimigo natural deles, a não ser pelo fato de ser já estabelecido (ou velho), de ser reconhecido por muitos, de ser famoso, de publicar nos jornais de grande circulação. Horacio era um dos escritores a quem se contrapor.

As páginas da *Martín Fierro*, revista de grande formato, eram uma festa para os olhos: esculturas, pinturas, caricaturas que obrigavam os leitores a reeducar o olhar. Os jovens argentinos Silvina Ocampo, Emilio Pettoruti, Xul Solar e Norah Borges dividiam o espaço com artistas europeus mais ou menos da idade de Quiroga: Georges Braque, Marc Chagall, Pablo Picasso, entre outros.

O corte estético proposto pelos jovens era notável. Mas eles queriam não apenas abrir um flanco na estética vigente, queriam mesmo ser o grau zero do século vinte argentino. O processo seria paulatino, mas Horacio sentiu que no ápice de sua carreira, em 1926, começavam a surgir, cada vez mais fortes, questionamentos contra sua figura, sua escrita e tudo o que ele representava. Pela primeira vez, para ele, ser escritor de sucesso, popular, traduzido, homenageado, passou a ser mais um pesado fardo do que algo pelo qual ser grato. Ele estava no espaço que outros queriam ocupar.

O ano seguinte começaria tímido. Horacio inaugurava uma série de crônicas sobre cientistas, artistas e aventureiros diversos, nos quais se sobressaia alguma característica que o escritor considerasse heroica e exemplar. Lá estavam o descobridor da anestesia, Horace Wells, o biólogo Louis Pasteur, o escritor Edgar Allan Poe, o compositor Richard Wagner, entre outros. Quando pensou em publicar a série, Horacio Quiroga estava — à maneira de Rubén Darío com seu *Os raros* — dando nome aos corpos mais visíveis de sua galáxia pessoal, constituída não só por literatos, mas também por cientistas, aventureiros, pioneiros e sonhadores.

Com isso, o alimento do ano estava garantido, pois a publicação em livro de *Passado Amor* o deixara em brancas nuvens. Texto velho, conhecido e sem grandes atrativos, o volume não levara quase ninguém às livrarias.

Horacio é um contista, Horacio é um contista, Horacio é um contista... — um mantra que se repetia na mente dos leitores e fazia com que eles não tivessem lá muito interesse com o pequeno romance de amor. Afinal, um texto como aquele até Aquilino Delagoa poderia escrever.

Dissecando rancores

Passaram-se os anos, muitos. Nas páginas de um caderno pessoal, um diário de escritor, ficaram uns versos, daqueles secretos, que não serão conhecidos, a não ser depois da morte, quando tudo já é silêncio:

"Horacio Quiroga
"Não importa escrever mal, se estiver na moda,
"como o demonstra a fama de Horacio Quiroga..."[233]

Horacio já havia desaparecido do mundo dos vivos há mais de quatro décadas. Sua fama, no entanto, ia se consolidando naquele e noutros países, e mesmo depois de tanto tempo continuava incomodando o prosador que, sem se conformar, utilizava parte de seus momentos de ócio para dedicar a Horacio suas trovinhas cruéis:

"Inexplicáveis.
"Quiroga. Sem esperança.
"Vai escrever e admira Horacio Quiroga?
"Deixamos a seu alcance banco e corda."[234]

É como se fossem os poemas dos Obituários da *Martín Fierro*, escritos há mais de meio século. Mas não. Quando a *Martín Fierro* começara a ser publicado em sua segunda época, em 1924, o dono do diário íntimo era uma criança de dez anos de idade. É certo que a leitura da revista ajudou a forjar-lhe a personalidade, junto com muita literatura inglesa e uma admiração incontornável por Georgie.

O homem que escrevia os versinhos era um já sexagenário Adolfo Bioy Casares, que muito embora fosse o autor do clássico romance sobre os encantos do cinema — *A invenção de Morel* — guardava em si o desejo de talvez alcançar uma glória ainda maior e, enquanto a promessa não se concretizava, mantinha o hábito de praguejar contra escritores do presente e passado que representassem para ele uma literatura de mau gosto, os quais incontornavelmente tinham se tornado mais famosos que ele — chamassem-se eles Edgar Allan Poe, Charles Baudelaire, Roberto Arlt ou Horacio Quiroga.

Por um lado, incomodava-o o espaço desses escritores torpes e chambões, já que ele se sabia superior a todos, muito embora tivesse optado na vida por viver, confortável, à frondosa sombra de Jorge Luis Borges. Georgie tinha as chispas que ele valorizava: o estilo, a perspicácia e uma elegante misoginia. Com Borges, Adolfo estava na companhia de um igual, embora o gosto pelo sexo e pelas aventuras concretizadas fosse algo que os diferenciasse radicalmente. Adolfo apresentava-se ao mundo como um sedutor, em muito diferente do retraído Borges. Tanto melhor, assim sentia-se em algo superior ao mestre.

Quando Bioy conheceu Borges, pelos idos de 1931, as chamas vanguardistas já haviam arrefecido, mas não o desejo compartilhado por ambos de fortalecer, no panorama local, a defesa de uma arte de elite. Naquele mesmo ano, Victoria Ocampo fundava uma revista que, embora se chamasse *Sur*, tinha os olhos voltados ao norte, num exercício de europeísmo estético que excluía escritores populares — como Alfonsina Storni, Horacio Quiroga, Roberto Arlt. A dupla se encantou com o projeto e teve papel ativo nele.

Entre os patrícios, quem cabia na revista eram Silvina Ocampo, José Bianco, Eduardo Mallea, entre outros. Foi lá também que se abriram as portas para um jovem barbudo, admirador de Quiroga e de Poe, mas também de jazz e de boxe, publicar um de seus primeiros contos, "Casa tomada": Julio Cortázar.

No início de sua jornada, Bioy, quinze anos mais jovem que Borges, passou, fascinado, a farejar Georgie, a escrever em conjunto com ele uma propaganda de iogurte, e depois contos policiais, e roteiros de cinema. A tal ponto foi sua identificação com o amigo que Bioy sentia ter encontrado em Borges ressonância a suas reservas contra Horacio: ódio que passaram a alimentar na intimidade pelos anos afora.

Com a mesma sem-cerimônia com que escrevia versinhos ao barbudo, Bioy erigiu, ao longo de mais de meio século, um monumental diário de 1660 páginas, no qual, registrava (in)escrupulosamente, com regularidade quase cotidiana, suas conversas com Georgie. O engendro monumental vai de 1947 a 1989, quando Borges, finalmente, disse suas palavras finais, nunca registradas pelo amigo.

De uma edição piedosa, que reduziu a 691 páginas o frondoso catatau, trazendo conversas literárias apenas, colhi um suculento fruto: um chá da tarde de 1963, dedicado a discutir a literatura de Horacio:

"Segunda-feira, 27 de maio [de 1968]. [Borges] tem a pior opinião de Quiroga. Lemos 'O travesseiro de pena', extraordinariamente fraco. BORGES: 'Ler esse conto é pouco saudável; persuade o leitor da impossibilidade de escrever. Para toda sucessão de três palavras há uma mudança de sujeito. Às vezes recorre ao pronome *ele*; às vezes, pode-se pensar que quem entrou no quarto foi o tapete. A fatura do conto não é melhor. Muitos detalhes do começo não têm nenhuma razão de ser no final; há muita arquitetura, mas os personagens parecem sozinhos no mundo, sem família nem amigos. A empregada, que aparece no fim, não existiu até aquele momento. O autor padece da mania de colocar o sujeito no fim da frase, o que produz momentos de suspense pouco estimulantes, nos quais não se sabe a quem corresponde o que se está lendo. Para concluir, há um parágrafo que não parece de conto, mas de recomendações de um jornal para donas de casa.'

"Depois lemos dois contos de *Os desterrados*: 'O homem morto' e 'A câmera escura'. O argumento do primeiro não é de conto, mas de poema; o segundo, apesar de algumas ambiguidades, é pobre; mas a verdade é que ambos estão bem escritos, sobretudo se comparados com "O travesseiro de pena". BIOY: 'Acho que passou algum tempo entre a publicação do primeiro e dos demais; nesse meio tempo, Quiroga aprendeu a escrever.' BORGES: 'O que se vê é a vontade de escrever contos. De escrevê-los, mesmo sem ideias, sem argumento, sem nada.'"[235]

Os dois senhores em mangas de camisa, sentados diante de uma travessa de biscoitos, com suas xícaras de chá inglês, escrupulosamente dizem que é o dia de renovar os votos de autoafirmação, desancando a literatura de mau gosto do uruguaio. Georgie, então, disposto a exercitar sua retórica, tratava de encontrar tudo o que lhe parece negativo no conto. Do outro lado da mesa, um sempre juvenil e ansioso Adolfo, traía sua própria fleuma ao considerar que os dois contos finais estavam bem escritos, arrematando com um comentário que o deixa mal — de uma só tacada — com Horacio e Georgie: "nesse meio tempo, Quiroga aprendeu a escrever".

Terminados o chá e os biscoitos amanteigados, Adolfito sentava-se à sua mesa de trabalho e, revivendo os prazeres da tarde, registrava com cuidado e minúcia sua conversa com o mestre. Sentia-se vingado, como a criança que houvera escutado da mãe, depois das provocações dos amigos da escola, que ele era de fato o menino mais lindo da face da Terra.

Horacio tinha lugar de destaque na constelação dos dois argentinos: uma estrela cadente que lhes invadira o sapato. Renovar um juvenil Parnaso Satírico quando já se é homem feito, escritor reconhecido, premiado, traduzido, de fama internacional, dá marca da importância de Horacio no universo íntimo de Bioy. Mas e Borges? O que era preciso seguir reivindicando, sob o véu da desqualificação?

Naquela mesa não havia espaço, nem biscoitos, para continuar a conversa. Havia quem dissesse que talvez o melhor lugar fosse num divã. Mas não era preciso nenhum Freud para ver que Georgie ficara enredado em tramas sutis. Sua leitura de "O travesseiro de pena" era reveladora. O conto, publicado em *Caras y Caretas*, no magazine da família portenha, tocava em pontos suscetíveis de seu pudor burguês, e seu êxito o transformara num clássico da literatura fantástica do Rio da Prata a tal ponto que, não houvessem as tais paixões disruptivas, certamente figuraria na *Antologia da literatura fantástica*, organizada pelos mesmo Georgie, Adolfo e Silvina nos idos de 1940. Ora, se lá estavam Santiago Dabove, com seu "Ser pó", era fundamental que estivessem ao menos "O homem morto", "O espectro" além do incômodo "Travesseiro de pena".

Mas o pudor que deixava rubras as bochechas borgianas lhe impôs a exclusão. O "travesseiro de pena" era sexual, o tema ficava exposto e oculto, como a carta roubada sobre a superfície da mesa de Dupin. O relato velava a defloração e o sangramento mortal de Alice em sua lua de mel.

Georgie no travesseiro

Em 13 de julho de 1907, quando, com o título "O travesseiro de penas", o conto fora publicado pela primeira vez, o menino Georgie contava apenas sete anos de idade. A frase inicial do texto dizia:

"Sua lua de mel foi um idílio grave, muito mais do que ela havia temido."[236]

O começo truculento e próprio de um conto de terror seria modificado, dez anos depois, quando o conto fosse reaparecer na versão em livro, nos *Contos de amor de loucura e de morte*. Georgie, então, tinha 17 anos e vivia na Suíça. Horacio buscava mais sutileza, com outra frase, muito mais sintética, sugestiva e ambígua:

"Sua lua de mel foi um longo calafrio."[237]

Com a nova versão, o arrepio que se poderia esperar da expectativa e pela consumação da primeira experiência sexual era substituído pelo calafrio das histórias de terror. O amante se transformava em monstro. O sexo, em algo digno de calafrio.

Foi essa a versão que leu Georgie, quando retornou de sua temporada europeia com a família. O tema o perturbava. O próprio Georgie evitaria em suas milhares de páginas se referir ao sexo. Quando o fazia era de modo asséptico e lateral, como em "A Seita da Fênix"; quando foi mais explícito colocou em cena Emma Zunz, protagonista do conto homônimo, no qual a virgem se entregava a um marinheiro estrangeiro para forjar um estupro; finalmente, "Ulrica", diz-se que inspirado em Norah Lange, é uma relação diáfana e especular. O mal-estar.

Assim, era-lhe incômoda, intragável, a história dos recém-casados Jordán e Alice sob a perspectiva da frustração da jovem, no espaço concentrado de poucos meses posteriores ao casamento, numa casa grande, branca e gélida — ambiente e período que coincidiam com o adoecimento e morte de Alice, sob circunstâncias só esclarecidas ao final do conto: a sucção vertiginosa de seu sangue por um parasita de aves oculto em seu travesseiro. Um conto muito sintético que, no entanto, deu margem para Georgie dizer que carecia de unidade, pois "muitos detalhes do começo não têm nenhuma razão de ser ao final".

Ricardo Piglia, grande admirador do gênero breve, nas suas "Teses sobre o conto", dizia:

"Um conto sempre conta duas histórias. (...) O conto clássico (Poe, Quiroga) narra em primeiro plano a história 1 (...) e constrói em segredo a história 2 (...) A arte do contista consiste em saber cifrar a história 2 nos interstícios da história 1. Um relato visível esconde um relato secreto, narrado de um modo elíptico e fragmentário."[238]

Georgie não queria ou não podia ver a segunda história oculta daquele conto e praguejava quanto a tal ponto cego, atribuindo a Horacio a inépcia da escrita, sem poder confessar o que para ele era insuportável.

No conto, a visível, a primeira história, claro, era a da lua de mel e a doença de Alice, que levava à sua morte, ante o pasmo de seu marido Jordán e dos médicos, na sempre branca, gélida e iluminada mansão onde viviam.

O relato, porém, não concluía com a morte da protagonista. Uma cena posterior somava um dado novo à história: um parasita, suposto responsável pela morte de Alice, era encontrado no travesseiro da garota.

Quem lesse o conto e se voltasse sobre os próprios passos, retrocederia da criatura do travesseiro até o momento em que Alice caíra de cama e não voltara mais a se levantar, na metade do conto. O fim, portanto, não remetia o leitor ao começo do conto, mas só até sua metade. E é por isso que, provavelmente, Georgie praguejava, dizendo que havia elementos do início que nunca são retomados.

O narrador no parágrafo final — num tom cientificista — explicava a natureza do estranho parasita, naturalizando para o leitor aquela aberração que poderia ser considerada inverossímil. Faltava algo, insistia Georgie. Pois se o parasita explicava a *causa mortis* da jovem, não resolvia, porém, o problema proposto já no princípio do conto: a lua de mel de Alice. Sem se considerar que a lua de mel pressupunha, no contexto cultural do conto, a iniciação sexual e os sangramentos da defloração, não se avança. O horror ao sexo.

A passagem analógica e sutil que conferia a unidade ao conto era a seguinte: a noiva sangrava porque fez sexo na lua de mel. O sexo com o marido foi traumático e ela adoece. Daí o parasita — quente e caloroso — ser o substituto ao gélido marido no conto. Alice não suportava o toque de Jordán, quando ele se aproximava fisicamente, quando a tocava, ela chorava, tremia.

Há mais de uma cena assim: "**com profunda ternura,** passou-lhe lentamente a mão pela cabeça, e Alice **desfez-se em lágrimas,** lançando-lhe os braços ao pescoço. Chorou longamente todo seu **espanto calado,** aumentando o pranto à mais leve carícia de Jordán."[239]

Quando Alice — já doente — sofria com suas alucinações, ao reconhecer Jordán, ela fremia mais uma vez: "Alice contemplou-o, ausente, olhou para o tapete, voltou a olhá-lo, e depois de um longo tempo de entorpecida confrontação voltou a si. Sorriu e tomou entre as suas a mão do marido, **acariciando-a** por meia hora, **tremendo.**"[240]

Era mesmo estranho aquele ninho de amor. Georgie queria a vida social dos personagens, dos seus familiares, tudo o que desviasse seu olhar de uma lua de mel malograda e do sexo.

Também Alice, em seu horror ao sexo, abdicava do "estranho ninho de amor" que é sua casa; deixa as "sonhadas fantasias" e os "antigos sonhos" e passa a "viver adormecida". Ela trocou a casa pelo leito, e esse, pelo travesseiro, onde algo a sugava, vertiginosamente.

Alice, no auge de sua doença: "Não quis que tocassem na sua cama, nem que lhe arrumassem o travesseiro."[241] Preservou a cama do meio externo — seu espaço de *sueño* — e nela o seu travesseiro.

Há uma passagem do conto em que Alice, ao começar a delirar, numa cena de horror que poderia identificar-se ao êxtase sexual — os olhos arregalados, a boca aberta num grito mudo, as narinas e lábios brilhando de suor — finalmente gritava por duas vezes o nome do marido enquanto ainda olhava fixamente no tapete o monstro antropóide que aparecera em sua visão; ao que Jordán lhe respondia: "Sou eu, Alice, sou eu!". Depois de alguns momentos de "entorpecida confrontação", Alice voltava a si e começa a acariciar a mão do marido, tremendo.

O pagamento de Alice para realizar seu desejo de ternura e calor tinha como moeda seu próprio sangue. Era quente e vermelho aquele novo ninho calor — os subterrâneos do travesseiro, em tudo diverso à gélida mansão onde antes vivia com o marido. Alice trocara Jordán pelo bicho, e nenhum dos dois desfechos que há no conto — tanto o da morte de Alice quanto o da explicação cientificista do narrador — seria capaz encerrar ou lançar luz sobre um dos problemas centrais suscitados pela narrativa: a incomunicabilidade entre o jovem casal, resolvida pela entrega voluntária de Alice à vertiginosa sucção em outro ninho de amor.

A explicação final do narrador calava o que não pode ser dito, mas deixava a insinuação:

"Esses parasitas de aves, diminutos em seu meio habitual, chegam a adquirir em certas condições proporções enormes. O sangue humano parece ser-lhes particularmente favorável, e não é raro encontrá-los nos travesseiros de pena."[242]

Em certas condições, diz o narrador de Horacio. A segunda história, oculta, é a das condições singulares. Sexuais.

O narrador assumia para si o silêncio de Alice e levava adiante o não dito: sobre o matrimônio, nada dizia. Habitava nesse silêncio o que há de revelador: a violência muda e o potencial traumático de um ato no qual, sem a pena da fantasia, facilmente se enlaçam sexo e morte.

Georgie não conseguia ouvir essa segunda história e reclamava de sua própria surdez, atribuindo-a a Horacio, pela noite dos tempos.

Maria Elena Bravo, a segunda esposa de Horacio Quiroga.

CAPÍTULO 16

Encontrar uma mulher, repetir um amor

Alguns anos são curtos, outros, infinitos. Para aquele homem, 1926 não acabava nunca. Antes que a Terra desse a volta inteira em torno ao Sol, ele lançou o livro fundamental, que era a síntese do que vinha fazendo, foi reconhecido por isso, enquanto seus textos continuavam aparecendo em diferentes lugares: Estados Unidos, Brasil, França e no Reino da Boêmia, na atual república Tcheca. É que Horacio estava de volta ao presente: seu estranho exorcismo do passado, em San Ignacio o havia possibilitado fazer novas apostas. Antes mesmo que o infinito acabasse, ele encontraria um novo amor.

Devidamente instalado com Eglé e Darío na chácara nos confins de Buenos Aires, em Vicente López, seu olhar se perdia nas viagens de trem à capital, mas por vezes também se achava dentro do vagão. Foi num desses traslados que conheceu uma garota de olhar penetrante e misterioso. Chamava-se María Elena Bravo e tinha dezenove anos de idade. Era amiga de Eglé e tinham mais ou menos a mesma idade dela.

Horacio, em seus 48 anos, trazia um olhar que raramente encarava seus interlocutores e que podia despertar qualquer reação, menos indiferença. Quando Horacio viu María entendeu, de antemão, que teria problemas. Eglé se sentiria péssima ao ver o pai cortejando a colega. Os pais de María armariam um escândalo, como tantas vezes já presenciara, e tudo seria difícil. Todos fariam tremular pelos céus de Buenos Aires a bandeira da obscena diferença de idade, da viuvez de Horacio, de seus cinquenta anos de vida. Horacio estaria disposto a, mais uma vez, enfrentar tudo aquilo por uma miragem de mulher? A resposta não tardou a surgir-lhe: sim, evidentemente estava disposto como nunca. O amor romântico era um pesadelo do qual não despertaria jamais.

Ao confrontar o olhar de María deixou-se tomar pela mulher de beleza inquietante, olhar inquisidor, um rio de possibilidades. María, por sua vez,

162

não foi alheia ao apelo selvagem dos olhos tristes e claros de Horacio. Era certo: estava novamente à deriva.

O roteiro acontecia como tinha que acontecer e Eglé, que não deveria gostar de ver o pai rondando, demasiadamente amistoso, sua amiga de escola, realmente não gostou nem um pouco daquela situação. Horacio se aproximava de María como amigo, e isso incomodava ainda mais a filha: tinham em comum a predileção por Wagner — quem não? — e o amor pela literatura. Ele emprestava seus livros a María e presenteou-a com a recém-publicada edição de *Os desterrados*: "À senhorita María Helena Bravo, respeitosa e cordial homenagem de H. Quiroga. 30 — XI — 26".[243]

O furor de leitora de María Elena — que preferia escrever o próprio nome sem H — crescia para manter acesa a chama do seu interesse por Horacio, seu modo de estar com ele sem ter de se justificar muito à amiga. A garota se filiou à Associação Wagneriana de Buenos Aires, clube de música erudita, que o escritor frequentava semanalmente com a família, para assistir aos concertos.

María e Horacio já podiam se encontrar, furtivamente, nos intervalos das apresentações, para escândalo de sua filha e de quantos mais os flagrassem nalgum lugar recôndito do clube.

Os pais de María tampouco se opuseram a encenar seu papel no drama: deveriam inicialmente ser frontalmente contra os encontros — e efetivamente o foram. Logo, caber-lhes-ia proibir a filha de ver o escritor. Foi o que fizeram. O recurso final, é certo, era enviar María a Montevidéu para ficar fora do olhar nocivo daquele velho, daquele vizinho, daquele escritor. Os pais, zelosos, não desviaram em nada do conhecido roteiro.

Horacio, por sua vez, experiente na arte da atuação apaixonada em amores proibidos, reagiu como já era costumeiro em situações como aquela. Resistiu, com estratagemas cada vez mais engenhosos para possibilitar os encontros. Quando soube que María ia a Montevidéu, enviou a María uma caixa com papel de carta e envelopes, para que pudessem continuar a se corresponder sem maiores dificuldades.

Não havia modo de detê-los. A atração era fulminante e recíproca. Os pais, com o tempo, se deram conta de que não seria de todo mal aceitar o gosto da filha, afinal, Horacio era um respeitável viúvo, escritor... um artista, enfim. Estava longe de ser a primeira opção, mas não deixava de ser uma alternativa aceitável. Aquiesceram.

Disposto, Horacio, sem saber ao certo em que capítulo de sua vida estava, se vivia um novo amor ou se repetia um do passado, lançou-se como nunca à tarefa, que lhe requeria energia. María, isso era certo, não era como as outras:

não era uma garotinha que se impressionasse com qualquer coisa que ele dissesse. Era ambiciosa, gostava de conforto e esperava de um homem como Horacio que estivesse à altura de suas grandes expectativas.

Quando começaram a conversar sobre a conveniência de uma vida a dois em Misiones, María se deixou seduzir pela ideia, mas deixou claro não ia viver num barracão de madeira. Era preciso ter o mínimo conforto da vida civilizada: uma casa sólida, com água encanada, aquecida e condições mínimas para criarem as crianças que viriam.

Horacio entendeu. Precisaria se esforçar mais dessa vez. María não era como as jovens das gerações passadas: era voluntariosa e não se curvava a restrições que lhe parecessem absurdas. Horacio sentia que era como se estivesse namorando uma anaconda, com a diferença de que María estava disposta ao casamento.

Terminaram cedendo, enfim. Todos cederam: Eglé, por ter que ser cunhada de sua amiga; o pai e a madrasta de María, por terem um genro quase da mesma idade que eles; Horacio, por abrir mão de uma partida imediata a San Ignacio. Por enquanto, viveriam todos em Vicente López, tentando aparar as arestas de um convívio que estava longe de ser simples.

Era tempo de semeadura.

O ano seguinte começaria com Horacio tentando conseguir algum dinheiro. O amigo Isidoro Escalera, seu vizinho em San Ignacio e responsável por cuidar da manutenção da chácara, da casa e da plantação em sua ausência, se tornara, de repente, seu interlocutor preferencial. Era preciso reconstruir o paraíso. Para além de falarem de sua plantação de erva-mate, o laranjal do qual produzia licor, do doce de amendoim e outras miudezas, iriam falar de reformas e de formas de levantar capital:

"Recebi sua carta, com detalhes e gastos do maldito imposto territorial. Avise-me se chegaram os formulários da erva-mate e me mande de volta os papéis dessa operação para não termos problemas. O motivo é que eu estou precisando de dinheiro, vou me casar, seu Escalera. A noiva em questão é amiga íntima de Eglé, pois é bem jovem e tão loira quanto a menina. Será para agosto ou setembro. E apesar de eu não ser muito gastão, sempre preciso de umas quantas coisas para esse salto mortal. E você vai conhecê-la, pois ela já te conhece bem através de mim."[244]

Os amantes estavam apressados e ansiosos, e nem quiseram saber de respeitar o prazo estabelecido por eles mesmos. A data inicialmente pensada — agosto ou setembro — acabou sendo antecipada pela sofreguidão do desejo: casaram-se em 16 de julho de 1927.

Anos depois, María iria se recordar daquela manhã longínqua de sábado e de como ela e Horacio se conheceram:

"Às vezes também recordo do dia em que nos casamos. Era um sábado de manhã, já que depois fomos almoçar na casa de meu pai e de minha madrasta, com Eglé, Darío e minha irmã Haydée, que é dois anos mais jovem que eu. Além disso, veio o irmão de meu pai, Clodoaldo, e o testemunho de Horacio, o gato Iglesias, seu médico e amigo íntimo. Depois fomos até a casa onde eu tinha conhecido Horacio com seus dois filhos, sua canoa, sua moto e seus livros. Naquela casa tudo começou com ele me emprestando livros e anotando em um dos dele, como dedicatória: 'De agora até a eternidade'."[245]

Foram anos felizes, aqueles. O casamento, improvisado, pois Horacio era ateu e avesso a qualquer cerimônia religiosa, aconteceu na discrição que lhe correspondia. Assinaram os papéis e María, como era de praxe, mudou de nome: era agora María Helena Bravo de Quiroga.

Não restaram registros fotográficos, se os houve, desse dia. Mas aqueles primeiros anos ficaram gravados em película, por obra do cineasta de Salto e amigo de Horacio, Enrique Amorim. Ele filmou, em homenagem ao amigo, um churrasco na casa de Horacio. Um precioso curta metragem, em 16mm, com aproximadamente 3 minutos de duração. No filme, já do fim de 1928, era possível ver toda a família na casa de Vicente López: Horacio, María Elena, a filha de ambos, Pitoca, nascida em 14 de abril daquele ano, Eglé e Darío.

Todos resplandeciam. Eglé sorria para a câmera e se desmanchava em gestos de atriz de cinema mudo. Horacio, também sorrindo, tocava no violão uma canção que só podemos imaginar, na sua voz que nos alcança através décadas. Logo, ele reaparecia: fumava. Martelava no chão de terra uma estaca para fixar melhor o grande espeto do churrasco. Horacio, abraçado a María, beijava-a na boca diante da câmara e a puxava para si. Ela, tímida e apaixonada, ria diante do olhar de Amorim. Um quati inquieto resistia a se manter imóvel.

Amorim usou parte daquelas imagens para inaugurar sua *Galeria de Escritores e Artistas. 1928-1957*. Na galeria, ano após, ele iria tomar imagens de seus amigos ilustres: Walt Disney, Federico García Lorca, Pablo Picasso, Jorge Luis Borges, entre muitos outros. Uma galeria toda feita de lembranças, com os corpos de seus amigos gravados na luz.

Passados tantos anos, a cada vez que a banda estreita da película corre diante do jato de luz, aquela alegria perdida de há um século volta a se movimentar. Dizem que estão mortos. Eu digo que estão felizes e se beijam e sorriem, com seus olhares e gestos de uma primeira vez.

Contas a pagar

Casar-se outra vez, para Horacio, significava recomeçar uma vida, não só afetiva, mas econômica, logística, e criar as condições para que Pitoca, sua filha mais nova — cujo nome de batismo era o mesmo da mãe, Maria Elena — pudesse florescer.

Para isso, tinha em curso o projeto de publicação de uma série de textos, iniciada quando viajara a San Ignacio em busca de respostas a perguntas que não chegara a formular muito bem. Então já colhia os primeiros frutos: *Heroísmos, Da vida dos nossos animais* e os capítulos de *Passado Amor*, além da série de crônicas de cinema que ia publicando em ritmo maior do que nunca.

Com as máquinas girando a seu favor, Horacio acreditava estar prevenido das intempéries e garantido para poder manter, com relativa facilidade, a nova família. Não poderia, no entanto, antecipar um golpe mais forte que se avizinhava: com a chegada do Partido Riverista à presidência no Uruguai, ao qual seus amigos de Salto faziam oposição, a situação trabalhista de Horacio começava a se revestir de fragilidade e perigo.

Ainda no fim do ano anterior, o Cônsul Geral do Uruguai na Argentina, Carlos María Gurméndez, alheio à sua felicidade pessoal, enviara um memorando ao Ministro das Relações do Uruguai, Rufino T. Domínguez, queixando-se da conduta do cônsul Quiroga. Uma tempestade se formava nos céus de Horacio, acostumado aos favores do poder para manter sua produção literária:

"Passo a expor a situação do Cônsul Adscrito, senhor Horacio Quiroga. Tal senhor encontrava-se já há algum tempo em situação evidentemente irregular, já que sua frequência ao Escritório era fugaz, passando dias e dias sem se apresentar para cumprir suas obrigações. (...) Dias atrás, acossado por numerosas notas que precisavam ser enviadas, perguntei ao cônsul Etchegoyen quem no Escritório sabia datilografar, indicando-me então os senhores Quiroga e Varzi. O senhor Varzi pôs-se logo a trabalhar, mas o senhor Quiroga negou-se a cumprir a tarefa, aduzindo sua condição de cônsul e a inferioridade do trabalho, que considerava deprimente para sua reputação de intelectual. Não obstante, a meu pedido, realizou a tarefa. Mas hoje negou-se a fazê-la, alegando iguais motivos."[246]

A história tampouco era nova: o equilíbrio frágil da vida do escritor estava baseado no favor dos editores de revistas e livros e nos empregos públicos, conseguidos também com base no afeto pessoal que lhe tinham, ao qual Horacio respondia de forma igualmente passional.

Sua escritura e publicação dependiam, por sua vez, da aceitação dos leitores, do gosto estético da época e, portanto, do seu senso de adequação, não raro testado no limite tênue entre agradar o leitor e provocá-lo. A arte da sedução e da sobrevivência. Suas relações amorosas eram baseadas no amor passional, e não nos valores firmes e consolidados dos lares burgueses.

Sua produção agrícola em San Ignacio se amparava na experimentação, na tentativa de produzir novos sabores — o vinho de laranja era ácido demais para o gosto portenho, mas se adaptava ao gosto missioneiro, o mel era escasso e acabava presenteando-o todo aos amigos. Tudo era instável, movente, precário, efêmero.

As mudanças na política, no Uruguai e na Argentina, faziam-se sentir com força naqueles anos do entre-guerras. Horacio não era alheio às chuvas e trovoadas que acometiam sua pessoa de letras e, no conjunto de textos que escrevera sobre o ofício do escritor, falava do gosto literário como um mecanismo atrelado a uma bolsa de valores, defendia sua obra das novas estéticas como se estivesse diante de um tribunal que o podia condenar para todo o sempre, ensaiava decálogos, manuais, conjuntos de truques com muito humor e ironia, como se estivesse fazendo uma teoria do conto. Experimentava naqueles textos o auge de quem domina sua forma, embora percebesse não dominar os humores da política, da estética e do tempo. Horacio se movia como podia.

Objetivamente, a conjuntura não era fácil, mas havia ainda um agravante — já não restava a Horacio muito mais paciência: "O tempo é breve demais nesta vida miserável para perdê-lo de um jeito ainda mais miserável",[247] dizia num escrito em que defendia os textos curtos e precisos. Já perdera amigos, familiares e amores. Sabia o que estava dizendo. Não estava disposto, a despeito das boas razões da sobrevivência trabalhista, a ser datilógrafo no consulado, queria outra coisa e não tinha tempo.

Estava apaixonado, pensava em sua casa, nos textos que ainda precisava escrever, no desejo de se aventurar fazendo roteiros de cinema. Não tinha mais tempo ou disposição para ser obediente. O bom senso, aliás, nunca o seduzira. Era o homem da desmedida.

Seu lado prático levou-o a tentar, ainda outra vez, um livro de leitura para ser adotado pelo Estado nas escolas argentinas. Diferentemente dos *Contos da selva*, que tão má acolhida receberam dos pareceristas na década anterior, tentou algo mais palatável e ao gosto do modelo pedagógico em voga; para tal, juntou-se com quem entendia do riscado, era bem relacionado e tinha tino comercial: o irmão de seu editor Samuel, Leonardo Glusberg, e juntos criaram

Dario Cires, o filho de Horacio, com o amigo do pai, Isidoro Escalera, trabalhando em San Ignacio, Misiones. Ao fundo, um peão desconhecido.

um livro que era a antípoda de sua obra *Os desterrados*: da concepção ao título.

A nova experiência, ou empreendimento, ia se chamar *Solo Natal*. Ao desarraigo dos personagens habituais de seus contos, sempre em trânsito, sempre fora de lugar, saía-se agora com uma noção mínima de nativismo e sentimento de pertencimento. O conceito abstrato de pátria, porém, era substituído, já no título, pelo de solo — a terra fértil onde se caminha, onde se planta.

Os textos não eram da mesma qualidade de suas outras séries infantis, mas tampouco eram sofríveis. Serviam a seu propósito e ainda traziam alguns dos traços de sua obra autoral.

Pois deu certo! O livro seria aprovado e, a partir de 1931, adotado para alunos do 4º ano das escolas argentinas. Um alívio, um respiro, uma satisfação. Mas ainda era pouco. Como a situação no Escritório Consular ia se degradando, Horacio sabia que não ia conseguir se sustentar por muito tempo no malabarismo precário de suas finanças. Era preciso partir. Pensou então numa ideia para se safar: pediu transferência de seu cargo de secretário consular em Buenos Aires para outro, o de Cônsul Uruguaio em Misiones.

Como percebeu com clareza o sagaz biógrafo Emir Rodríguez Monegal, não havia grande demanda por um cônsul uruguaio na selva do Norte, mas, ao mesmo tempo, era uma forma cordial de dar um jeito na situação, que fosse honrosa para todos os envolvidos. Para Horacio, sobretudo, era a possibilidade realizar sua vontade de regressar a San Ignacio, agora que Eglé e Darío já tinham concluído sua formação escolar, já eram adultos feitos. Economizaria o dinheiro do aluguel da casa de Vicente López e voltaria com a família, na nova configuração, para sua terra tão desejada.

María, que ficara seduzida por aquele homem de passado aventureiro, com sua biblioteca cheia de livros encadernados com estopa e couro de cobra, mostrava-se animada com a ideia de provar da vida selvagem. A selva, já familiar das conversas de Horacio, Eglé e Darío, dos contos que lera, era hora de tocá-la e saber-lhe o cheiro.

O velho Horacio, no entanto, machucado pelos fracassos do passado, falava com ceticismo ao amigo Escalera sobre a empolgação de María:

"Quanto à minha ida para aí, tudo depende do ânimo de minha mulher. Ela está louca para ir; mas eu temo que, uma vez tendo chegado, ela não se sinta à vontade. É uma garota de cidade, que ignora totalmente o que são as dificuldades. Vamos ver."[248]

Para fazer frente à possível resistência da esposa, uma vez que estivesse no país inóspito, Horacio começava a planejar uma série de melhoras na casa de San Ignacio: iria ampliar o segundo pavimento da casa de tijolo que começara a construir. Iria fazer as melhores instalações: água encanada, uma piscina, piso no chão. Talvez demorasse, mas tempo não era problema para ele. Sentia-se eterno. O que lhe faltava era o capital.

Era uma esgrima longa e delicada, cheia de lances. A própria María, em uma entrevista de meio século depois, comentaria de maneira distinta como viveu aquela expectativa de se mudar para o Norte:

"Ao refletir sobre nosso traslado a Misiones compreendi como Horacio devia se sentir depois de nosso casamento. Em geral, ninguém havia visto com bons olhos o acontecido. Pelas ruas, a figura de Horacio era muito chamativa, e quando eu estava grávida da bebê, ouvíamos a cada passo um incontável número de grosserias. Isso devia ser incômodo demais para ele e foi preciso apressar nossa partida."[249]

Tendo a generosidade do Uruguai para com Horacio diminuído tanto, o panorama já não era nada promissor. Era preciso partir. "O certo é que me pesa cada vez mais a vida urbana",[250] dizia Horacio ao amigo Escalera numa carta de 21 de julho de 1931.

A situação política argentina também se degradava: o presidente eleito, Hipólito Yrigoyen, sofrera um golpe liderado pelo General Uriburu. Havia execuções sumárias. A política local se polarizava e alguns ex-companheiros de Horacio se colocavam ao lado dos golpistas, como Manuel Gálvez e Leopoldo Lugones.

O barbudo, por sua vez, se colocava contra o regime, chegando a assinar uma carta pela libertação de Salvadora, a anarquista dona do jornal *Crítica*, que fora presa, enquanto seu marido, Natalio Botana, fora exilado ao Uruguai.

Os tempos não eram fáceis e os planos de voltar a San Ignacio tomavam contornos definitivos. Horacio escreveu então a Escalera anunciando que seu filho Darío iria ser a vanguarda do novo projeto. O jovem deveria tomar o trem a San Ignacio com o amigo Aurelio, e ambos iriam se instalar na casa da família. Eles, tão jovens, assumiam para si um plano que já fora o de Horacio ao ir ao Chaco em 1904: tornar-se produtores rurais. Milionários.

Um paciente pai, Horacio, que também já conhecia aquele roteiro, pedia com jeito a Escalera que desse uma mão para que Darío aprendesse mais sobre a lida no campo, para que se fortalecesse e ganhasse o sentido da responsabilidade.

Quanto à sua própria ida com María, era peremptório ao dizer que estava tudo decidido, mas, ao mesmo tempo, era evasivo ao tratar do prazo de permanência. Horacio queria ir a San Ignacio com María, mas não a qualquer custo. Calculava que se mudar com ela poderia significar pôr a relação a perder e, de antemão, considerava regressar com ela, caso fosse necessário:

"Além da minha decidida viagem para meados de dezembro, soma-se agora outra perspectiva mais promissora: nosso traslado para aí por tempo indeterminado, de um ano pelo menos. Refaria minha vida aí, com reconstrução da casa, bananal, galinhas etcétera. Se isto der certo, como espero, a partida será sempre para meados de dezembro, mas então ficaríamos para sempre. Eu estou exultante com essa perspectiva."[251]

Viver em Misiones, outra vez, depois de tantas tentativas frustradas, era como um renascimento e uma redenção, mas o medo do fracasso se apresentava e fazia dançarem diante de si as perspectivas: *um ano pelo menos... para sempre*.

Para que a casa de pedra pudesse receber a família aumentada, Horacio começara já em agosto a executar o projeto de reforma e expansão da propriedade. Os planos avançam com a obtenção, para dezembro, da sua transferência como Cônsul Uruguaio em Misiones.

Era preciso acreditar que as coisas dariam certo. A verdade é que as portas em Buenos Aires se fechavam, e temia que sua relação com María não sobrevivesse em San Ignacio. Se o casamento fracassasse na selva, intimamente ele já sabia: não tinha para onde regressar.

Um pouco aflito com esses pensamentos, um dia, enquanto dirigia seu Ford Bigode pelas ruas de Buenos Aires, Horacio terminou perdendo o controle da direção e capotou. No acidente, feriu uma das piores parte do corpo para um escritor: a mão direita. Não se machucou muito, é verdade, mas o apavorou a ideia de perder alguns dedos da mão direita.

O restabelecimento estava sendo longo e penoso. Foram meses de imobilização e, depois disso, sua mão recusava-se a responder-lhe. Os movimentos não regressaram como seria esperado. Horacio não conseguia escrever. Se com o braço imobilizado podia aceitar esse anátema, que lhe impunha ter paciência, depois a coisa mudou de figura: ter o braço à disposição, mas sabê-lo débil, assombrava-o. Suas mãos se recusavam a segurar uma caneta e escrever como se deve. Não sabia o que fazer.

A fisioterapia dava resultados muito lentos, e só depois de muito tempo conseguiu ir traçando alguns garranchos. Foi um ano longo de tormentas, sem literatura e sem o dinheiro que ela lhe garantia. Felizmente, logo os dedos, por onde tantos textos já haviam passado, começaram a dar respostas mais satisfatórias:

"Felizmente estou nesses últimos dias com a mão bastante melhor. Acho que para o fim de dezembro terei recobrado já algum movimento e poderei partir. (...) A abençoada mão me custa, entre tratamentos e suspensão de escrever, em torno de oitocentos pesos."[252]

Não conseguia se mover a contento, nem cuidar de si, nem podia mudar de cidade quanto lhe aprouvesse, nem escrever um parágrafo quando um conto lhe surgisse à cabeça. Estava limitado e dependente dos outros.

Ir a San Ignacio, apesar de tudo, continuava sendo uma esperança, algo utópica, de voltar a uma vida digna:

"O curioso é que quando estiver por aí ficarei bem folgado de dinheiro com meu salário."[253]

Um ano inteiro sem publicar uma única linha. A única novidade literária era um texto que já estava escrito antes do capotamento, "Uma cobra cascavel". Para que viesse o próximo conto, uma série de condições precisou se cumprir: recuperar os movimentos, mudar-se e instalar-se em Misiones. Nada disso aconteceu antes do fim de 1932, quando, nas páginas de *La Nación*, apareceu um texto que, de tão literal, dispensava comentários — "O regresso à selva".

O regresso

Para quem vive do escreve, para quem escreve o que vive, foi preciso todo um ano em San Ignacio para escrever o relato da volta. A caravana do amor aportara naquelas terras nos primeiros dias de 1932, mais precisamente no dia 10 de janeiro, o que significava dizer que Horacio, María e Pitoca se despediram da capital argentina com os festejos de fim de ano, sem saber se ou quando regressariam a Buenos Aires.

Daquela vez era particularmente definitivo para Horacio: estava com cinquenta e três anos de idade recém-completados, tinha as mãos atrofiadas e já sabia da quantidade de marcas que um movimento em falso na vida, uma escolha radical, lhe causavam.

Quando viu publicado, quase um ano depois, "O regresso à selva", pensou que aquele conto poderia nunca ter existido. Era sua primeira narração depois de muito tempo. Escrevera sua própria experiência, sem muitos véus, sem muita mediação. O texto, enfim, tinha um caráter inusual de crônica. Sua história tal e qual acontecera: o homem que regressa à selva missioneira, depois de quinze anos, com a esposa e a filha. O homem que tem a mão ferida, algo

Maria Elena Bravo e a filha Pitoca em San Ignacio, no bambuzal ao redor da casa

que o impede de escrever, mas não de matar uma jararacuçu que rondava a casa para o espanto da mulher. O homem que se lança sobre a cobra e a elimina.

Ao fim do extermínio, todos percebem que a serpente estava grávida: vários filhotes que lhe saem do ventre. O espanto se multiplica. A predadora se transforma, por um instante, numa mãe — como ela mesma — mas a sinistra prole que sai de sua barriga renova e multiplica o pavor de María Elena. A jovem não sabe o que sente. A fronteira entre os contos de Horacio lidos e vividos agora se apaga, de forma que a realidade se torna vertiginosa. Avista no horizonte o Paraná. O chão lhe escapa. María não pode se conter. Impressionada com a força do marido ao matar a cobra, sabe que vive um conto de Horacio Quiroga, mas não entende qual é seu lugar nele. E tampouco sabe como vai terminar.

Começava assim o relato do escritor:

"Depois de quinze anos de vida urbana, bem ou mal suportada, o homem regressa à selva. Seu modo de ser, de pensar e de agir, unem-no indissoluvelmente a ela. Um dia deixara a mata com a mesma violência o reintegra hoje a ela. Pagou sua dívida com seus sentimentos paternos e com sua arte: nada deve. Volta, portanto, para buscar na vida sem travas da natureza o livre jogo de sua liberdade constitutiva."[254]

Não era mais um conto como os de antes, era híbrido entre o depoimento e a narrativa. Porque ele, Horacio, estava muito mudado: já não podia escrever, como das outras vezes, sobre as mulheres de Misiones — como em *Passado Amor* — nem já sobre seus homens — de *Os desterrados*: os peões explorados, fossem índios ou brasileiros, já não eram novidade para ele. Ele já havia escrito todos aqueles relatos.

Quem mais o estranhava naquele momento era ele mesmo e a insondável natureza que o rodeava. As pessoas então o interessavam menos do que nunca. As odisseias pessoais, depois de ter já vivido parte importante da sua, não mais o levavam a querer escrever. Estava inaugurando suas crônicas selvagens. Ia chamá-las de *Croquis da mata*.

A mata seria a protagonista de seus quadros vivos: Horacio já podia narrar as aventuras da flora ancestral, da fauna e até mesmo uma lata de gasolina.

Se ele apurasse os ouvidos, podia ouvir o som das pedras crescendo, se aguçasse o olfato, ia sentir o cheiro de dinossauros ancestrais em pequenas folhas de ginkgo biloba.

"O regresso à selva" expunha, mais de uma vez, a dúvida que acossava tanto seu protagonista quanto o seu escritor: não sabia se a esposa e a filha iriam se adaptar à vida brava. Não queria em sua vida outro conflito de amor e morte, como o que pôs fim à vida de Ana María. Estava feliz e pleno por voltar à selva, mas o medo o acossava.

"Nós — ou quase todos nós — éramos há muito tempo iniciados no ambiente tropical. Nenhuma novidade podíamos esperar da mudança de vida, já muito conhecida nossa. Mas minha jovem esposa e sua tenra filha estavam abrindo pela primeira vez os olhos para o sol de Misiones. Podia esperar tudo em tão pobres condições para a luta, menos o perfeito equilíbrio demonstrado tanto por uma quanto pela outra diante das constantes do novo país. Mãe e filha pareciam desfrutar de uma longa e cuidadosa imunização, que talvez os laços de sangue e afeto explicassem em grande medida."[255]

Horacio não sabia quanto os amores suportam, e mesmo sua pergunta lançada, sob o véu transparente daquela página literária, ocultava num plural majestático que queria despistar o leitor da revoada de medos que o acossavam. Por quanto tempo o amor poderia suportar a adversidade autoimposta?

A cena das cobras trazia o maior dos choques entre a vida burguesa urbana e a economia da vida na selva. Naqueles tempos, os predadores eram eliminados — cobras, onças e outros mais que colocassem a vida das pessoas em risco. E tampouco era estranho que a família estivesse presente naquele momento. A caçada era comunitária, fazia parte da economia familiar. O próprio narrador não escondia a curiosidade por saber qual seria a reação de sua esposa, em sua iniciação a seus rituais:

"Devo advertir que minha esposa nunca tinha visto uma cobra. Para ela, como para todas as pessoas urbanizadas, aquele animalzinho era o símbolo do perigo tropical. Interessava-me, pois, assistir à reação que a tal cobra, pequena ou monstruosa, iria despertar em minha mulher."[256]

Meio século depois, a María Elena que a presenciara, não a personagem do conto, ainda se lembrava da cena e a narraria com cores vivas aquela longínqua tarde em que dera seu primeiro e mais decisivo passo para a vida selvagem:

"Ao chegar pela primeira vez a Misiones e ver o desastre em que se havia transformado tudo aquilo, Horacio me propôs que déssemos uma volta nas proximidades da casa. (...) Ao pé de uma grande árvore, em um extremo da meseta, Horacio matou de golpe uma jararaca que tinha vinte e três filhotes a ponto de nascer. Até aquele momento, eu nunca tinha visto uma cobra."[257]

A cobra literária fora morta com um golpe de bambu do narrador, após ser erguida no ar pelo filho do protagonista, na presença da esposa e da filha. Depois, a serpente foi dissecada, para que o couro pudesse servir para decorar as paredes da casa, ou adornar bolsas, livros, carteiras. Da dissecação advém a cena perturbadora, ainda mais do que o surgimento repentino — e esperado — da cobra no mato: a fêmea estava prenha. Para Horacio, assim como era preciso exibir tudo aquilo à mulher, era preciso também narrar com detalhes a dissecação para os leitores da cidade. Era seu pacto com a natureza, mantê-la viva aos olhos da gente urbana:

"Lá, envoltas ainda em uma tênue tela que era tudo quanto restava do ovo original, revolviam-se no seio materno vinte e três jararacas a ponto de nascer. Algumas delas abriam a boca ao ser solicitadas, prontas para morder e para matar. Eram vinte e três, todas iguais, pois as medidas tomadas coincidiram de 29 a 30 centímetros para cada uma. (...) Hoje, a extensa prole repousa em um grande frasco de álcool, a cuja concavidade seus lisos corpos se ajustaram docemente."[258]

A cena era onírica: após matar o imenso animal, o medo se multiplicava. O ato heroico de exterminar a grande jararaca precisou ser replicado vinte e três vezes, com cada uma das várias cobras que se moviam pelo chão, espalhando-se. Exterminar parcimoniosamente toda a prole. Para isso já não havia heroísmo, era apenas uma etapa a cumprir. O ovo da serpente se manifestando em toda sua imensa literalidade.

O narrador de Horacio respirou aliviado. Ele concluiu que as provas haviam sido vencidas. Que a esposa finalmente estava iniciada naquele duro ambiente:

"Voltamos satisfeitos para casa, pois um atraso de breves horas em surpreender a jararaca mãe teria nos infestado com vinte e quatro cobras essa parte da mata que nos serve de parque. Minha mulher se mostrava também satisfeita pela tranquilidade com que havia resistido a seu primeiro embate na selva, não obstante ser aquele réptil, segundo creio, o primeiro que via na vida. Quanto a mim, regressava com a alma plena de paz. A seca e a cobra tinham posto finalmente seu selo definitivo em minha recobrada saúde."[259]

A imagem da matança ficara, no entanto, impressa na alma de María. Ela descobrira inapelavelmente que já não estava em Buenos Aires, nem em Vicente López, que estava — em definitivo — a demasiados dias de viagem do que era até então sua vida. María se perguntava, sigilosamente, se aquela viagem teria retorno e, ao menos naquele momento, não sabia o que responder. Respirava fundo e olhava resignada para sua nova vida missioneira.

CAPÍTULO 17

Todas as folhas são do vento

O homem que aportara, convalescente, a mão paralisada, em San Ignacio nos primeiros dias de 1932, era um homem cansado. Proletário da escrita, sua vida vinha sendo, até então, uma lida frenética de produzir textos a todo custo — contos, folhetins, crônicas de cinema, biografias, textos infantis, críticas literárias — para garantir parte do sustento.

Horacio precisava descansar. O dinheiro deveria render, multiplicar-se e ser suficiente para a vida em San Ignacio. O amigo Glusberg, que transformara a *Revista Babel* em *La Vida Literaria* — onde Horacio publicara com certa frequência textos sobre figuras tão diversas como José Carlos Mariátegui, Xul Solar e William Henry Hudson —, desistira do projeto. Pela primeira vez, Horacio não queria — e praticamente não podia — publicar.

Precisava, sim, deitar os olhos numa paisagem sem verbo e poupar-se do dizer. Havia agora outros mais jovens que lhe ocupavam o posto na grande cidade: Roberto Arlt, que o admirava sem ser seu conhecido, estreara no romance em 1926, no ano de seu auge, e já vinha trabalhando como cronista policial do jornal *Crítica*; aquele rapaz de produção incessante publicava por aqueles dias uma infindável série de crônicas de costume chamadas água-fortes portenhas, encadeadas a outros tantos contos, peças de teatro, romances e finalmente crônicas de viagem e política, que iam inundando as páginas de jornais e revistas da capital.

Naquele momento da vida, as orquídeas já interessavam mais a Horacio do que os personagens de San Ignacio:

"Ao percorrer meu arquivo literário, contabilizei cento e oito histórias editadas, e sessenta e duas deixadas de lado. A soma é de cento e sessenta contos, o que é uma enormidade para um homem só. Inclua algo como o dobro de artigos mais ou menos literários e você há de convir que tenho o direito de não querer escrever mais. Se em tal quantidade de páginas não disse o que eu queria, já não é tempo de dizer. É assim."[260]

De mãos feridas e fatigadas, Horacio é o homem que se recusa a continuar escrevendo. Se então se recusavam ao ofício literário, estavam ainda ativas para matar cobras, reformar sua casa de pedra, construir a pequena piscina que seria para sua filha, remar, plantar e roçar. Isso sim. A vida cobrava outro sentido para aquele homem que aos cinquenta e três anos já se considerava um pouco velho para os enroscos da arte e da vida editorial.

Enquanto Horacio ia pensando em parar, diante dele o vigor, a beleza e a juventude da esposa que escolhera para acompanhá-lo na jornada de regresso ao Norte clamavam por movimento. No começo, nada disso fora obstáculo. O casal vivia bem, e ao longo de todo aquele ano de 1932 ela não escrevera uma linha sequer aos amigos de Buenos Aires ou Salto, a não ser para convidá-los a passar uma temporada na selva. San Ignacio era o lugar para estar.

De fato, pela primeira vez em tanto tempo não havia nada a ser contado e, ao mesmo tempo, havia paz. A natureza, a presença de María Elena e de Pitoca, as muitas tarefas de manutenção do sítio, a renda que vinha da modesta plantação de mate, somada ao rendimento consular, tudo isso interessava a Horacio, ocupava seu tempo e lhe bastava.

María, a seu lado, experimentava aqueles primeiros meses de felicidade conjugal como umas longas férias num país exótico. Tudo era novo: dormir e acordar em meio à mata, ter só para si o marido, sem ter de dividi-lo com as demandas da vida social e profissional — embora, também, sem as idas ao cinema, ao teatro, aos concertos. Descobrira como era navegar pelo rio Paraná e via a felicidade de Pitoca correndo em meio ao pomar.

Ao fim do primeiro ano, porém, a reiteração do mesmo e a ausência das amigas começava a pesar, a não ser pela presença incidental de Eglé. Era bom ter um rosto familiar de sua vida anterior, apesar de a amizade de ambas ter perdido muito do viço e da confiança depois que a amiga íntima se tornara sua afilhada.

Paulatinamente, a vida com Horacio, cujo humor variava da doçura ao mutismo com velocidade notável, ia se tornando menos atraente para ela. O casal, que sempre se deu tão bem, começava a acusar certo desgaste. A falta de um horizonte comum, a ausência da vida urbana e a diferença de idade inventaram de se impôr.

Um dia, depois de uma discussão, a mais dura que já tiveram, Horacio entrou no seu Ford com rumo incerto. María vinha falando da possibilidade de passarem juntos uma temporada em Buenos Aires, que ela sentia falta do pai, da irmã, da cidade. Que estava sozinha e morrendo de tédio em Misiones. Que não era justo não terem o direito de voltar à vida normal de vez em quando. Horacio retrucava, impaciente, dizendo que ela não entendia que não era assim tão simples, que não tinham dinheiro, que a renda deles não valeria em Buenos Aires o que valia em San Ignacio. Que ela não podia ser tão egoísta. Que precisava entender. Isso por minutos a fio.

Farto da conversa sem fim e já sem qualquer paciência, Horacio bateu a porta e deixou-a falando sozinha. Quase explodindo de indignação, cansaço e tédio, María Elena pegou a filha pelo braço e foi com ela ao porto tomar o primeiro vapor de volta à capital, sem avisar, sem arrependimento e quase sem malas também. Precisava de movimento.

Ao retornar, Horacio acusou o golpe: deparar a casa vazia era estranho, porque o remetia a seus piores momentos em San Ignacio — o silêncio terrível do ano após a morte de Ana María, o sem sentido lançado sobre todas as coisas. O que María lhe oferecera, sem saber, era uma pequena fenda num inferno que ele julgava já soterrado e frio, quase inexistente. Não. Ardia ainda.

Respirou fundo, baixou a guarda e se sentou para escrever à esposa. Com a caligrafia atormentada, queria repor sua presença, dirigir-se a ela como se ela estivesse ali, como se não tivessem se ofendido daquele jeito, como se a fibra do sonho não estivesse aparentemente esgarçada para sempre:

"Querida Mariuchita: sem esperar carta sua, começo esta para ir te contando dia a dia minha vida. O certo é que quando corria no carro para cá, achei que ia te encontrar. Mas coisa muito dura foi encontrar sua cama vazia, idem a da menina e o ar geral de abandono e ausência dessas ocasiões. Para piorar, Jorge me diz que não se dera conta de nossa ausência. 'Parecia que a casa estava sozinha'. E o frio, Mariuchita, a solidão. Enfim, agora me ponho a pensar que, cedo ou tarde, vou lhe ver de novo."[261]

A carta era longa, e a hora e meia em que a escreve fez com estivesse novamente em contato com María. Algum conforto. Horacio suspirou novamente. Queria se convencer de que ela voltaria. Se amavam, é certo. Foi só uma crise. Ela ia voltar.

María efetivamente voltou, trouxe Pitoca. Mas algo tinha mudado. Os dois sabiam que agora seria assim: ela poderia se ausentar. Era uma conquista dela. Sua autonomia de mulher dos anos trinta. Aquele seria então o novo contrato do casal: passar as temporadas que quisesse com sua família, em Buenos Aires ou Montevidéu. As ausências dela, dali por diante, não seriam raras. Era a forma de manter viva a relação.

María recusava o lugar de mulher submissa que Ana María aceitara sem grandes problemas duas décadas antes. As temporadas que passaria em Buenos Aires não seriam apenas para ficar com a família, mas também para agenciar Horacio, resolvendo problemas que por carta ele certamente não solucionaria com a mesma eficácia. Ele, algo atônito, contava aos amigos da nova situação, como a façanha de María de contatar com sucesso um editor e livreiro que poderia alavancar as vendas de seu livro escolar, *Solo Natal*:

"Minha mulher, que andou por este verão em Buenos Aires, encontrou um jeito de entrar em contato com Perotti."[262]

Nem todo mundo, aliás, bem poucos, conseguiam entender a nova configuração do casamento de Horacio. E não foram poucos os outros amigos de Salto a dedicar a María palavras pouco generosas, duras até, sem qualquer constrangimento de julgar aquela mulher que se atrevera ao exercício de ampla autonomia.

Ergueram-se Delgado e Brignole num coro trágico que atravessa os tempos, nas páginas de sua biografia, sintetizado numa cantilena os anátemas contra María:

"Seu amor por Quiroga provinha, sem ser falso, mais dos atributos que do essencial, ela era uma boa garotinha que, sugestionada pela vaidade, tinha se agarrado a um Hércules literário, jovem deslumbrada que era. Nenhuma de suas Marías havia chegado a compreendê-lo e a última, sem dúvida, menos do que qualquer outra. Depois de anos de prova, María Elena passará a ser tão somente um problema cuja solução encarará com serena frieza."[263]

Queimada na fogueira verbal dos amigos juvenis do marido, María já fora antecipadamente julgada e condenada. Horacio, diferentemente deles, sabia que sempre era possível começar outra vez e tentar fazer as coisas de outro modo. Seus contos narraram fracassos célebres nos quais a tenacidade dos protagonistas sempre fora o ponto alto. Como eles, tampouco Horacio era dos que desistiam fácil. Alguns, inclusive, o tinham por obstinado.

As batatas queimam

O tempo corria de outro modo na selva do Norte. Não era o ritmo do fechamento das edições dos jornais da cidade. Podia-se sempre tentar fazer as coisas de outro modo. E a atípica família de Horacio bem que tentara. Horacio, María Elena, Darío e Eglé se esforçaram para fazer a vida funcionar a seu modo.

Os primeiros anos do regresso, por parte de Horacio, foram o período de transformar a terra missioneira cada vez mais em solo fértil para a produção de mate, cana, amendoim e laranjas — para serem revendidos ou *in natura* ou sob a forma de melado, doce de amendoim e licor de laranja. Horacio mandava amostras aos amigos, para "azeitar e adoçar seus amores",[264] como disse em carta ao editor César Tiempo. Quando não, vendia os produtos, conseguindo por vezes ganhos razoáveis. Ao mesmo tempo, dedicava-se com afinco a deixar a casa mais habitável para a família e também para os amigos que, por vezes, vinham visitá-lo: as novas flores plantadas atraíam pássaros e a primavera era a época, sem dúvida, de maior beleza da meseta missioneira.

Eglé, na sua condição de duplamente traída, pelo pai e pela amiga, na exuberância discreta dos seus vinte e poucos anos, mal encontrava na limitada oferta local de homens casadoiros alguém com quem se relacionar. Acabou encontrando um certo Jorge, de família francesa como a de sua mãe, um Lenoble, chacareiro vizinho da casa missioneira. Jorge não a atraía muito, mas não era de todo desinteressante, estava disponível e tinha um olhar generoso para ela. Pois o chacareiro francês cercou-a, flertou, insistiu e não foi completamente desagradável. Horacio também não o achou mal de todo. Eglé decidiu conformar-se com ele, para ver onde aquilo poderia dar. Decidiram casar-se no final de 1933.

Darío, por sua vez, hipersensível e voluntarioso, continuava investindo em seguir os passos de Horacio: escrevia sigilosamente alguns textos literários que, vez por outra, temeroso, mostrava para o pai. Seus comentários eram lacônicos e por vezes positivos: deveria continuar insistindo, seu texto não era mal. Enquanto não se tornava um gênio das letras, o rapaz continuava cuidando de seus afazeres de peão, administrador e pioneiro rural, já sem acreditar, no entanto, que o futuro pudesse lhe reservar grande coisa como fazendeiro. Ser rico ou ser ou ser grande escritor já não eram opções tão possíveis quanto ele vinha acalentando. Queria mesmo, no fim das contas, ser melhor que o pai naquilo que o pai era, segundo ele mesmo entendia, insuperável.

María Elena se inquietava e desgastava entre os afazeres para cuidar de Pitoca, o humor instável de Horacio e o desejo de estar novamente em Buenos Aires. Suas saudades da capital eram espaciais, mas também temporais. Não era só a vontade de mudar de lugar que a mobilizava, mas também de condição. Queria poder novamente desfrutar do orgulho de ser a mulher do maior escritor da Argentina. Em San Ignacio as pessoas mal sabiam ler. Tudo era tédio e falta de movimento.

Horacio, que chegara contente e apreensivo a San Ignacio, começava mais a sofrer do que aproveitar aqueles novos dias. Todos em torno a ele pareciam se esforçar para caber num sonho alheio, e as abóboras próprias resistiam a se acomodar em carroça alheia. Ter mudado a San Ignacio abalava de um modo diverso a vida de cada um da família. Não dava para saber até onde iam aguentar.

Não bastasse a complexidade da vida na casa, também a política do Cone Sul, a despeito de estarem tão longe de centros como Montevidéu e Buenos Aires, não os eximia de sofrer uns impensáveis reveses. Assim como a Argentina sofrera um golpe poucos anos antes, com a chegada ao poder do Coronel Uriburu, também o Uruguai, em 31 de março de 1933, passara por seu próprio golpe de Estado: o presidente Baltasar Brum, alinhado aos influentes amigos de Horacio, depois de resistir à tomada do poder pelos golpistas com revólver em punho, terminara se suicidando na porta de casa. Preferira a morte à capitulação.

Horacio amargaria as consequências daquela morte meses depois: em abril do ano seguinte, quando o governo uruguaio não hesitaria em declará-lo cessante, fazendo com que perdesse o direito a seu posto e a seu salário de cônsul. Mais uma vez, depois de tantos tombos, ele se via na iminência de ficar novamente sem dinheiro e com o futuro incerto. Tudo desabando lenta e insidiosamente.

No desespero da virtual miséria, na distância da selva, Horacio tentava lançar pelo correio seus pedidos de socorro. Mirava então dois alvos: conseguir, com o apoio de seus amigos uruguaios e argentinos, um modo de recobrar o posto consular; como isso talvez demorasse, tentava também voltar a publicar nas revistas e jornais de Buenos Aires, para garantir a subsistência. De volta à literatura, pois.

Aquilo que estava vivendo, sabia de maneira dolorosamente certa, não era mais seu auge como escritor. Longe de Buenos Aires, longe de 1926, sua palavra valia menos. Os meninos de *Martín Fierro* e *Proa* haviam crescido e se espalhado pelas redações dos grandes jornais e revistas portenhas.

Muitos de seus velhos amigos, como ele próprio, já se movimentavam rumo à aposentadoria. Assim, Horacio precisava, como nunca, de gente atuante e disposta a apoiá-lo nos bastidores, apesar de ele já não ter o brilho do reconhecimento público — salvaguarda diante das intempéries — ou a proximidade que mantinha as relações ativas.

A situação era delicada. Quem tomaria partido por ele, nas revistas ou nos bastidores da política, era coisa que ele sigilosamente se perguntava a si mesmo, a cada carta enviada. As respostas, porém, não tardaram a vir.

A Sociedade Argentina de Escritores — SADE — que ele ajudara a criar, saiu em sua defesa com uma carta dirigida ao novo presidente do Uruguai, o golpista Gabriel Terra. A carta vinha assinada por Roberto Giusti — o editor da revista *Nosotros* a quem Horacio conhecia de longa data —, mas também por Arturo Cerrentani e por seu amigo fraterno daqueles últimos anos, César Tiempo. Os três, em nome da SADE, solicitavam textualmente a Terra:

"Presidente, reveja uma resolução tomada, sem dúvida, porque o acúmulo das tarefas que absorvem a atenção da Chancelaria não o permitira reparar na pessoa que sofre com ela: o Senhor Horacio Quiroga, autor de admiráveis livros que vossa excelência conhece. Este escritor de raça, qualificado como o primeiro entre os contistas de nossa América, foi despojado de uma representação consular que honrava de igual modo tanto a ele quanto à sua pátria."[265]

É uma honra, senhor presidente, ter um escritor em seu corpo consular, mesmo que ele se recuse a bater à máquina. Mesmo que ele seja arisco. Na falta de uma política de estado para os artistas, ao menos acolha-o no erário. Isso eles não diziam, embora o desejassem. O que, sim, quiseram e puderam falar foi que, se Horacio quisesse, teria assumido a cidadania argentina, mas preferira, no entanto, "manter-se, em sua digna pobreza, fiel à sua terra".[266] Cabia a ele, o golpista, o usurpador do poder, nada menos do que retribuir essa suposta fidelidade pátria.

Era a carta possível, escrita contra o discurso da moralidade, que tornava Horacio um verme que se aproveitava do Estado, um escritor soberbo que sequer escrevia sobre o Uruguai, mas sobre os rincões esquecidos da banda ocidental do Rio da Prata. A carta possível, no entanto, não obteve sucesso.

Horacio ficou sem emprego, sem salário e quase sem horizontes. Só lhe restou a cartada final, dar entrada num pedido de aposentadoria, e para essa missão encarregou o advogado e amigo Asdrúbal Delgado.

Enquanto esperava que a situação se resolvesse de alguma forma, voltava-se a seu segundo alvo: a imprensa portenha. Precisava de alguém que tornasse a publicar seus contos, mas nem isso seria fácil. O amigo e editor Luis Pardo, que lhe abrira portas da *Caras y Caretas*, *Fray Mocho* e outros veículos do grupo, que lhe permitira ser Aquilino Delagoa sempre que necessário, morrera em fevereiro de 1934, pondo fim à colaboração de décadas.

Sem aqueles que sempre olhavam por ele, Horacio passou a enfrentar um corredor de recusas. O escritor Eduardo Mallea, que pertencera ao grupo da revista *Martín Fierro*, tornara-se, desde 1931, responsável pela página cultural de *La Nación*, exercendo "uma suave ditadura sobre as letras argentinas"[267] e, claro, representava um enorme obstáculo para que Horacio continuasse publicando naquele jornal.

O único texto que Horacio publicara por aqueles anos fora o conto "As moscas", em *El Hogar*, na edição de 7 de julho de 1933. Estava difícil. Estava muito difícil.

A derradeira esperança editorial de Horacio era seu conterrâneo Natalio Botana, dono do jornal *Crítica*, que chegara a lhe oferecer a possibilidade de publicar um texto por mês, a um valor bem mais baixo em relação àqueles a que ele se acostumara em seus tempos áureos. Para atender à demanda, ele planejou publicar uma série de crônicas híbridas, algo entre o narrativo e descritivo, que tinha por cenário o único do lugar do mundo que então lhe importa: Misiones. Eram os textos que começara a conceber assim que retornada a San Ignacio, os *Croquis da mata*. Assim, entre novembro de 1934 e janeiro de 1935, apareceram no jornal de Botana "A guarda noturna", "Tempestade no vazio" e "A lata de gasolina".

Não foi o bastante, mas serviu ao menos para lhe despertar um sorriso amargo e algo resignado, com a possibilidade de retornar ao circuito literário: "*Crítica* me paga cem pesos — foi o que eu pedi. A mesma coisa em *El Hogar*, a mesma coisa em *La Prensa*, com quem acabo de me acertar, ao mesmo valor. Tarifa de puta um pouco velha, como você pode ver. Mas o certo é que eu chamo isso de relato ou o que quer que seja isso, mas não conto."[268]

O vento quase promissor logo se amainou, fez-se brisa e logo ar imóvel. As revistas queriam o escritor que ele fora, não o escritor que ele era. Seus quadros imóveis, formalmente ousados, não agradavam. *Crítica* logo deixaria de publicá-los. Para piorar a situação, pedia-lhe que as futuras colaborações tivessem o dobro do tamanho, não mais mil, mas duas mil palavras. Horacio, claro, disse que não havia problema, desde que lhe pagassem o dobro pelo novo pedido. Instalado o impasse, interrompido o diálogo, já não voltou a publicar lá.

Ocorreu-lhe pedir socorro a César Tiempo, o presidente da Sociedade Argentina de Escritores, para que intercedesse junto ao jornal, a fim de, ao menos, resgatar os originais de seu texto "Seu cheiro de dinossauro", que empoeirava sobre alguma mesa esquecida, na longínqua redação de *Crítica*.

Bem que tentou, mas *El Diario* também não o quis como colaborador. Teve de contentar-se com *El Hogar* e *La Prensa*. Era tempo de mandar cartas, pedidos desesperados aos amigos da SADE, do Uruguai, das revistas, dos jornais. Tudo era dificuldade, silêncio, promessas vagas ou indiferença. Sempre que o cenário mudava ninguém lembrava de avisá-lo.

Era a velhice chegando. Ter que pedir aposentadoria colocava diante de si o termo de uma trajetória profissional. Naquele momento, como nunca antes, sua nacionalidade vinha à tona: o movimento, o desarraigo e o desterro sempre caracterizaram seus personagens da selva. Quanto a ele, adotara "o país" Misiones como sua pátria, mas era, na verdade, um escritor uruguaio na Argentina. Já percebera há algum tempo que isso o tornava um estrangeiro nas duas bandas do Rio da Prata.

Ele se exilara, mais ou menos voluntariamente, depois de ter matado seu amigo Federico Ferrando. Com isso seu histórico de poeta decadente ficava no passado. Jornais brasileiros e não poucos argentinos o chamavam de "escritor argentino". Na Sociedade Argentina de Escritores, que ele ajudara a fundar, era inequívoca, em cada petição ao governo uruguaio Tempo, Giusti e outros evocavam como argumento sua nacionalidade oriental. Era fundamental para Horacio tanger e recuperar cada oculta fibra da sua nacionalidade uruguaia, se quisesse de fato se aposentar, se quisesse ter um pouco de descanso.

Tinha que lidar com seu exílio, com seus fantasmas da banda oriental. Não lhe saía da cabeça o susto quando, poucos anos antes, o influente crítico literário de seu país natal, Alberto Zum Felde, em seu *Proceso Intelectual de Uruguay*, de 1930, recusara-se a analisar sua obra posterior a 1901 por entender que ela se construíra na argentina: "radicado desde então na Argentina, e vinculado a seu ambiente literário de uma forma tal que em crônicas e críticas referem-se a ele como argentino — e tendo ele aceitado tal cidadania intelectual —, sua obra e sua personalidade não pertencem mais à história de nossas letras".[269]

Aquele violento desterro numa obra tão importante tinha assombrado Horacio. Era preciso voltar-se sobre os passos perdidos. Alcançar alguma síntese que o acomodasse em relação às muitas idas e vindas de sua vida até então.

Em meio a tais cavilações, o olhar de Horacio perdeu-se sobre o azul da capa de um livro sobre a mesa. Sob o título e o autor da obra, linhas brancas, sutis, ao modo de uma tela de radar, desenhavam-se círculos concêntricos emitidos a partir de dois polos irradiadores, acompanhados do nome das duas capitais do Rio da Prata. O ponto de convergência era a própria capa. Não tivera nunca muita relação com o autor, Carlos Vaz Ferreira, filósofo, nem com sua irmã, a poeta e pianista María Eugenia Vaz Ferreira, ambos de Montevidéu. O que prendia sua atenção não era propriamente o autor, nem o título, *Sobre feminismo*, mas o conceito e a ideia da editora: *Edições da Sociedade Amigos do Livro Riopratense. Montevidéu-Buenos Aires.*

Pegou o livro, que antes não tinha capturado sua atenção como naquele preciso momento. Fora enviado por César Tiempo. O amigo comentara sobre a editora e inclusive o convidara a preparar um volume para ela. Horacio, então, não dera muita atenção. O livro que tinha em mãos era o primeiro volume da coleção da editora, e podia ser comprado por assinatura. Assim, garantia-se ao leitor que "se cumpre pela primeira vez na história do livro rio-platense o milagre de passar o dinheiro do leitor às mãos do autor, como retribuição legítima — sempre escamoteada, sempre reduzida, sempre menosprezada — pelo esforço de seu pensamento".[270]

Sim, topara com o óbvio. Tinha que estar naquela coleção. Era sua chance de reconstruir sua trajetória e também uma forma de conseguir algum dinheiro. Tinha contos de muitos anos, que terminaram ficando de lado, que nunca mais reapareceram depois da primeira publicação na imprensa. Poderia fazer outro livro temático, como *Os desterrados*, com a síntese do terror e do insólito que perpassaram toda a trajetória.

César Tiempo, sempre ele, seu bastião daqueles últimos tempos, deveria ser seu novo editor. Horacio viu-se animado, tanto com a editora quanto com o editor. Editar um livro seu com César seria inclusive uma forma de pagar a ele pelas diligências junto ao governo uruguaio. Escreveu sem demora:

"Deixo em suas poderosas mãos este lamentável assunto. Tudo se paga: tenho pronto um livro para sua editora, cuja existência eu ignorava. (...) Com grande prazer retribuo minimamente sua galhardia em relação a mim, oferecendo a você a edição de *Além*, coletânea de relatos de atmosfera alucinada, algo mais que da senhorita Callandrelli. São de oito a dez contos, a maior parte breves. Na verdade, é só o que me resta de tanto escrever. Tal livro cairá como uma luva para sua editora e seu nome, pois eu sou o perfeito rioplatense."[271]

Perfeito. Passaria de desterrado a binacional. De novo com as cooperativas: o mar é revoltoso, mesmo para um peixe grande como até há pouco tempo ele havia sido. Recorrer a César Tiempo era poder mostrar sua gratidão àquele homem que se preocupava com ele e que, como editor, tinha criado uma cooperativa editorial como forma de afrontar a crise política e a crise editorial advinda dela, naqueles anos de regime de exceção.[272]

Estava decidido: o livro iria existir e seria publicado naquele mesmo ano. Fora com a nacionalidade! Ser rioplatense é definitivamente a ideia que mais agrada Horacio, como se, de repente, houvesse encontrado, como sempre buscara, o adjetivo preciso:

"Concurso nacional: por que vocês, da Rioplatense, não patrocinam a rioplatinidade absoluta na literatura e seu respectivo prêmio: estando, como vocês estão, em Montevidéu, disponíveis sentimentalmente a isso, é chegado o momento de testar o sentimento fraternal. Para mim seria conveniente, e também a você, pois não lhe faltam candidatos entre seus editados. Pense nisso."[273]

O homem que escrevera contos com títulos como "Os imigrantes" e livros como *O Selvagem*, *O Deserto*, *Os Desterrados*; o homem para quem os adjetivos de pertencimento só serviam para a literatura infantil — *Solo Natal* — tirava inesperadamente da manga um orgulho forjado na maturidade, o de ser de algum lugar, com a imensidão de um rio largo, com as diferenças intransponíveis de suas distantes margens. Um lugar para chamar de seu, em sua heterogeneidade, em sua divisão.

A conjunção produziu efeitos. César convenceu Alberto Zum Felde, que era do comitê consultivo da cooperativa, a prefaciar *Além*. Com aquele texto introdutório no livro que devolvia Horacio às letras uruguaias, sem para isso retirá-lo das argentinas, reparava-se em algo: os danos do estreito pensamento nacionalista, então em voga. Verdadeiro acerto de contas com suas origens literárias, *Além* queria ser um fecho digno a uma trajetória de errância. Horacio estava exultante.

Entretanto, ao cair nas mãos dos críticos, a síntese, o repertório, a linguagem, tudo seria recusado. O olhar poderia avançar no tempo, para vinte, trinta anos depois, e as palavras ainda assim não seriam generosas. Os maiores críticos do escritor, das duas bandas do Rio da Prata, reprovavam-no pelo livro, lançando sobre ele um anátema anacrônico, que queria alcançá-lo do mundo dos mortos e explicar a ele que foi um erro a sua decisão tomada no já distante ano de 1935.

Na margem argentina, no fim dos anos cinquenta, o professor Noé Jitrik foi lapidar:

"A publicação de *Além* (reunião de contos velhos) significa um retrocesso, uma volta ao patetismo fantasmagórico que ainda subsiste nos *Contos de amor de loucura e de morte.*"[274]

Uma década depois, na banda uruguaia, Emir Rodríguez Monegal, que se dedicara à obra de Horacio por mais de vinte anos, muitas vezes republicando seus textos com ligeiras variações, seria ainda mais contundente:

"A obra não suporta estas homenagens. Nela se recolhem alguns contos de diferentes épocas que em sua maioria (cabe suspeitar) sobraram de coletâneas anteriores (...). É um livro frustrado apesar de revelar, de forma demasiado explícita, os fantasmas que acossam o escritor. (...) nenhum destes contos é perfeitamente realizado. Dentro da produção de Quiroga representam apenas a exploração de temas que lhe importavam, mas num nível quase de semanário feminino. (...) Não se deve censurá-lo por tê-los escrito. Ao fim das contas, tinha que sobreviver. Mas não devia tê-los publicado em um livro."[275]

Os especialistas dão por morto e enterrado o livro. Mais ainda, dão-no por natimorto. Jamais deveria ter sido publicado, diz o Emir. Muito embora, para os leitores uruguaios, que pouco tiveram acesso à produção recente de Horacio, era uma grande novidade a coletânea, e mesmo na Argentina, para as novas gerações, não havia repetição.

O que estava em jogo para Monegal e Jitrik é que eles esperavam que Horacio tivesse seguido outro caminho: tivesse avançado na pesquisa da realidade denotativa, das relações de trabalho, na exploração do homem pelo homem tal como aparecia em *Os desterrados*. Assim, *O além* era-lhes a obra da decadência, que transformava sua trajetória literária numa parábola. Para Monegal, Horacio terminava mal, de costas para a arte.

O escritor, por sua vez, por mais que dominasse os manejos de uma poética do além, não poderia ouvir aquelas vozes futuras que o condenavam. Mesmo que pudesse, não seria do seu feitio seguir a prescrições alheias. Traçara seu trajeto por outros motores.

O livro, é certo, tomava rumos imprevistos e era coerente com a escolha de se aprofundar no universo de Edgar Allan Poe, do romance gótico, do espiritismo, tudo aquilo, em alguns momentos, lançando mão de recursos contemporâneos, como na onírica e delirante experiência do conto "As moscas", publicado dois anos antes, que colocara leitores diante de uma narrativa vanguardista ambientada na mata tropical, a qual revisitava o argumento de "O homem morto".

No conto precursor, publicado inicialmente em 1920, um trabalhador rural, depois de carpir o bananal, tropeçava e se cravava acidentalmente o facão na barriga. Em "As moscas", sozinho na mata, o protagonista sofrera uma lesão medular. Entre as diferentes formas de narrar nos dois contos estavam os dois extremos da trajetória de Horacio: o primeiro, "O homem morto" narrava linearmente a agonia e as agruras do moribundo; a réplica, "As moscas", estilhaçava a subjetividade do protagonista para uma série de elementos da paisagem, numa experiência analógica e surrealista.

Se a reprovação dos fantasmas futuros de Noé Jitrik e Emir Rodríguez Monegal nunca incomodaria Horacio, o mesmo certamente não se podia dizer das vozes contemporâneas que o acossaram e produziram turbulências.

Eduardo Mallea, o ex-membro do grupo *Martín Fierro* e, por aqueles anos, "figura central do campo literário",[276] atuando tanto no *La Nación* quanto na revista *Sur*, foi o primeiro a escrever sobre *Além*.

A expectativa de Horacio não era muito boa. Depois de tantos anos sem publicar, e com a má recepção de *Passado Amor*, não sabia mesmo o que esperar. Desde o momento em que os originais saíram das suas mãos, cada etapa do processo de produção diminuía seu controle sobre o resultado da feitura do livro. Por mais que tivesse acompanhado de perto o estabelecimento do texto, enviado dezenas de cartas a César Tiempo, corrigido o original minuciosamente, a partir de um certo momento, tudo se tornava incontrolável, surpreendente, inesperado.

O livro, depois de pronto, a capa amarela, não deixava de surpreendê-lo. Era um trabalho gráfico bem diferente do de Glusberg na Editora Babel. O volume gritava modernidade e deixava claro que nos anos trinta os livros não eram mais iguais ao que foram noutros tempos. Por que então seriam lidos da mesma forma? Isso assombrava Horacio. Depois de tantos anos, temia.

Homem de personalidade controladora, sofria. A quilômetros de Montevidéu e Buenos Aires, onde o livro estava entrando em circulação, não tinha como acompanhar de perto a recepção. Não tinha amigos das redações. Não tinha nada.

Assim, quando recebeu o exemplar de *La Nación* de 3 de março de 1935 e leu a resenha não assinada sobre seu livro, o que predominou foi indignação e impotência:

"O autor de *Histórias extraordinárias* enfeitiçou a juventude de Quiroga com seu mórbido afã pelo que é raro e alucinante; logo nem mesmo o ardente sol de Misiones foi capaz do exorcismo que desenfeitiçará o mesmerizado (...) Se sentir o que escreve — Poe, seu mestre, se jactava de escrever a frio — seria possível dizer que Quiroga não faz mais do que compartilhar seus sofrimentos que, em seu aparente sadismo, reside apenas nessa profunda necessidade de expressão dos sentimentos mais fundos, que é a fonte mais pura de produção artística. Mas, qualquer que seja a explicação ou justificativa de tal atitude, ela não é menos discutível."[277]

Lá estava Horacio sendo submetido a um julgamento moral, de um pretenso humanista que acredita ser a literatura um apêndice do catecismo cristão, devendo, portanto, transmitir valores edificantes. Ao invés de analisar o livro, o crítico se dedicava a indagar-se sobre a figura do autor e atribuir-lhe diagnóstico canhestro de sua própria lavra. Eduardo Mallea e seu caderno literário eram influentes. E foi ele a pautar o que mais se escreveria sobre o livro nos outros jornais.

Horacio de repente viu-se atado a um divã a céu aberto, entre resenhas anônimas, julgamentos morais e análises psicologizantes. Para quem conheceu a glória do reconhecimento público, era frustrante. Não lhe restava mais do que lamentar-se, à distância, pois nem influência para discutir com seus amigos um outro ponto de vista sobre o livro ele tinha. Horacio, enfim, fez o que fazem os escritores que estão longe: vociferou, quis matar ou morrer, mas, no fim das contas, o que lhe restou foi escrever cartas de desabafo: "Bom o comentário de Boy. Menos bom o de *La Nación*. Há naquela casa uns ratos envenenados que não me perdoam o fato de eu ser um autor interessante de ler."[278] Boy era um espanhol, Antonio Soto, que escrevera sobre ele no jornal *El Plata*, de Montevidéu.

Mas não importava que Boy tivesse feito ao livro uma crítica positiva. Estava irritado com o maior jornal da sua Buenos Aires, onde por tanto tempo ele próprio colaborara. Mallea escrevera, explicitando sua má vontade: "alguns dos contos [são] irresistivelmente, por vezes irritantemente, cativantes".[279]

Crescia-lhe o ódio,

"Querido Tiempo,

"Chegaram sua carta do dia 16 e também os jornais de Uruguai.Vamos vendo que o pessoal persiste na pauta dada pelo *La Nación*: patologia, etc.

"É de dar dó tanta incompreensão com um livro que se chama *Além*. Queriam o quê? Que falasse de corridas?"[280]

Via-se acuado, nenhum de seus livros de contos havia recebido críticas tão ácidas. Estava exposto, sob ataque, sem que ninguém o defendesse:

"Suspeito que o *La Prensa* encomendou a crônica de *Além* a algum retardado. Difícil acreditar que não projetam nem pouco a seu novo colaborador."[281]

Tinha publicado há poucos meses no *La Prensa* os croquis "Os homens famintos", em março, e "A formiga mineradora", em abril. E continuaria colaborando ao longo daquele ano. Na sua impotência, gritava: estão matando, estão acabando com meu livro, e por que é que ninguém me acode?

Ninguém acudia. Aquele livro significava muito para ele. Não era, como diziam e diriam alguns, apenas uma obra para levantar algum dinheiro. Era parte representativa da sua trajetória:

"Tenho afeto por estas histórias, porque muitas delas expressam o aspecto sonambúlico que há em mim. Me agrada singularmente 'O pai'",[282] escrevera a César Tiempo, ainda durante a edição. Era um conto que relatava as aflições extremas de um pai que imaginava todos os tipos de situação pelas quais seu filho adolescente, que saíra para caçar sozinho, poderia atravessar. Ao longo do processo de edição, decidiu mudar seu nome para "O filho". Certamente era um dos contos aos quais Mallea se referira como "irritantemente cativantes" do livro.

Em que pese o ataque do qual Horacio se sentia vítima, *Além* conquistou o terceiro lugar no prêmio municipal de literatura de Montevidéu. Financeiramente, rendeu a ele quinhentos pesos, o que equivalia a cinco colaborações na imprensa por aqueles anos. O valor veio a título de adiantamento, e César Tiempo teve que pegar dinheiro emprestado para pagar Horacio:

"Já se sabe o que aconteceu quando da publicação de *Além*, o último livro dele. Tive que recorrer a um amigo, o escritor e fazendeiro Santiago C. Olivan, autor de *Laya Guapa*, para conseguir os quinhentos pesos que envei a ele em San Ignacio."[283]

O livro, definitivamente, não fora um grande sucesso comercial, não salvara Horacio da penúria pessoal. Ajudara-o, de alguma forma, a ser acolhido de volta na literatura uruguaia — aquele terceiro lugar no prêmio municipal era um tímido reconhecimento tardio, mas já era algo.

Passado o apogeu de seu sucesso popular, não havia muita gente disposta a lhe estender a mão. Sua personalidade difícil, seu comportamento arisco eram em parte responsáveis por isso. Quando um dos ministros do presidente Terra escreveu ao advogado Asdrúbal Delgado, que estava intercedendo a favor do escritor, fez questão de deixar claro ao saltense as razões de sua pouca boa vontade:

"Hoje recebi carta do nunca bem ponderado amigo Quiroga, na qual ele me pede, em seu favor, um certificado do Cônsul Geral no qual conste seu estado civil atual e, em caso afirmativo, que o envie ao senhor."[284]

Sem os amigos, estaria perdido. Foi duro, mas a aposentadoria finalmente chegou, ainda em 1935. Horacio foi informado de sua nomeação como Cônsul Honorário, cargo com o simbólico salário de cinquenta pesos ao mês, apenas para que pudesse ter direito à aposentadoria.

Os trâmites, no entanto, não tinham fim: Etchegoyen informou a Horacio que, vivendo no estrangeiro, ele deveria pagar um imposto da ordem de 40% sobre seus rendimentos, o que faria com que seus amigos e ele próprio tivessem ainda muito trabalho até chegar ao fim do processo, o que só aconteceria em maio de 1936. Todos aqueles dissabores o iam desgastando dia a dia. Parecia que nunca mais teria paz.

O inverno do meu tempo

Não foi apenas María, nem só os críticos, nem os editores dos jornais e revistas portenhos, nem apenas o novo governo uruguaio, tampouco o general golpista argentino. Não foi sequer o calor escaldante de San Ignacio. Não. Há outra coisa, pior, insidiosa, que começava a inquietá-lo, irritá-lo, consumi-lo. O corpo se manifestava de modo adverso há algum tempo: urinar se transformara em atividade problemática. Horacio sentia dores e dificuldades. Não sabia ao certo o que estava acontecendo.

Mesmo assim, fazia piada e tomava as coisas por seu lado positivo:

"Parece que meus achaques urinários vão melhorando. Resta ainda uma lentidão exasperante para começar a urinar, que diminui pouco a pouco. As funções adjacentes seguem magníficas sempre, e de acordo com as advertências que lhe fazia um amigo da idade a respeito, acho que o Doutor Navarro",[285] escreve em carta ao amigo Asdrúbal.

Tudo ia bem, repetia-se o temeroso otimista. Seu corpo envelhecia, isso sim. Eram tempos estranhos.

Eglé já havia desistido de tentar viver em Misiones. Seu casamento fora um fracasso, e depois de três meses ela quisera sair correndo, deixando até as terras que herdara da mãe para o marido Lenoble; por aqueles tempos, já estava vivendo em Buenos Aires e tentando conseguir um emprego.

Darío seguia tentando ganhar a vida na floresta, contratado que fora por uma companhia, montando ranchos na região da Candelária, na companhia do pintor e engenheiro amigo da família, Carlos Giambiagi.

Horacio e María estavam de novo sós, já sem a paixão dos primeiros tempos, sem o abraço quente da fama e do reconhecimento público, sem a paisagem atraente de Buenos Aires, com um Horacio que começava a dar sinais de fadiga física e com uma renda que insistia em minguar. Os problemas não tinham fim.

María era então a otimista, esperava firmemente uma virada na situação financeira. Acreditava que as coisas iam melhorar. Horacio surpreendia-se com o pensamento positivo da mulher:

"Em casa, andamos bem. María confiando sempre numa virada da fortuna que lhe permitirá passar uma temporada em Buenos Aires. Eu não confio tanto. Ainda estamos por receber a primeira parcela da aposentadoria. Economicamente, portanto, bem atrasadinhos."[286]

Ele, que vira naufragarem todos seus planos de fortuna, acreditava pelo menos que um dia poderia receber sua aposentadoria. Acumulava contas nos mercadinhos e seu humor só piorava. Continuava colaborando com seus croquis da mata para *La Prensa*, com quem mal conseguia se entender. Desde o lançamento de *Além* até o fim daquele ano, conseguira manter a média de uma colaboração ao mês. Era o ritmo dos melhores tempos. Era o que teria sido sempre, não fosse a colaboração de alguns editores que de fato o respeitavam, principalmente Luis Pardo e Samuel Glusberg. Para dizer a verdade, era o que tinha conseguido.

Quando Horacio parou para fazer os cálculos, assustou-se vivamente com o resultado:

"Querido Tiempo: releio sua carta que pensava já ter respondido e me detenho na parte final, na qual você me deseja saúde e humor. A primeira, regular; o segundo, dos diabos. A questão econômica, meu eterno ponto fraco. Veja que desde 15 de junho de 1934, não me remeteram de Montevidéu nem um mísero peso. A aposentadoria está a ponto de vingar, mas enquanto isso não tenho nenhum centavo. Eles sequer me enviam tudo o que já me devem. Se ao menos me enviassem a tempo, antes que os mercadinhos daqui me fechem as portas. Coisa infernal que me deixa com um humor de morte. E com família (...)."[287]

A penúria de Horacio ia se tornando assunto corrente entre os amigos próximos. Mesmo sem que ele pedisse ajuda a ninguém, por aqueles mesmos tempos chega-lhe um cheque do amigo Ezequiel Martínez Estrada. Era outubro. O dinheiro vem como uma benção, mesmo para um ateu como ele.

Em meio àquela situação infernal, suas alegrias eram principalmente literárias e parcimoniosas: além da publicação do livro naquele ano e do prêmio municipal, poderia se despedir do ano de 1935 com a satisfação de receber a carta de um leitor que, após ler seu croqui "Frangipane", sobre o perfume da planta daquele nome, se sentira tão seduzido que escrevera à Escola de Agricultura de Posadas para solicitar uma amostra. Alguém compreendera que seu amor pela natureza era então um amor vegetal. Pessoas e animais já lhe interessam menos.

As últimas páginas

Quando a aposentadoria finalmente veio, parecia estranhamente tarde. María não suportava mais seu mau humor. Ele, por sua vez, já não suportava mais nem ela nem a ninguém. As dores para urinar tinham aumentado, e passar o dia com a bexiga pressionada o levava ao limite. Horacio se tornara pouco menos que intratável. A penúria financeira também já o atingira no âmago e nem mesmo o dinheiro da aposentadoria podia reparar os estragos feitos.

Entre ele e María, antes sempre havia um quando, antes sempre havia um se. A convivência com Eglé e Darío tornava o ambiente mais ameno, sempre havia a possibilidade de o conflito se distensionar. Afastados os filhos mais velhos, cada qual em busca de sua própria vida, amainada a alta temperatura dos primeiros anos do casamento, pouco parecia restar de um horizonte comum.

A dureza da vida em Misiones, a penúria econômica, o estado físico de Horacio fizeram com que a relação envelhecesse inapelavelmente e perdesse sua razão de ser. Naquele momento, diante deles, a única coisa verossímil era a separação. Ambos compreenderam. Mas nem isso amorteceu a inapelável a queda:

"Minha mulher voltou há uma semana e seu pouco gosto para viver no campo, já exasperado nos últimos tempos, tornou-se irresistível. Como ela não se sente bem aqui — mesmo com seu marido e seu lar — e eu não me sinto bem na vida urbana, criou-se um impasse sem saída. Nem ela nem eu devemos nos sacrificar. Não resta mais solução que a separação total: divórcio."[288]

A renuncia ao amor, ao sonho, ao ideal, pela constatação da impossibilidade de seguir juntos. María era ainda a mulher pela qual Horacio se apaixonara, mas ele mesmo já não era o mesmo. Noutro tempo, poderia propor que voltassem ambos a Buenos Aires, inventaria outro projeto literário, mobilizaria os veículos portenhos. Recomeçaria do zero. Sempre fora um aventureiro, disposto a começar tudo outra vez. Naquele momento, porém, por mais que María emanasse de si cada uma das qualidades que o fizeram apaixonar-se, ele não podia mais. Não tinha mais forças nem meios para recomeçar nada. Seu corpo doía. Deveria deixá-la seguir em frente e sabia disso.

María tampouco deixara de amar Horacio e não queria se divorciar. Ele era o homem que a iniciara nas artes do amor, da literatura, do cinema e da música. Era o pai de sua filha. Mas tinha se transformado num homem impossível de lidar, naquele lugar impossível de viver. Ela não ia se divorciar, mas não podia ficar mais um dia sequer na companhia dele em Misiones.

Horacio deteriorava-se. María Elena precisava se libertar daquele cárcere, não por culpa dele, não por culpa dela, não por culpa de ninguém.

Então María partiu. Levou Pitoca e instalou-se na casa da família em Buenos Aires. Um longo silêncio abateu-se sobre Horacio, rompido apenas pela tentativa de, em carta, expor ao amigo Ezequiel Martínez Estrada o que era aquilo pelo que ele estava passando. Viajara com a esposa e os três filhos há poucos anos a Misiones. De repente, estava completamente sozinho. Tenta fazer um cálculo mais preciso de sua situação, num conjunto de sentenças em que começava julgando a esposa e terminava julgando-se a si mesmo:

"Que tremendo e complicado tudo isso! Há cem razões mortais para condenar, e outras cem para desculpar. Mas eu sou um solitário, isso é o certo. Meu excesso de personalidade — como diz minha mulher — me faz sentir como se fossem cadeias o mais ligeiro freio à minha vontade."[289]

Não era o cinema, não era María. Era ele, um nervo exposto. Um homem no seu limite. Suas dores o minavam e ressaltavam seu pior. Seu tempo era pouco, sua paciência também. Em torno de si, as relações de quem lhe era próximo, sua querida filha, também se deterioravam:

"Já são dois casos: minha filha Eglé e eu que vamos ao divórcio. Ante minha consciência, estou certo de que ambos fizemos como deveríamos."[290]

Horacio vai se dando conta de que não se interessa menos apenas por sua esposa — seu amor dos últimos oito anos — interessa-se menos pela humanidade. A ideia que se mantinha em sua mente, desde 1934, dois anos antes, de escrever sobre política naqueles anos de ascensão do nazifascismo na Europa, continuaria a atormentá-lo: posicionar-se ou deixar estar? As respostas variavam:

"Se esse endemoniado desse Tierra não agisse contra, hoje estaríamos ricos. Estou cuidando também da fábrica das abelhas jataí. A verdade é que Martín & Cia me encomendaram mil torrones por semana para começar. Também acho, como você, que mais vale qualquer uma destas coisas do que escrever para *Crítica* ou onde quer que seja. Sinto, mesmo assim, que terei que escrever. Prometi uma colaboração para *Crítica Magazine*, a cem pesos o artigo, etcétera."[291]

O escritor sentia cansaço. Um projeto novo que lhe surgia na cabeça não passava mais com a mesma facilidade ao papel. Perguntava-se mil vezes, antes, se valia mesmo a pena começá-lo. Meter-se com política, posicionar-se ou silenciar? A questão o acossava: Uriburu, Terra, Hitler — aquela corja o enojava. Horacio sabia que cada uma daquelas figuras merecia mil libelos saídos de sua pena. Cada um daqueles cães contribuíra para a penúria em seu entorno. Mas valia a pena? Tinha energia para canalizar sua cólera contra aquela escória?

Sabia também que para veicular textos sobre política não restavam muitas opções na imprensa além do jornal simpático aos anarquistas, *Crítica*:

"Por três vezes solicitei confirmação de disponibilidade para mim, e ainda estou fazendo isso. Fico tentado por vezes por uma coisa liberal, por ser certamente o único órgão onde isso teria cabida. Hitler me deixa louco."[292]

As dores enfim falaram mais alto, a loucura arrefeceu e Horacio terminou por falar de plantas tropicais, não de nazismo. Subsistência, posicionamento ético e cansaço se conjugaram como uma mesma coisa. A natureza despida de sangue, onde os amores podiam ser mais plácidos e menos contundentes. Precisava de repouso. Estava cansado demais.

Assim, em setembro de 1935, o que os leitores portenhos leriam da pluma de Horacio não seria um libelo contra os totalitarismos, antes uma pergunta que o fazia voltar-se sobre si mesmo, já como quem dá as costas ao mundo das gentes:

"Minha posição é a de um homem que diante da natureza se pergunta se já plantou o que devia, após já ter escrito o que pôde."[293]

Seus próximos textos seriam, quase sem exceção, sobre o mundo vegetal. Sua declarada desistência, que começara apenas com a vida urbana, ampliava-se para a humanidade em geral. A contemplação de seus dias cada vez mais se voltava às flores e plantas. Se em algum momento buscou nelas um modo de embelezar a casa, tornar sua inóspita meseta mais atraente para seu amor, naquele momento o reino das plantas cobrava outra dimensão.

Até suas viagens imaginadas ganham novos contornos e destinos. Já não estava em seu horizonte revisitar Buenos Aires, abrigo de sua obra, amizades e amores. Tampouco seu olhar se voltava a Salto ou a Montevidéu. Sua vontade era voltar à estrada, ao rio, aos trilhos. Seu destino desejado e quimérico era Assunção. Lá não o aguardam editores, amigos, mulheres, mas a possibilidade de um novo amor vegetal:

"E sem saber por que, isso me faz lembrar sua atuação efêmera no Paraguai, onde ando pensando ir em novembro, se eu puder, quase com o exclusivo objetivo de ver e trazer plantas, que constituem hoje meu grande amor. Me diga alguma coisa sobre o país, isto é, sobre Assunção, onde penso ir exclusivamente, por cinco ou seis dias. Me seduz a baratura da vida lá, propícia para um bolso judiado com o meu."[294]

No seu croqui da mata de junho de 1935, Horacio se dedicava a descrever plantas como se fossem crianças, com sua fragilidade, sua demanda de cuidado, sua necessidade de temperança, enfim, e sua dificuldade de se adaptar. As *Poinciana regia* que povoavam as novas avenidas de Assunção, nunca visitadas, mas tão desejadas, e cujo nome em espanhol ele não se lembrava, também foram recém-plantadas em sua meseta.

Naquela introspectiva odisseia vegetal, o narrador-jardineiro terminava por topar com um arbusto chinês, o ginkgo biloba, que lhe chamava a atenção por força, resistência e ancestralidade:

"Suas grandes folhas cheiram a dinossauro. Intimamente percebe isso o homem que alguma vez já sonhou com os monstros da era mesozoica. As sensações que sofre diante desta planta fantasma não são novas para ele. Também ele viveu antes de as grandes chuvas depositarem seu espesso limo diluviano. (...) O homem sonhou, mas a planta vive e grita ainda ao contato com as escamas do monstro na névoa espessa. Isso aconteceu, sem dúvida, há milhões de séculos. Mas faz também milhões de anos que tudo acabou, trilobitas, amonitas, dinossauros, sepultando consigo toda uma classe de vegetais com suas ordens, família, gêneros e espécies, com exceção de apenas uma, um só testemunho: o ginkgo biloba, que sobrevive e persiste vibrante de seiva renovada, ao suave orvalho de um crepúsculo contemporâneo."[295]

Escrevesse quanto escrevesse Horacio, evocasse o perfume do frangipane, trocasse uma inventiva contra Hitler pela descrição lírica de uma tempestade no meio do nada, tornasse lírica uma folha de planta, comparasse-a a dinossauros ancestrais tocados pelo sereno do crepúsculo contemporâneo, nada disso bastaria. O mundo contemporâneo, ao qual ele virara as costas, não estava mais disposto a pagar-lhe um só peso por seus arroubos vegetais. Seria preciso bater mil vezes nas portas que antes se abriam com generosidade. Ele já não pertencia a seu tempo. Um dos dois envelhecera.

CAPÍTULO 18

O homem do passado

Não bastaram a razão e o bom senso ante o inevitável. Nunca bastam. Assim como não bastara inclusive ter sido ele, Horacio, a tomar a iniciativa de formalizar o que parecia ser o próximo passo a ser dado. María partiu numa quinta-feira, dia 18 de junho daquele pouco promissor ano de 1936.

Horacio sabia que era o melhor a fazer. No entanto, havia momentos em que o melhor era insuportável:

"Fiquei sozinho. María e a menina foram embora ontem. A crise, pois, veio. Mas não sem desgarramento de uma outra parte, pois nove anos de vida a dois, dos quais sete de amor, pesam muito. Não tive coragem de privar minha mulher de sua filha, seu único grande amor. (...) Fiquei muito dolorido com a última cena de despedida, quando chorou e chorou em meus braços até entornar o coração."[296]

De um momento a outro, escrever voltara a ser essencial. A solidão absoluta se abatera sobre aquele homem. Lançava-se freneticamente e sem travas ao papel. Seu interlocutor, além de si próprio, era o amigo escritor de Bahía Blanca, Ezequiel Martínez Estrada, a quem conhecera já em Vicente López e de quem se aproximara nos últimos tempos. Ezequiel fora o amigo que lhe mandara dinheiro emprestado sem que ele mesmo tivesse precisado pedir. Era generoso e atento. Chegada a crise, tornara-se seu mais íntimo amigo.

Horacio se lançava numa espiral confessional sem precedentes, na qual ia se desnudando diante daquele a quem passou a chamar de "irmão mais novo" e a quem supunha capaz de acolher suas dores, suas memórias. Estrada era ensaísta e tinha quase vinte anos menos que Horacio. Aquelas linhas, escritas a partir de San Ignacio davam conta de um momento singular de sua vida.

Estava completamente sozinho aos cinquenta e sete anos de idade e revivia tudo o que retornava num redemoinho de lembranças que arrasava tudo quanto encontrasse pela frente. Revivia na partida de María a morte de Ana. A solidão e o sem sentido.

O padecimento do corpo, a dificuldade para urinar, as dores deixavam-no numa fragilidade ainda maior. Quando o passado te acossa, Horacio, e o amor e o corpo falham, o que resta?

Desde o início de 1936 já não publicava mais nada. A chegada do dinheiro da aposentadoria, numa parcela inicial com retroativos, embora não gorda o bastante para aplacar as dívidas, ao menos o desobrigava de continuar perseguindo as revistas e seus editores.

A douda correria estava concluída. Eglé e Darío viviam agora em Buenos Aires; María e Pitoca também. O que poderia parecer o esperado descanso se cumpria: já não corria para escrever, para publicar, não corria para se aposentar, não precisava mais fazer de tudo para transformar em ideal o seu entorno para María. No entanto, não era isso. Fora lançado, entre solavancos, diante de si mesmo, quando já ninguém esperava mais nada dele. Uma solidão dolorosa e traumática.

Feito o quati de um de seus quadros, Horacio investigava obsessivamente algo que lhe queimava no ventre. Não sabia se seu mal era físico ou se a dor era na alma, de um passado que vinha em bloco para atormentá-lo. Como os tempos em que viviam as gentes realmente haviam mudado, ele começava finalmente a tornar-se o homem do passado, habitante das terras onde floresciam plantas ancestrais e por onde andavam, num roçar acrônico, os dinossauros.

A crise final com María o lançara numa melancolia sem volta. Quando morreu Ana María, se calou, não escreveu nem cartas nem contos. Apenas o relato secreto daqueles acontecimentos horrendos. Agora tudo o que tinha era Ezequiel e os dias passaram a ser de solidão, remordimentos e escrita: do muito que lembrava, do pouco que vivia, entornava tudo sobre os papéis de carta.

Tal como ocorrera com a Berenice de seu conto homônimo, naquelas cartas ele envelhecia a olhos vistos, envelhecia tanto que já passava a encarar a morte.

O livro dos dias

A morte que via não o fitava carrancuda, era a mulher que o aguardava, indiferente, esquinas adiante. Até com ela cruzar, Horacio pensava planejar a escrita de seu próximo livro — suas memórias, nos moldes do *Livro de San Michele* (1929), de Axel Munthe. Mal se dava conta, porém, de que já o escrevia, atabalhoadamente, aos borbotões, nas sucessivas cartas cuja escrita lhe tomava horas, todas elas dirigidas ao amigo Ezequiel.

No fio que o ligava ao presente, estava um fato que, embora inesperado, não foi disputado nem gerou maiores polêmicas. O discurso era uníssono: os médicos de Posadas eram unânimes no diagnóstico de que era preciso investigar a fundo o que acontecia com sua próstata, e o melhor lugar para fazê-lo era Buenos Aires. Se tudo em sua vida parecia já terminado, havia no entanto uma tarefa: precisaria de uma nova temporada na capital.

No Hospital das Clínicas de Buenos Aires, o Doutor Arce, médico cirurgião de nome e respeitabilidade, poderia cuidar dele, diagnosticá-lo e curá-lo. Horacio acabou se convencendo da necessidade de ir vê-lo, mas decidiu que só iria quando começasse a primavera. Era-lhe insuportável a ideia de viajar no inverno, de passar frio numa cidade que já não era a sua, sem ter uma casa que lhe pertencesse. Era preciso esperar ao menos três meses, à beira da lareira, remoer o passado com o corpo aquecido, para só então partir rumo à capital.

O que lhe pesava de verdade era abandonar, pela terceira vez, sua terra escolhida, ficar na grande cidade, longe de suas plantas, cuidadosamente cultivadas com suas mãos. Sentia-se frágil como nunca, e o retorno a Buenos Aires parecia-lhe uma travessia como aqueles intermináveis dias no mar para chegar a Paris. Temia ainda o risco de perder suas flores e folhagens para as formigas, para as intempéries, para o inclemente capim.

Durante os meses daquele inverno na selva, em meio à ansiedade e à espera — pela viagem, pela primavera, pela cura, pela ida a Buenos Aires — Horacio intuía, mas nada sabia com clareza sobre a razão de seu sofrimento. Talvez não fosse apenas a hipertrofia benigna da próstata, que acometia tantos homens naquela idade. Mas tampouco sabia precisar a razão.

Algum mal insidioso, com o qual convivia e que era ainda insabido. Talvez fosse apenas a falta de María, com sua beleza, seu olhar sedutor, sua juventude, sua alegria, que davam à sua vida outros contornos. Mas não, lembrava-se com algum custo, quando María estava aqui eu já sentia essas dores. O que seria?

Também a falta de Pitoca o mortificava. Já construíra tantas coisas para a menina — carrinhos, piscinas — que aguardava a hora de contar novas histórias da selva como no passado já fizera com Eglé e Darío. Também os filhotes maiores já não estavam. Quando poderia vê-los novamente? Três meses, claro, iria a Buenos Aires ao fim dos três meses. Com essa dor está tão difícil pensar.

Darío tentando preencher o vazio deixado nas páginas de Buenos Aires com seus próprios contos. Eglé trabalhando em *Crítica*, em busca da vida independente que agora já era dado às mulheres almejar. Horacio, por que esperar tanto tempo para voltar a Paris, digo, Buenos Aires?

Remordia-se a pensar no homem que fora, no escritor ultrapassado, como muitos o consideraram ou ainda consideravam. Era preciso estoicismo para olhar para outro lado, não se deixar cair nas armadilhas do esquecimento. Quantas vezes ele mesmo já não fora o parricida?

O olhar fixo no horizonte, a certeza do futuro grandioso. Tudo ilusão que ia dar novamente na terra, ou no voo impreciso das moscas. Voltava a pergunta: Horacio, quando foi que você se tornou escritor?

"E, a propósito, valeria a pena um dia expor essa minha peculiaridade, essa minha desordem, de não escrever se não incitado pela economia. Desde os vinte e nove ou trinta anos de idade eu sou assim. Existem aqueles que escrevem por natural descarga, aqueles que o fazem por vaidade; eu escrevo por motivos inferiores, logo se vê. Mas o curioso é que se escrevesse pelo motivo que fosse, minha prosa seria exatamente a mesma."[297]

Nas suas cartas, Horacio, você está em carne viva. Por que é que você acha que não querem saber do seus *Croquis da mata*? Eles querem o sangue que você os acostumou a provar. Essa fenda, Horacio, esse abismo que hoje você toca.

Não vai ter livro de memórias, você e eu sabemos. Suas memórias são estas cartas que você rabisca e não retoca e já manda para os olhos aturdidos do menino Ezequiel.

Você não viaja, Horacio, e você procrastina. Suas desculpas infinitas: esse frio que você nunca sentiu com tanta intensidade, as formigas que viriam, alguma planta que queria ver vingando antes de se despedir dali. Horacio, as formigas já estão por toda parte. Você se enreda com seus problemas de hospedagem, negociando infinitamente com Eglé se será ela ou Ezequiel a lhe abrigar.

Você e eu sabemos, tudo o que você quer é o perdão de Eglé. A menina está finalmente livre de você, livre das suas amarras ela começa a experimentar novos amores e amizades. A mil quilômetros de você. Quem sabe agora ela vai se mostrar menos arisca, quem sabe agora, Horacio, com você neste estado, você consegue dizer ao menos nas cartas o que ela quer ouvir de você.

"[Lenoble] é um bom rapaz, quando a gente se propõe a não ver nele nada além do que de bom tem todo ser andante. Mas minha filha fez o que deveria ao se divorciar dele. Esta minha filha Eglé começa a ser de novo a filha de antes. Mútuas aporrinhações vão nos aproximando. É com prazer que vou encontrá-la por lá em outubro, mês em que irei quase indefectivelmente."[298]

As negociações não têm fim, são semanas e semanas de cartas trocadas, de idas e vindas. Quase um mês depois, Horacio, você ainda está comentando com o amigo:

"Me parece que minha filha Eglé me receberá durante minha breve estadia por aí. Trocamos algumas cartas, nos seguintes termos. Ela: 'Você me ensinou certa vez a saber

Hospital das Clínicas de Buenos Aires. Funcionou neste edifício de 1881 a 1945.

o que é ser um pai.' Eu: 'Como sempre se vai a quem nos compreende, estou voltando para você, bebê'... Por alguns relatos, você perceberá o lugar que ocuparam na minha vida esses garotos."[299]

Algo você transmitiu aos filhos. Eglé trabalha no *Crítica*, é sentimental como você, intratável como você e também se dedica às letras. Darío dá seus primeiros passos como contista e decide trilhar o caminho mais perigoso e sem garantias. Sim, algo se transmitiu àqueles dois.

A primavera se aproxima, Horacio. E você fala com Escalera, seu vizinho e caseiro, e pede que ele cuide da manutenção da estrutura da casa, que supervisione a empregada que limpará a casa, para que esta mantenha também as plantas regadas e não deixe nenhuma orquídea morrer à míngua. Você sabe ser objetivo quando quer. Você já pedira isso antes, continuaria se repetindo depois, por carta, porque sofre por não poder estar presente, por ter que abandonar cada rotina da casa, cada planta, cada bicho, cada canto da meseta.

Partiria. O frio não passaria. As dores não passariam. A falta de María não passaria. Sentia-se mal e, embora faltasse pouco mais de uma semana para a chegada da primavera, Horacio não queria partir e postergava até o último momento a viagem:

"Não estou bem; as dificuldades urinárias aumentam. Começo a temer aquilo que não se cansam de me prognosticar: qualquer retenção aguda que me force usar uma sonda. Agora tenho o monumental problema de abandonar este lugar. E minhas plantas! Você não sabe o que significa para mim a quase certeza de que, apesar de todas as instruções que deixarei para a empregada — uma pérola, você sabe —, as formigas farão um estrago talvez irreparável. Eu disse para ela: 'Esteja certa, María, de que eu vou te degolar se você deixar elas comerem uma planta sequer'. E ela, convencida: 'O senhor não vai me degolar, não'."[300]

Não bastarão as formigas, nem as plantas e orquídeas, nem o vínculo intenso criado com aquela porção de terra, na qual se forjara uma vida intensa e o mais próxima da natureza que pudera conceber, nada daquilo bastará para detê-lo.

O corpo pedia socorro. A solidão causava estrago. Tomou o vapor finalmente e partiu a Buenos Aires, para fazer o que fosse preciso.

Primavera

Horacio chegou em outubro, e com ele, a primavera. Horacio deixou para trás sua terra prometida, sua utopia de vida selvagem e se internou no Hospital das Clínicas de Buenos Aires, a cidade onde, no fim das contas, passara o maior período de sua vida. A cidade da qual sempre terminava por partir, mas, como então, para a qual sempre acabava retornando. Era 2 de outubro. Estava de volta.

O velho Hospital das Clínicas, construído nas últimas décadas do século dezenove, não estava mais em seus tempos áureos. Localizado no quadrilátero formado pela avenida Córdoba e as ruas Junín, Paraguay e Andes (que depois mudaria de nome para J. E. Uriburu), o edifício fora inspirado no Hospital FriedrichsHeim, de Berlim, e em outros estabelecimentos europeus da época. Era o triunfo da ciência e do saber médico sobre a doença e a morte.

No entanto, quando Horacio chegou para se internar, os tempos já não eram áureos. O hospital sofria com problemas de orçamento. Para tentar minorar a carestia, no começo da década já haviam inclusive proposto que os próprios pacientes pagassem uma taxa por seu atendimento, proporcional a seu salário e ao custo do procedimento. Ideia que logo foi abandonada.

Aquele edifício de já cinquenta anos de idade, quase a idade do paciente ilustre, foi o lugar onde Horacio se internou. Instalado no quarto 4, estava otimista com o tratamento. Apesar dos incômodos para urinar, das dores, do diagnóstico de uma próstata hipertrofiada, confiava na cirurgia, que seria realizada pelo Dr. José Arce, cirurgião reconhecido, intelectual e deputado.

Com as sucessivas e obsessivas consultas que fizera em Misiones, com todas as conversas postais com amigos médicos, com o que estudara em enciclopédias, Horacio acreditava conhecer detalhes do próprio caso. Ponderava que seu mal era mais funcional do que orgânico. O que realmente o preocupava era o risco de ter de usar uma sonda para sanar as dolorosas obstruções urinárias.

Foram infernais os primeiros dias. A primeira madrugada urrando de dor na cama, por uma retenção vesical e uma infecção urinária que já se tornara nefrite. Quando lhe puseram a sonda urinária, por mais que assim procedendo lhe golpeassem em cheio sua vaidade, ao menos era a chance de dormir em paz. Depois de meses, então percebia, sem pregar o olho.

A casa passaria a ser o quarto 4. Não havia uma indicação clara de quando se faria o procedimento. "Sobre a iminência ou distância da operação (se é que haverá), sobre o próprio diagnóstico, nenhuma palavra",[301] queixava-se por carta a Asdrúbal Delgado.

O médico pouco falava. Sabia, sim, que teria que aguardar até que a infecção cedesse para que a cirurgia pudesse ser realizada. Se algo havia melhorado é que deixara de ser o homem solitário que passava, entre dores, dias a fio sem ver ninguém. Continuava escrevendo cartas, é verdade, aos amigos de Salto ou a Escalera, em San Ignacio. Mas o fazia nos intervalos entre as muitas visitas que recebia. Eglé e Darío vinham todos os dias, e era uma alegria vê-los tão crescidos e autônomos. María também estava sempre com ele e, como disse em carta, "me atende como nos bons tempos".[302] Também podia rever Alfonsina, depois de quase dez anos distante dela, e era bom ter seu sorriso iluminando o quarto.

Precisava dos amigos, precisava de paciência. O Doutor Arce prometera, mais umas semanas e ele poderia ser operado. Semanas? Um mês inteiro naquele hospital? — Horacio se surpreendia. Não eram aqueles os planos que tivera ao vir de San Ignacio. Mas e o que eram os planos em sua vida? Bem pouca coisa, no fim das contas, tudo saía diferente. Não havia outro jeito. Tinha que ter paciência.

Outubro terminava com a esperada primeira cirurgia na bexiga. Três médicos participaram da operação: Arce, Cassinelli e Ivanissevich. Disseram logo depois a Horacio que seria preciso fazer uma segunda, pois a urina estava séptica e a ferida se infectara.

O único verbo que lhe ofereciam era aguardar. Examinaram-lhe os testículos, entreolhavam-se os médicos e tudo o que lhe pediam era paciência. Horacio era paciente. Comenta numa carta que não poderia estar em melhores mãos. O mais difícil já tinha passado, estava certo disso. Não voltaria a sentir todas aquelas dores, todo aquele sofrimento. Seu corpo não o trataria mais daquele jeito.

Então entrava novembro com a primavera querendo se fazer verão, e ele finalmente se sentia melhor. Novamente conseguia se levantar, caminhar pelos corredores do hospital, com a fraqueza de seus quase dois meses no leito. "Minha saúde não prospera quanto eu desejaria, mas também não me queixo."[303]

Era preciso ser otimista. Um dia de cada vez. Ao menos já podia caminhar. Conseguiu até, em meados de novembro, dar uma volta a pé pela cidade, almoçar com alguns amigos e, ao fim do passeio, "retornar às cinco da tarde aqui, sem qualquer fadiga".[304] Sentia-se mais forte. O corpo se recuperava, era certo. Aquela temporada estava durando muito mais do que quisera imaginar, mas não era o fim do mundo. Sairia bem do hospital, caminhando, e retomaria a vida. Não seria daquela vez que seu jardim ficaria desprotegido.

No fim do mês, escreveu, por via das dúvidas, ao vizinho e ex-genro Jorge Lenoble, para mandar notícias e também para pedir que desse uma olhada em sua casa. Era importante que ele ajudasse a cuidar de tudo. Depois de tantas semanas longe, era possível que Escalera tivesse se descuidado um pouco. Não queria ter surpresas para o retorno que então já lhe parecia cada vez mais próximo:

"Faz um tempo já que eu queria ter lhe escrito dando notícias minhas. Como você deve saber por Darío, tenho ainda um tempo aqui antes de estar completamente recuperado. É possível que entre a operação passada e a que ainda devem me fazer transcorra ainda um bom período. Então talvez eu vá para aí por uns meses. Vi aqui de passagem umas plantas magníficas. Agora já consigo caminhar e todos os dias saio um pouco. Muito fraco ainda. Mande notícias de seus trabalhos, assunto que sempre me interessa. Se você estiver indo de quando em quando em casa, dê uma olhada para ver como a María está se comportando. Ficarei muito agradecido. Felicidades, Lenoble, e um bom aperto de mãos."[305]

Naqueles dias aziagos, Horacio se preparava para viver. Depois de oito semanas internado, e sentindo-se relativamente bem, privilegiava o mundo exterior. Como nem sempre tinha forças para caminhar pela cidade, passeava pelos jardins do Hospital das Clínicas, que era conhecido pelo cuidadoso paisagismo de cada um dos pavilhões, nos quais "cresciam magnólias, jasmins do Cabo, roseiras, loureiros, campainhas, pés de maracujá, canforeiras, jacarandás, várias espécies de coníferas",[306] luxúria vegetal que oferecia ao interno algo de seu jardim da casa missioneira. Caminhar por aquele jardim, ir vez por outra visitar Alfonsina, ter notícias do bom bípede vivente que se casara com sua filha, saber o que andavam fazendo aqueles que seguiam a vida independente de seus padecimentos, deixava Horacio mais seguro da sua recuperação.

O que ele tinha eram esperanças e sinais que ele interpretava como lhe era possível. Da boca dos médicos não vinham palavras seguras, certeiras, como ele desejaria ter. Não chegara ainda o tempo em que o paciente era participante do tratamento, podendo inclusive opinar. O doutor Arce o que lhe dava eram algumas esperanças, que o sustentavam desejoso de dias melhores, naquela vida transitória no hospital.

Traços impressos

Quando já tinha visto todas as flores, falado com todos os amigos, visitado aqueles que estavam mais acessíveis, Horacio se dedicava à literatura. Como escritor, leitor ou agente literário. Lia romances policiais que lhe caíam às mãos, coisas leves. Escrevia também, a mão pouco firme, a letra tênue com o grafite na página, um croqui da mata do tempo em que María ainda estava com ele: sua aventura de plantar abacaxi brasileiro na selva de Misiones. Descansava dessa atividade lírica noutra, mais árida: fazendo as vezes de agente, ao tentar interceder pelo amigo Maitland, de Salto, junto a César Tiempo, para que considerasse a possibilidade de publicar um livro sobre a história uruguaia em sua Sociedade Amigos do Livro Rioplatense.

Quando tudo isso cessava, os pensamentos de Horacio, afetados pela medicação e as dores, vagavam entre os mais de mil quilômetros de sua San Ignacio e os outros quinhentos que o separavam da Salto natal. Era gente dessas duas regiões que se fazia presente em seu panorama anímico. Uma distância não era só do espaço, mas do que o tempo levara, do que fora vivido por outro corpo, mais vigoroso e jovem.

O presente nas Clínicas, com aquele corpo alheio e doloroso, era de onde tentava reparar algumas tramas. Cartas de chacareiro a Lenoble e Escalera, querendo preservar a natureza com a força da linguagem; cartas de uma juventude ida, aos amigos de Salto, Asdrúbal Delgado e seu irmão José María: ao longo de toda sua vida, ele nunca cortara relações com aqueles com quem dera seus primeiros passos pelas letras.

Um dia após seu aniversário de 58 anos, *La Prensa* estampava mais um croqui da mata, após mais de um ano de silêncio literário. Chamava-se "A tragédia dos ananás", crônica narrativa confessional que relatava sua tentativa de fazer vingarem algumas mudas de ananás pernambucanos na selva missioneira. O datilógrafo do *La Prensa* não acreditou quando recebeu os originais, escritos numa letra quase invisível, perturbadoramente fraca, que era preciso decifrar com generosidade, com o auxílio do editor. No relato, a marca indelével de quem não se resigna às condições impostas pela natureza e contra ela se rebela. Mesmo que se trate de fazer vingar a fruta estrangeira em ambiente hostil, mesmo que ele próprio não venha a provar de seu sabor desejado.

Rabiscos numa caderneta

O biógrafo caminha por um corredor nos fundos da Biblioteca Nacional do Uruguai. No setor de arquivos literários, a arquivista entrega-lhe pastas. Os últimos escritos de Horacio, afora suas cartas, provocam, com seu caráter não literário. Ele manteve consigo no hospital uma pequena caderneta, na qual fazia anotações pessoais. Um caderninho que, claro, nunca foi publicado. Interessa a bem poucos ou a quase ninguém: escrita íntima sem ser confessional, cotidiana e bem pouco reveladora, banal. Mas é algo que se guarda, porque são os rabiscos de um escritor. O que pode haver de transcendência nas contas e telefones daquele que sofre para fazer xixi? O objeto final, entre o monumento e o dejeto, está lá arquivado, para quem quiser consultar, no fundo de uma pasta do arquivo da Biblioteca Nacional do Uruguai.

Quem catalogou reuniu-a com outras duas cadernetas do autor, bem anteriores, essas do ano de 1900, que relatam sua viagem de março a maio de Salto a Paris. O critério, arbitrário como qualquer critério — Cadernetas íntimas? Cadernetas de capa preta? Cadernetas do início e do fim da vida? — fala do impulso ordenador que nos move. Ordenar os fatos de uma vida, arbitrário como catalogar os objetos de um morto. A ciência que clama por critérios, teorias e métodos. O contista, suas contas e seu xixi. O biógrafo não sabe o que fazer com aquele resíduo. Horacio está tão vivo naquelas anotações da sua caderneta, tão próximo.

A ironia do arquivista — Homem? Mulher? — foi juntar naquela pasta, que ata duas pontas da vida privada de quem foi se tornando público. Num extremo, as anotações do jovem uruguaio de vinte e dois anos que vai de primeira classe à Europa, num sonho de fim de século e registra com uma letra ordenada cada detalhe da incursão que, acredita, vai lhe abrir um novo mundo. O predestinado.

Na outra ponta, trinta e seis anos mais tarde, um velho sustenta um lápis e o desliza com custo pela página com sua letra tênue e cansada: listas, telefones, endereços, garranchos diversos, pensamentos ilegíveis e interrompidos até por uma impressão digital involuntária, da mão engordurada e com terra, ainda do tempo de Misiones.

Algum biógrafo que veio antes, ao manipular aquelas cadernetas juvenis, nelas viu um livro. Entendeu que lá havia algo que merecia, à luz, o olhar do público. Foi graças a seu espírito apolíneo, ordenador, criterioso. Viu bem. Seu nome era Emir Rodríguez, e foi ele a revelar, doze anos após a morte de Horacio, sua única viagem à Europa, do dândi que voltou em andrajos, fazendo pouco da cidade-luz.

As letras claras, ordenadas e bem desenhadas do diário parisiense, interrompido bruscamente pela falta de papel, opunham-se aos traços intrincados do caderninho dos anos finais. Menor, pior conservado, já sem capa, ordenado pelo acaso e a necessidade, aquela cadernetinha parecia bem mais velha que as duas centenárias cadernetas uruguaias compradas nos últimos suspiros do século dezenove.

A caderneta argentina fixava de outro jeito o sem sentido dos dias, quando escrita é prótese, apêndice, memória. Não quer fazer narrativa, não quer converter aquele que escreve em protagonista de um futuro promissor. Apresenta-se como esfinge e banal: coisa que inquieta. Um sobressalto, uma esperança, um susto. Contas a pagar, contas a receber, telefones, ônibus, médicos, lojas, Europa. Tudo é tão transitório, como é indelével a marca do dedão de Horacio, fixada na página quanto tudo tende à dispersão. "Enfim, acreditem que com esses dias duros a memória fica meio turva."[307]

As primeiras páginas, escritas ainda em 1936, quando os sintomas da doença começavam a se apresentar mais fortes, traz nomes e endereços diversos, como o de um médico de Praga, com o respectivo endereço, tudo escrito com letras alheias. Ou será outra coisa. Uma peça de teatro com um médico de Praga? Algo para ver com María no teatro quando a temporada de Buenos Aires recomeçar. Embaralham-se nomes próprios, endereços, lojas em Buenos Aires e Paris. Por que é que a gente fica sempre enfiado nessa selva? Horacio, a gente precisa voltar para a cidade, eu te conheci sob a luz da Wagneriana. Não é justo a gente se acabar aqui, neste fim de mundo. Como é difícil conciliar tantas vontades. E se a gente fosse a Paris. Se o golpista do Terra não tivesse tirado meu trabalho, meu salário, a gente estaria rico. Quem sabe com o dinheiro da aposentadoria, se eles pagarem tudo numa bolada. Se tudo mais der errado, a gente ao menos vai ver os flamboyants — era esse o nome! — os flamboyants da nova avenida no centro de Assunção.

Páginas após, caligrafia firme e forte, o nome de Rojas, o diretor do Jardim Botânico de Buenos Aires. Amor vegetal dos últimos tempos. Dispensa explicação. Reler "A tartaruga gigante", o primeiro conto que você leu em 1999, quando Teresa disse que havia um contista excelente, que se ela não tivesse estudado o Piñera, teria sido o Quiroga. Segue-se um único escrito de caráter filosófico sobre a vida espiritual, quase ilegível de tão tênue, tal qual sua escrita autoral nesses tempos. Nele sobressai-se o grande, o imenso polegar de Horacio. Marca de seu corpo sobre a página. Escrita de carne. "Ele nos ensinou que o sangue é a melhor tinta",[308] repete Ezequiel.

Três páginas em branco para descansar o olho da floresta de signos e garatujas. Começa a lista de contatos pessoais da jornada portenha. María tem novo endereço. Já não pode escrever Mariuchita porque os olhos se encheriam de lágrimas, não fica bem. Agora ela mora na casa da irmã de uma amiga, na rua México, 1320. Aquele prédio de quatro andares que continua em pé, no qual morava também o escritor Baldomero Fernández Moreno. Eu mesmo vi em 2019 quando passei por lá, antes da nova pandemia de gripe espanhola. Mariuchita não estava lá. Gustavo Caraballo, o diretor do filme *Federación o Muerte*, de 1917, disse que queria me encontrar, mas não me lembro se ele veio ou não. A semana passada foi tão difícil. Bem que ele podia adaptar algum conto meu para o cinema. Meus roteiros que não consegui filmar. Eu preciso é de um médico. O Doutor Arce nunca diz nada mesmo. Pedro F. Funck, parente de Arturo, médico amigo do Gato Iglesias.

O nome de Alfonsina na página. Seu telefone: 31 0839. Querida, seu nome que retorna, páginas adiante. Na outra visita, você mesma escreveu no alto da página seu nome e telefone mais uma vez. Logo abaixo, com letras firmes, contrastando com a linha tênue de outras ocasiões, escrevo o número da linha de ônibus que me leva do hospital à sua casa: "Colectivo 32. Retiro — H. Clínicas".

Noite afora

Para além dos amigos de toda a vida, dos filhos, dos amores, das ausências causadas pela impossibilidade de estar ao lado de Horacio nos dias finais, surgiu um homem. Rosto disforme, que assim como o escritor se tornara hóspede do Hospital, em certo momento, e que resolveu levar seu colchão para o quarto de Horacio. Seu nome era Batistessa, e entre ele e o escritor se estabeleceu uma relação de cumplicidade singular. Quando não estavam mais os amigos, quando María não estava, quando não era horário razoável para qualquer visita, então Batistessa surgia.

Batistessa tinha um edema enorme que lhe desfigurava o rosto e que o privava do convívio social. Vivia no hospital por não lhe ser impossível trabalhar, e porque, acreditava ele, nalgum momento algum médico poderia inventar-lhe uma cura para a doença que ele sequer tinha.

Conversava com o escritor sobre qualquer assunto, porque aquele solitário Horacio precisava mesmo de companhia, naquele cotidiano tão novo e tão estranho, que já durava incontáveis semanas. Com Batistessa comemorou seu aniversário de 58 anos, na derradeira noite de 1936. Lembrou-se, naquela noite, que estava internado há quase três meses.

Quando os três meses chegaram, já avançando o mês de janeiro, disse ao amigo mais ou menos o que diria, horas depois, ao amigo Asdrúbal Delgado, seu porta-voz oficial em Salto, transpirando otimismo. Era seu ultimato para voltar a San Ignacio:

"Continuo melhorando muito meu estado geral, mas não tanto do local. Parece que a extirpação da próstata está um pouco distante ainda, pela persistente inflamação da mesma. Consequentemente, demorarei por aqui até o começo de março, à espera de Arce. Se até lá não houver condições para a segunda parte da cirurgia, retornarei a Misiones, para voltar para cá depois de um tempo prudente. Averiguei — e vejo — que com a sonda vesical é possível viver normalmente. É um estorvo, claro, mas fazer o quê?"[309]

Doutor Arce havia saído em viagem aos Estados Unidos logo após a cirurgia de outubro, e ainda não havia retornado. Dependia da palavra dele para dar os próximos passos. Confiava que até o fim de fevereiro poderia ser operado. Escreveu a Isidoro Escalera para mandar as poucas novidades e falar das suas muitas expectativas: "Não vejo a hora, amigo, de voltar para casa. Imagine só você, quatro meses e pouco de hospital!"[310]

E assim janeiro passou, sem novidades, nem gerais nem específicas. Se havia algo de bom naquele cotidiano empobrecido era poder visitar Eglé e Darío quando quisesse. María agora já trabalhava no hospital e era muito bom tê-la por perto já sem os percalços da relação difícil dos dois. Ela, no entanto, andava cada dia mais amuada, sem que ele pudesse topar com a razão. Pensou se tinha lhe dado alguma resposta grosseira, mas não topava com nada. Faltava-lhe energia até para discutir, e os dois ultimamente andavam bastante bem entrosados. María estava entristecida, e embora tentasse ocultar sua tristeza, não conseguia. Desde o dia em que ele novamente deixara de conseguir caminhar, ela como que mergulhara numa solidão insondável, cuja razão ele ignorava.

O silêncio de María

O que calara a Horacio, Doutor Arce dissera palavra por palavra a sua ex-esposa, que se consumia com a informação indizível. "O doutor Arce, antes de partir para os Estados Unidos, preveniu-me de que ele não viveria mais de dois meses. Mas manteve Horacio iludido, dizendo a ele que quando regressasse faria a segunda parte da operação de próstata."[311]

Como sempre acontecera, embora se amassem, a história vivida por Horacio não coincidia com a de María. Enquanto essa aproveitava cada dia ao lado daquele homem por quem nutrira e continuava nutrindo sentimentos tão contraditórios e intensos, ele, por sua vez, aguardava confiante uma melhora que acreditava destinada a ele.

No entanto não vinha, nem a melhora, nem a cirurgia. E fevereiro surpreendeu-o com mais dores, mais incômodos, mais fraqueza. Eczemas pelo corpo, dificuldade para caminhar, ardores, coceiras. O corpo lhe gritava sua fadiga.

Os recursos que lhe restavam eram poucos: escreveu mais uma última carta ao amigo Estrada, na qual se queixa da saúde e diz sentir saudades não do tempo em San Ignacio, mas de outro momento, bem mais recente:

"Por outro lado, sinto falta como de um paraíso perdido, aqueles dias em que podia caminhar, faz tão pouco tempo. Tudo é relativo. Mas quase cinco meses de hospital são muito, mesmo com a resistência que exibi por vários meses. Até outra, mais feliz, querido Estrada. Escreva-me quando precisar desabafar — como é meu caso. Carinho para os seus e um forte abraço."[312]

Horacio não tinha muita paciência com o destino. Antes daquela imprevista piora, fizera planos com Delgado e Brignole para visitar Salto, cidade para a qual há décadas não retornava. Já a esposa María dizia que ele comprara um martelo novo e pregos, matéria sobre a qual, nos tempos do amor, até dissertava nas cartas à esposa, quando esta estava em Montevidéu e ele em San Ignacio.

Horacio contava a María que, naqueles dias em que sua saúde custava a se recompor, o que ele queria era voltar a San Ignacio e ao menos ter no ar úmido da selva, olhando correr o rio Paraná, condições melhores para se recuperar. Era seu novo plano, voltar a San Ignacio, antes de fazer a cirurgia. E, quando melhorasse, rever os amigos em Salto. Quem tem seus afetos espalhados por diferentes cidades, tem apenas a certeza de que terá de viajar.

No entanto, tudo aquilo estava demorando demais. O Doutor Arce não regressava nunca. As coisas já não se encaixavam. Naquele passo que ia, em que mais piorava do que melhorava, Horacio começou a ficar desconfiado daquela história de segunda parte da operação. Aproveitou-se da visita do famoso Dr. Ivanissevich, que fora avaliá-lo. Com fraqueza, mas de modo firme, pediu que ele fechasse a porta. O médico intuiu o que vinha, quis tranquilizar Horacio, num tempo em que a verdade não era algo que se compartilhasse com um paciente grave. Antes que o cirurgião pudesse ao menos articular um discurso piedoso e coerente, Horacio foi claro: ele queria a verdade, não importava qual fosse nem o quanto doesse. Ele tinha o direito de saber.

Ivanissevich respirou fundo e se preparou para o que não aprendera na Faculdade de Medicina, dizer a um paciente terminal o seu real estado de saúde. Horacio conseguiu finalmente compreender sua situação. Lívido, Ivanissevich deixou o quarto do paciente. Parecia que, em toda aquela situação, ele era o maior afetado.

A despeito dos eczemas, que dificultavam um caminhar sem dores, Horacio decidiu que precisava reunir forças e dar um passeio pelas ruas da cidade. Foi à casa de Eglé. Tomaram juntos um chá, numas canecas laranjas da filha e, ao se despedir, conseguiu abraçá-la com a intensidade de quando ela era tão pequena que cabia inteira em um abraço seu. Visitou ainda outros amigos. Não conseguiu encontrar seu filho Darío.

Deu o passeio solitário dos homens que, por já terem ultrapassado todos os limites, se sabem livres. Uns dizem que foi a uma farmácia, outros que foi a uma loja de ferragens, o que em todos coincide é que Horacio comprou cianureto de potássio, que era o único remédio para colocar um ponto final àquele longo enredo.

Nunca se submeteu ao Estado, fosse ele o uruguaio ou o argentino, aos partidos — de esquerda ou direita — embora estivesse mais próximo da primeira; tampouco à Igreja — qual religião fosse — ou ao Exército. Seguiu fiel até aquele momento a seu credo laico de anarquista solitário. Certa vez, numa carta a Ezequiel, disse: "Não quero nada de militares, minha grande fobia, e muito menos de padres."[313]

Acreditava no afeto entre as pessoas, e por isso precisava abraçar aqueles a quem amava. Ao retornar ao hospital naquela noite de quarta, encontrou ainda Batistessa acordado.

Na manhã seguinte, o amigo e alguns dos enfermeiros entenderam o fundamental: que Horacio, o escritor, já não vivia.

CAPÍTULO 19

O sol nas bancas de revista

Quando, na manhã do dia 19 de fevereiro, Elías Castelnuovo passou na banca para comprar o jornal, ficou sabendo da morte de Horacio Quiroga e foi-lhe impossível não se lembrar da de Roberto Payró, acontecida dez anos antes.

Como naquele dia, uma década atrás, Elías estava indo pegar o trem e da mesma maneira fora informado pelo jornal sobre a morte do escritor que admirava tanto. Enquanto aguardava na estação de outrora, lembrou-se do almoço oferecido por Horacio Quiroga a Payró, dois anos antes de sua morte, para celebrar os vinte anos da publicação de *O casamento de Laucha*. Foram todos juntos a Lomas de Zamora, a cidade de Payró, para a comemoração. Ele próprio recebera o convite escrito por Horacio.

Coincidentemente, no dia em que morreu Payró, foi o próprio Horacio quem Castelnuovo encontrou no trem. Enquanto caminhava na direção dele, para dar as condolências, ponderou que já eram amigos. Tinham trocado algumas cartas e inclusive escrevera a ele, poucos meses antes, para cumprimentá-lo por seu artigo "A santa democracia", no *La Nación*, uma leitura sem dúvida politicamente acertada. Horacio se fizera de humilde, respondendo que "dizer isso estava no ar, por força do desgosto pelos acontecimentos".[314]

Mal Castelnuovo tinha aberto a boca para cumprimentar o amigo, Horacio logo o advertiu:

— Sabe o que aconteceu? Morreu Payró.

Antes que ele pudesse reagir, Horacio seguiu, cortante:

— Se você falar uma palavra sobre isso eu desço do trem e lhe deixo aí.

O desconcerto de Castelnuovo não poderia ser maior. Impossível entender Horacio.

Muito menos agora, pois ele estava morto. Era tarde. Nada havia a fazer. Tomou o seu lugar no trem, mas talvez o fantasma de Horacio se sentasse a seu lado. No jornal que tinha entre as mãos, leram: "Morreu Horacio Quiroga, o maior narrador da América do Sul. Amou o bosque e extraiu dele os seus segredos."[315] Elias foi direto para a página seis, onde, em seis colunas, havia uma homenagem a Horacio e a reprodução integral do conto "O travesseiro de pena". Não se falava explicitamente sobre a causa da morte, apenas de um passeio e da conversa com o médico responsável. Leu:

"No Hospital das Clínicas, depois de uma longa e penosa enfermidade, faleceu às sete horas da manhã de hoje o grande escritor e admirável contista da selva missioneira, Horacio Quiroga. Fazia muito tempo que estava acometido por um terrível mal. Ultimamente, havia melhorado, de tal maneira que chegou a pensar em um total restabelecimento. Na tarde de ontem havia saído para visitar alguns amigos. À noite, o professor Ivanissevich, ao fazer a visita noturna no quarto, conversou longamente com o escritor, a quem encontrou em bom estado de ânimo. Por isso, apesar da gravidade do mal que o acometia, sua morte não deixou de causar surpresa. Os amigos pessoais não ignoravam a ineludível gravidade do mal e seu fatal desenlace."[316]

A reportagem seguia com um retrato de Horacio. Elías inquietou-se com a imagem que vinha daquelas páginas: "Nada mais belo na figura de Quiroga que seus olhos, nos quais toda a doçura e a força do mundo pareciam se concentrar."[317]

— Não pode ser! Estão falando de outra pessoa — surpreendeu-se ao ouvir seus próprios pensamentos. Repassava os nomes dos jornalistas de *Crítica*, para tentar descobrir quem ousaria falar assim daquele homem intratável. Não é possível! Vão querer transformar o Quiroga em santo agora? Uma lista de nomes percorria sua cabeça de Elías. Imaginou que Eglé Quiroga tivesse algo a ver com aquilo, ela que já fora tradutora e que então fazia trabalho administrativo na redação do jornal. Não sabia se a pequena sabia escrever. O próprio Natalio Botana, o dono do jornal... A companheira Salvadora Medina Onrubia, a esposa de Natalio. Pensando bem, a lista está ficando longa. Quem sabe...

Provavelmente ele mesmo seria o encarregado de escrever para a revista *Claridad* o obituário do seu conterrâneo. Haveria de ser um retrato menos edulcorante. Reporia a verdade sobre Horacio. Formavam-se, um a um, os adjetivos precisos para qualificar o morto: "Horacio Quiroga era um homem adusto, pontiagudo, arisco. A seu lado, tinha-se sempre a impressão de se estar frente a uma planta selvagem, enredada, espinhosa, a qual era preciso contemplar sem se aproximar muito, para não se ferir."[318]

O fantasma de Horacio já não era dono do que diziam sobre ele. O respeito ou temor que se tem aos vivos já não se aplicava sobre sua falecida pessoa. Começavam a nomeá-lo, dizer dele de modo que nunca teriam feito se caminhasse ainda entre as gentes.

Seu nome começava a entrar em disputa; tudo o que até então só se dizia dele à boca pequena ganhava as páginas impressas dos jornais, revistas, e logo livro. Seu espectro vagava pela cidade e a voz do povo ia moldando conforme suas lembranças um corpo todo feito de linguagem e memória. Era estranho estar morto.

A chama

Castelnuovo leu o *Crítica* naquele dia, mas qualquer outro jornal que ele tivesse escolhido não faria grande diferença. A banca de jornal era dominada por Horacio Quiroga naquele 19 de fevereiro. O *Notícias Gráficas* optou não pela delicadeza, mas pela contundência em sua manchete, "Horacio Quiroga, nosso Rudyard Kipling, morreu",[319] e por não menos enfático parágrafo inicial: "Morreu Horacio Quiroga, o indiscutivelmente melhor contista da América do Sul. Morreu hoje no Hospital das Clínicas desta cidade, onde havia se internado há alguns meses, em busca de cuidados médicos para uma doença que o atingia e que se tornou mortal."[320]

O texto ocupava duas colunas e tampouco era assinado. As ressalvas que há dois anos atingiam *Além*, o último livro de Horacio, davam agora lugar a elogios derramados. O autor de um livro recebido com frieza era então reconhecido como *o indiscutivelmente melhor contista da América do Sul*.

El Mundo, por sua vez, tardaria um dia mais. O registro da sua morte só aconteceria no sábado, de modo discreto, lá pela décima quinta, após as notícias da guerra, da política argentina, da coluna social e até de alguns crimes ainda hoje familiares: "Mata a esposa com um balaço e em seguida se suicida."[321] O jornal trocou a urgência da notícia pela delicadeza da crônica, que começava destacando a recusa do escritor à vida social e à fama nos últimos tempos. No texto, Horacio era tratado como ex-escritor, como alguém que recusara já há algum tempo a vida social e a fama:

"Faz tempo já que a figura de Horacio Quiroga havia pouco menos que se perdido no ambiente das letras. Suas longas estadias em Misiones, seu afastamento dos círculos que congregavam os escritores quando permanecia em Buenos Aires e que haviam feito com que seu nome adquirisse uma pátina de celebridade, integrada por seu prestígio de escritor e por sua evasiva presença, sempre de passagem, sempre silencioso, sempre olhando para o chão, como se não quisesse que o espetáculo circundante invadisse a abstração de seu pensamento. Seus colegas haviam se acostumado a vê-lo desse modo — os escassos colegas que se aproximaram de sua amizade reservada, porém profunda. E assim se deu, visitado por poucos durante sua internação, com o rosto agudo, citrino e o olhar apagado. Horacio em sua última época era praticamente um desumanizado."[322]

Se o escritor nos seus tempos finais tinha mesmo pouco amigos, todos pareciam ter ainda acesso à imprensa. Sob a mesura do texto não assinado, transbordava o afeto pelo morto. O artigo terminava anunciando o funeral para às 16h daquele mesmo sábado, no Cemitério da Chacarita, onde o corpo seria cremado.

As exéquias começaram, no entanto, na Casa del Teatro, então localizada na Avenida Santa Fe, 1243. A câmara ardente foi recebendo aqueles que vieram ver Horacio em seus momentos finais. Entre os presentes no velório, além de escritores, cineastas, amigos da família e amigos de Horacio, esgueirava-se uma figura singular.

Um homem discreto, um dos primeiros a chegar, que ficou poucos minutos e não falou com ninguém, a não ser com o morto, de quem tinha se tornado tão próximo naqueles dias finais. Era Batistessa, aquele que oferecera a Horacio companhia e cuidado e que então suplantava sua condição de segregado social para ir ao velório. Ficou longos minutos contemplando Horacio morto, pensando naquele corpo que já não escreveria uma palavra sequer, que não diria nada, que jamais voltaria a se levantar dali. Mais ainda, que logo se dividiria entre chamas, fumaça e finalmente cinzas. Observava-o na sua integridade.

Pensou no que seria novamente sua solidão no Hospital das Clínicas, até que encontrasse outro doente disposto a conversar com ele, que não temesse sua chaga, que não desviasse dele o olhar. Caminhou até María, que o encarou docemente, grata por ele ter podido ter podido oferecer algum alívio àquele homem quando os limites se impunham a ela. Discretamente, querendo deixar registrada sua presença, entregou à viúva um cartão de condolências improvisado, no qual, abaixo de seu nome, manuscrito a lápis, lia-se o seu endereço de residência: "Hospital de Clínicas, quarto 4".

A fumaça

María Elena Bravo, tocada com a presença de tantas figuras que vieram celebrar seu marido, gente de distintas épocas de sua vida, de diversas condições sociais, com cartões luxuosos ou improvisados, recolheu cada um dos cartões de condolência e os dispôs, colados, numas folhas grandes de papel cartão, à maneira de um álbum. Nele convivem o cartão de Batistessa e o de Leopoldo Lugones, que naquele momento já deixara de ser o poeta-modelo que incentivara Horacio a se lançar às letras, deixara de ser o amigo que o levara a Misiones pela primeira vez, há 30 anos, para ser um desafeto, ainda mais depois de ter declarado apoio ao fascismo num artigo de jornal, no qual dizia que era chegada a hora das armas.

Ao pé do corpo de Horacio, aquele Leopoldo velho e rancoroso fez ao amigo comum César Tiempo um comentário lapidar:

"Ainda me custa acreditar. Um homem tão íntegro se eliminar com cianureto. Como uma empregada doméstica."[323] Leopoldo esperava de Horacio uma morte heróica, grandiosa. Não aquela comum às mulheres pobres, que se matavam com cianeto de potássio em pó, substância barata e bastante acessível nas lojas de ferragens.

Leopoldo não se conformava. Leopoldo remoeu esse dado vexatório, a cada dia, ao longo de todo um ano. Até que, exausto de cavilar, desgostoso da vida e de si, deu cabo à sua própria vida, misturando uma dose de cianeto num copo de uísque. Era 19 de fevereiro.

Os jornais foram implacáveis com o fascista nacional. Na crônica publicada na página 11 de *El Mundo*, o jornalista anônimo escancara a ironia do fato: "Abstêmio contumaz e católico militante, marca seus minutos finais com o fogo do álcool e a sombras do suicídio."[324]

Um barulho, assim, ensurdecedor.

Cinza ainda brasa

Eglé nunca se conformou. Elías Castelnuovo não podia ter feito aquilo à memória de seu pai. Não era ético, não era digno, não era. A despeito de tudo o que disseram dele na imprensa dos dois lados do Rio da Prata, as palavras duras de Castelnuovo a feriam, pela falta de sensibilidade, pela falta de respeito, enfim. Transformar seu pai num monstro depois da morte, era isso o que o uruguaio tinha feito. Eglé lia e relia o inaceitável artigo. Alguém precisava responder àquilo, alguém precisava fazer algo.

Escreveu furiosa uma carta a Samuel Glusberg. Cada linha sua ecoava o estilo furioso do pai, pois era ela agora a defensora da sua memória. "Também eu li o estúpido artigo de Castelnuovo na revista *Claridad*. Você deve imaginar o quão indignada estou. Achei aquilo a maior covardia. Por que não disse nada disso em via a meu pai? Não deveria nunca ter se metido com sua vida privada. Vê-se claramente que é um envenenado. Diz algumas coisas que dão a medida de sua pobre mentalidade. Você lembra daquilo de que nenhum camponês foi ao velório? O coitado fez uma salada na cabeça dele com a viagem para Rússia e quer ver nas ruas de Buenos Aires camponeses de bota e tudo. Castelnuovo é amigo íntimo de Dona Salvadora Medina Onrubia de Batalla, que tem um Rolls-Royce... Sinto que você não respondeu como ele merece. Se algum dia ele passar na minha frente, vou dizer a ele tudo o que penso de sua valente atitude. Eglé."[325]

Ela é um rancor vivo. Nem a clara resposta de Glusberg bastava. A vida íntima do pai exposta, com a série de suicídios, tomando-o não como um grande escritor ou um grande homem, mas como alguém marcado por um selo trágico do destino, retirava de Horacio um de seus maiores méritos: o de construtor, o de haver forjado para si uma carreira de letras a despeito das condições desfavoráveis e de haver realizado façanhas com a narrativa do Rio da Prata, levando-a a níveis anteriormente não experimentados. Horacio era reduzido à condição de vítima do destino, burguês ressentido e homem egoísta. Queria torcer o pescoço daquele energúmeno.

Já sem o pai presente para se impor com sua autoridade de artista aos falatórios e fofocas, agora públicos, pouco a pouco, iam se escancarando as portas para a invenção do mito do homem intratável, envolto por uma aura de morte e tragédia, um corvo solitário, um Poe tropical, um ermitão perturbado. Aquilo parecia que só ia aumentar, feito doença, feito lenda urbana, feito um rastilho de fel em rede social.

Assim foi, Horacio era magnético. Seu fantasma nunca perdoou nem libertou Castelnuovo. A pergunta que rondava sua cabeça, que o atormentava, era: por quê? Por que Horacio e não eu?

Exatos quarenta anos depois, em 20 de março de 1977, falava-se ainda, e muito, de Horacio Quiroga. Celebrava-se o homem, a obra. Elías, já com seus 83 anos de idade, não se conteve. Precisava dizer uma ou duas coisas bem ditas para restabelecer a verdade dos fatos. Escreveu uma carta ao diretor da biblioteca uruguaia, Arturo Sergio Visca, para impôr o que ele julgava os justos limites à festividade.

Como é que podiam fazer tantas festas, edições e selos comemorativos ao Horacio? Era preciso colocar claros limites à celebração daquela figura impenetrável, burguesa, ressentida. Elías seleciona em seu dicionário de adjetivos aqueles que fará jorrar sobre a memória do morto: "Horacio Quiroga era efetivamente um homem raro. Hermético, sombrio, impenetrável, sua alma estava fechada permanentemente como uma tumba. Duvido que alguém tenha podido penetrá-la. Nem mesmo quando se embriagava abria suas portas. Fiódor Dostoiévski era ao lado dele um extrovertido. Graças a isso, no entanto, é que ele foi quem foi. O mais trágico dos autores do Rio da Prata."[326]

Já haviam passado quarenta anos. Cada vez sua palavra valia mais, pensava Elías. Eu sou o portador da memória, dos fatos. Eu sou o que escreve a verdade às futuras gerações. Ninguém chega a Quiroga se não for por mim. Respirou fundo, e continuou a carta. Interiormente, respondia às reclamações de Eglé a seu artigo: "Agora que Quiroga está morto, fala-se muito e derramam-se abundantes lágrimas de crocodilo. Mas a verdade de sua última instância na terra foi a seguinte: sua mulher não foi ao velório, seus dois filhos, Eglé e Darío, chegaram no meio da noite, com roupa esportiva, ela com uma raquete, e não ficaram no recinto mais de dez minutos. Os únicos que acompanharam Quiroga durante toda a noite foram somente seis. Álvaro Yunque e sua mulher, Carlos Giambiagi e Liborio Justo, minha esposa e um empregado."[327]

Arturo considerou longamente a carta datilografada. Ele, como poucos, tinha tido acesso às cartas de Horacio. Ele editara o primeiro livro de cartas do escritor, publicado em 1959. Mais de uma década depois, em 1970, recuperara e editara também as 33 cartas que Horacio enviara a seu último editor, César Tiempo, 29 delas apenas falando da edição de *Além*. Arturo sabia como poucos das conexões íntimas de Horacio, do modo como lidava com o trabalho, com suas ansiedades, com os filhos, com a morte.

Considerou mais uma vez aquela nova missiva, na qual Horacio não era nem remetente nem destinatário, mas assunto. Arturo também pensou: essa carta também não é para mim. Não me pertence. A imagem da filha de Horacio com uma raquete de tênis em seu funeral ficou-lhe na cabeça. Arturo tomou a carta e colocou-a na pasta dos arquivos de Horacio Quiroga, no Departamento de Pesquisas da Biblioteca Nacional. No fundo daquela pasta ela permaneceria, sepultada viva, como as coisas esquecidas que de tempos em tempos serão lembradas, relidas, reconsideradas, em sucessivas exumações, ao longo dos séculos.

CAPÍTULO 20

Os contos de meus filhos

Pois de tudo fica um pouco.
Fica um pouco de teu queixo
no queixo de tua filha.
De teu áspero silêncio
um pouco ficou, um pouco
nos muros zangados,
nas folhas, mudas, que sobem.
(Carlos Drummond de Andrade. "Resíduo")

A fumaça subia e se dissipava nos céus sobre o Cemitério da Chacarita. Dias depois, as cinzas resfriadas de Horacio começariam o trajeto contrário ao que em vida fizera o escritor: primeiro pelas águas do Rio da Prata rumo a Montevidéu, com uma parada na cidade de Colônia. Depois, seguiriam a Salto, a cidade natal. Cada uma das estações que fora deixando para trás, rumo ao lugar de origem.

Uma foto publicada na edição dominical de *El Diario*, de Buenos Aires — onde Horacio tentara, em 1934, por meses e sem sucesso, colaborar como contista — mostrava o cortejo com algumas dezenas de pessoas, acompanhada de mais um texto de homenagem, com a reprodução integral do conto "O Potro Selvagem". Feito cinza, fumaça e dispersão, Horacio se perguntava: María vai receber por esses contos publicados sem o aval de ninguém?

Dias depois, porque após a morte não há pressa, as cinzas chegam a Montevidéu, onde o escritor foi homenageado em cerimônia pública, no Parque Rodó. Era 27 de março. O jornalista do argentino *La Nación* descreveu o ato: "No auditório do Parque Rodó, aconteceu nesta noite uma homenagem laica, em memória do escritor Horacio Quiroga, cujas cinzas foram trazidas de Buenos Aires, via Colônia, por uma delegação de intelectuais rioplatenses. (...) A urna [de carvalho, lavrada com a cabeça de Horacio, por Stefan Erzia], coberta com as bandeiras argentina e uruguaia, foi colocada em um túmulo levantado no centro do auditório, rendendo homenagens, com tochas erguidas, uma dotação do corpo de bombeiros. (...) Ao fim, a banda do Sodré tocou músicas de Wagner, Schumann e Beethoven. A urna será levada amanhã, às 7h, em um trem expresso a Salto, onde se realizarão novas homenagens, depositando-se, por último, no panteão familiar da família Quiroga no cemitério central daquela cidade."[328]

O cortejo seguia, sem pressa, e chegava a Salto dez dias após a morte do escritor, já no último dia de fevereiro. A cada nova estação, crescia o número de pessoas e a comoção pública. A *Tribuna Salteña* dedicava toda a primeira página ao evento: em sua manchete de capa anunciava que "Formaram no cortejo cinco mil pessoas". E logo abaixo: "A homenagem a Horacio Quiroga não tem precedentes na história de Salto."[329]

A comoção fora construída, dias antes, por iniciativa do prefeito de Salto, J. E. Costa, em parceria com o Ministro da Instrução Pública e Previsão Social e Relações Exteriores. A intenção era criar um comitê com a participação ativa da imprensa, para que "os restos do celebrado literato Dom Horacio Quiroga" fossem não apenas trasladados a Salto, para celebração pública, mas que lá permanecessem.

A *Tribuna Salteña* atendeu ao chamado, fez coro, conclamou seus leitores: "Estamos seguros de que nossa população responderá com unanimidade calorosa à sugestão lançada, que está animada por um alto senso de justiça e de admiração por quem legou à memória e à devoção das gerações uma obra que é selo de orgulho e de glória para o país."[330] O corpo, decidiu-se ao fim, ia ficar no panteão familiar, no Cemitério Municipal.

Morto Horacio, ele deixava de ser, pouco a pouco, a figura nada palatável, nada ponderada, nada amistosa, para se tornar o celebrado literato, orgulho e glória para o país, ainda governado pelo golpista Gabriel Terra, que o exonerara e mal quisera pagar-lhe a aposentadoria. Horacio tornava-se herói e seu funeral, ato cívico.

Suas cinzas no interior da urna de alfarrobeira, talhada pelo russo Stefan Erzia no formato de sua cabeça, iriam viajar ainda duas vezes: primeiro, para o Museu Histórico de Salto; depois, em 2004, para uma Casa Museu, fundada em sua homenagem. Uma casa de veraneio da qual ele mal guardava lembranças, pois a mãe, viúva, a vendera quando ele tinha quatro anos de idade. Lá ela segue até hoje.

Há quem pense que o desterrado Horacio nem assim foi repatriado. "No caso singular deste escritor de duas pátrias, existe, no entanto, outra casa-museu Horacio Quiroga, em outra província. Foi sua casa por escolha. O gesto mais radical seria, independentemente dos duvidosos nacionalismos, que um dia aquela escultura de alfarrobeira contendo as cinzas fosse enterrada debaixo de uma árvore plantada por ele na casa de Misiones. O desterrado Quiroga estará, finalmente, em se lugar."[331]

Findas as cerimônias, o cortejo, depositadas as cinzas em Salto e não em San Ignacio, o que resta? Depoimentos de amigos, inimigos, toda uma literatura póstuma, um coro contraditório dizendo de Horacio as mais diversas versões. O que resta?

Escritura em proliferação, discursos, contradições. Os corpos dos filhos, incógnitos, nalguma gaveta inencontrável da Chacarita. Ana María, sob a lápide partida e pesada, lacônica, no cemitério municipal de San Ignacio. Um punhado de versos de Alfonsina. Os livros encadernados com estopa, os papéis de María, resguardando sua memória, umas poucas cartas não publicadas, o cantil moldado em barro por ele mesmo, um longo couro de cobra, também guardado pela viúva. Restam seus restos: resíduo.

A luz da urgência

Eglé se instalara pela primeira vez sozinha em Buenos Aires em 1936. Queria libertar-se da proximidade asfixiante de Jorge Lenoble, seu breve marido, do qual se divorciara depois de poucos meses frustrantes. Como as coisas não iam melhor entre o pai e María, não havia mesmo motivos para ficar.

A presença do pai era forte. Ele sempre fora o sol. Antes que Eglé pudesse ao menos descobrir-se menina ou mulher, já se lia na literatura do pai: a interlocutora dos seus *Contos da Selva*, das suas *Cartas de um Caçador*. Via-se nas reportagens sobre o pai escritor em San Ignacio. Sua infância intensa, à beira dos abismos, diante das feras quase selvagens — quatis, veados, filhotes de onça. Tudo estava dito, tudo estava contado pelo pai.

Seu nome era do outro, o escritor. Sua amiga também foi de repente tornar-se dele, tornar-se sua madrasta. Eglé desde sempre personagem, desde tanto tempo musa de tantos. Quem era ela, perguntou-se discretamente, meio sem querer. Tanto ela quanto o irmão nasceram personagens, se fizeram leitores, mas era preciso dar outro passo. Não nascera para ser dona de casa, nem na selva nem na cidade. Foi para Buenos Aires descobrir-se, na sua própria toca, pela primeira vez, com seu emprego próprio, metida na redação de *Crítica*.

Lá, ocupou as mais diversas funções: foi tradutora, trabalhou no setor de assinaturas e fez trabalhos de escritório, daqueles que seu pai Horacio se recusaria a executar. Ela sabia, no entanto, que era o preço para fugir da asfixia do casamento, da nova configuração familiar, da selva longínqua da qual ela só queria distância.

Havia mais, no entanto: com os trabalhos, Eglé conquistava um quarto todo seu, afastado dos olhares julgadores do mundo. Ela podia ler até tarde o que quisesse. Ouvia música, ia ao cinema com o irmão ou com amigos de tempos em tempos. E tinha uma cama todinha sua, onde podia namorar sem se preocupar com o casamento. E no seu trabalho tinha muita gente interessante. Amigos solteiros e casados que olhavam para ela como mulher. Envolveu-se com alguns deles, trouxe-os à sua casa. Cada um daqueles movimentos de transgressão fazia seu coração palpitar, pois se sentia viva como nunca, em aventuras que sequer sabia serem possíveis.

Experimentar aquela liberdade toda a inquietava. Torturava-se por algumas culpas que trazia consigo, e no fim das contas não sabia se era mesmo certo ser tão livre. A despeito de seus impasses, Eglé exalava liberdade por onde passava. Era querida pelos colegas da redação: inteligente, sensível e intensa. Eglé era uma bomba, orgânica, à beira de explodir de tanta vida.

Por onde passava, deixava marcas. Sua colega de redação, Emma Barran-déguy, recém-chegada de Entre Ríos, anotou em seu diário: "Você se lembra da Eglé? Tive por ela um afeto limpo, desprovido de aderências. Vejo-me entrando pela manhã na casa de Eglé Quiroga. Ela se levantou para me abrir a porta e logo voltou para a cama. Em cima da cama, um pijama enrugado de homem. Eglé seguiu meu olhar e começou a falar. A chorar. Meu Deus, chorar por quê? Chorava com lentidão resignada. E enquanto isso explicava, pensando talvez na minha atitude de rechaço. Eu quero que você saiba — dizia — antes de mais nada, para ver se você quer continuar sendo minha amiga depois do que eu vou te contar. Este pijama é do meu amigo; também tenho relações com o Julio, o do escritório; não se assuste, você sabe que eu me casei muito nova. Ela tentava continuar o relato. E eu com isso? Acaso eu estava pedindo para ela prestar contas? Eu achava aquilo tudo muito bom, mas muito bom mesmo. Produzia certa admiração e um confuso desejo de imitá-la, isso era tudo. (...) Pela primeira vez na minha vida, tinha diante de mim um ser humano que lia, que conhecia pintura, que com sua conduta diária era maravilhoso e verídico."[332]

Emma, recém-chegada do interior, estava encantada com Eglé. Aquele descompasso entre ser uma menina absolutamente inexperiente com seus afetos e, por outro lado, ter visto tanto, vivido tanto e convivido com tanta gente, fazia dela a mulher mais singular que Emma já havia visto. Eglé fora criada por um homem forte, frontal e de poucas sutilezas no cotidiano, mas com tantas mulheres igualmente fortes e frontais que lhe faziam o contraponto — chamavam-se Alfonsina, Emilia, Cora, Berta —, e agora, na flor dos seus vinte e cinco anos, tinha o mundo finalmente diante de si.

O encontro das duas, tão solitárias em suas vidas familiares e agora livres na cidade, foi tão especial que Emma, em suas precoces de memórias, escritas ainda no início dos anos cinquenta, citava uma e outra vez, longamente, sua relação com Eglé — aquela moça que se fez sua amiga e seu abrigo: "Ninguém sabia, no entanto, com que absoluta sensação de limpeza, de que a seu lado se alinhavam a clareza e a harmonia, havia acolhido muitas vezes a Eglé Quiroga depois de absurdas e estúpidas cenas familiares. Tudo podia pesar sobre meus ombros, porque sabia que mais tarde haveria de comentar com ela um livro de André Gide ou tomar uma xícara de café a seu lado."[333]

Horacio legara à filha a intensidade, o gosto por Gide, o magnetismo. Nas lembranças da narrativa de Emma, o nome de Eglé é um *leitmotiv*, como um amor sublimado, uma amizade breve e intensa.

Eglé queria viver o que podia, o quinhão de liberdade que alcançara, com uma cama toda sua, um trabalho todo seu, uma cidade toda sua. Sua urgência crescia a cada nova experiência, a cada descoberta de seu corpo jovem e da sua alma sedenta de experiência.

Foi num dia besta, depois de sentir uma dor aguda, um caroço no seio, que soube pelo médico que estava doente. Eglé, como o pai, e ainda tão jovem, tinha câncer. Um tumor na mama. A garota pensou nos sofrimentos de Alfonsina, que também sofria daquele mal. Sentiu medo. Depois, sentiu coragem. Seu futuro era breve, mas lhe pertencia, era todo seu.

Não havia muito a fazer senão aproveitar cada dia e encerrá-los, quando já não pudesse seguir. Emma anotou: "Eglé Quiroga tinha uma espécie de serenidade que lhe vinha das repetidas experiências negativas. A mesma serenidade com que colocou os comprimidos para dormir na xícara cor de laranja. Grande quantidade de comprimidos. Como seu pai no ano anterior. Quanto firmeza nesta pequena cabeça loura! E que difícil decisão de evitar problemas para os outros. 'Como vou fazer, me entenda, para dizer a eles que estou doente?' E eu, para que ela não se matasse, inventava uma viagem para o Uruguai, qualquer coisa. Vai, você se cura lá e depois volta. Ela sorria. 'Você não é a doente — ela dizia —. Você está na outra margem: a da vida (...)'. Eglé não encontrava repouso, sempre estava procurando o prazer e sabia proporcioná-lo, ou ao menos me dizia isso. 'É tão pouco, tem que aproveitar.'"[334]

Assim, Eglé — como tantas vezes fizera o pai — decidiu que era o momento de partir. O mal do corpo se impôs. Ela não partiu derrotada, fez valer os momentos de sua jovem vida de vinte e sete anos. Estava ao lado de seus amores, de sua amiga Emma, e de seu irmão nos últimos dias.

Eglé Quiroga deixou cartas: uma para Emma, que depois precisou ser recuperada perante o juiz, outra ao comediante e amigo Mario Warnes. Tentou ainda telefonar para o amigo Alejandro Storni, mas não houve tempo para ele. O tempo era curto demais para Eglé.

Darío era um rapaz amoroso, generoso e inconsequente. Sentiu como poucos a morte da irmã. Ele, que já perdera a mãe em tempos imemoriais e estava por aqueles dias sendo obrigado a se despedir de Eglé e logo da tia Alfonsina. Quem ele não perdia jamais era Horacio, um fantasma grande demais para ele. Um sol que paradoxalmente lhe fazia sombra.

Por essa época, ele já sabia com todas as letras: os afetos são complexos; a cumplicidade nem sempre se consegue na primeira tentativa; ter um pai a quem se adora era pesado demais, porque ele, de partida, já sai em desvantagem. Desde os primeiros tempos quer seguir os passos de Horacio, mas não tem o mesmo vigor do velho: os golpes certeiros de facão, os tiros precisos de escopeta, as frases cortantes, o olhar sedutor. Darío sempre se descobre em cruel desvantagem.

Herdou, porém, a teimosia inquebrantável do pai. Tenta a vida inteira seguir-lhe os passos, disputar-lhe o olhar. Por vezes, chega tarde, como quando furtou a edição raríssima de *As montanhas do ouro*, de Leopoldo Lugones, na livraria Anaconda, metendo-a no bolso do casaco do pai para ser humilhado em público por ele. Por vezes, tenta chegar antes, para ver se com uns dias a mais, consegue estar preparado, consegue tomar as decisões certas. Assim, antecipou em seis meses sua ida a Misiones no começo dos anos 30, para aperfeiçoar-se na lida agrícola. O pai, sempre complacente, conversando por carta com Isidoro Escalera para dar algum suporte ao garoto. Darío segue perseguindo um destino para si, mas nunca topa com um modelo que não seja o dele, o do Pai.

Assim, Darío termina prosperando como construtor de casas na região de Misiones, numa empresa com Giambiagi, mas logo desistiu, porque nada daquilo fazia muito sentido para ele. Pouco tempo depois e já de volta a Buenos Aires, em sincronia com a irmã Eglé, ainda que tente lidar melhor com a própria vida, é ainda o pai um sol demasiado forte no centro da cena. Darío vai tentar ser escritor. Contista.

Pede espaço à revista *Mundo Argentino* para colaborar como contista. Filho de Horacio, o favor é concedido de modo bastante generoso. Para sua estreia, Darío tem o privilégio de uma entrevista com foto sobre sua produção literária.

Ao decidir sobre seu nome de escritor, busca homenagear a mãe, com quem só viveu por dois anos. Assim assina: Darío Quiroga Cires. Sua estreia acontece em 24 de junho de 1936, no número 1327 da revista. O conto é antecedido por uma elogiosa reportagem e uma foto sua, na qual não encara a câmera, mas olha discretamente para baixo, demonstrando timidez, desconforto, numa pose que, desgraçadamente, lembrava a atitude do pai em muitas fotos.

Dizia a revista:

A vocação intelectual

Um filho de Horacio Quiroga, o famoso autor de Contos da Selva, *inicia-se por meio de MUNDO ARGENTINO na literatura narrativa com o interessante relato que aparece nesta página.*

Poucos anos faz que conhecemos, menino ainda, o jovem Darío Quiroga Cires, que agora chegou a nós para fazer-nos, com suas primícias literárias, partícipes de sua vocação por esse mesmo gênero que deu ilustre fama a seu progenitor. A vocação de Quiroga, filho, reedita o caso pouco frequente das dinastias intelectuais hereditárias que têm na linha descendente escassas analogias.

O espírito valoroso e comunicativo de Quiroga Cires, que agora se encontra nesta capital disposto a iniciar suas armas no jornalismo e na literatura, incitou nossa curiosidade:

— É firme sua vocação? — perguntamos a ele.

— É bem grande — responde-nos. — Minha maior satisfação seria chegar a ser um bom romancista ou contista.

— E como lhe sobreveio esse gosto pela literatura?

— Não sei se por aptidão herdada, pelo estímulo da bem-sucedida dedicação do meu pai, ou pela influência de minhas leituras favoritas. Sou um apaixonado leitor de contos. Leio com afã todos os bons autores que me caem nas mãos.

— Tem predileção por algum deles?

— Em geral eu gosto daqueles que imprimem no meu ânimo reflexos de vida e de ambiente real. Por outro lado, não me interessam os contos de fantasia nem os de aventura, que não me entretinham nem quando eu era criança, pelo que têm de falsos e artificiosos.

— As obras de seu pai têm alguma influência em sua vocação?

— Certamente.

— Os conselhos e as orientações dele também?

— Meu pai não me estimula nem me recomenda disciplina nenhuma. Mas também não é contra minha vocação. Quando eu o consulto e mostro a ele algum trabalho inédito, ele me aponta defeitos ou me diz simplesmente se ele acha que está bom ou ruim.

— Qual é a sua opinião sobre a obra do seu pai?

— Eu o leio com admiração; particularmente em seus contos que se passam em Misiones.

— Então — dissemos a ele — se você tem preferência pelas narrativas nas quais palpitam emoções de vida refletida, conhecendo como você conhece tão

bem o ambiente de Misiones por tê-lo frequentado e vivido, seguramente teremos em você um novo pintor de panoramas e dramas da selva.

— Não — respondeu decididamente — Faço e farei o possível para me afastar do gênero do meu pai. Não porque não me agrade e me tente, mas porque não escreveria nunca nele tão bem quanto ele, e não seria decoroso para minha aspiração imitá-lo.

O conto que publicamos hoje, de Darío Quiroga Cires, é o primeiro com que se inicia na publicidade literária este herdeiro intelectual que é uma promessa para as letras argentinas. Trata-se, como verão, de uma peça não isenta de graça e de interesse; e mesmo sendo um pouco ingênua, como devem ser os primeiros passos na difícil arte do conto, dá uma ideia segura já da aptidão construtiva do incipiente contista e, sobretudo, do senso de realismo que pretende imprimir em seus contos e de sua própria mesura e discrição para escapar das fantasias exóticas e encarar um ambiente fácil e familiar de sua juventude."[335]

A entrevista fora uma esgrima consigo mesmo, com seu pai, com seu futuro: a difícil posição de ter querido seguir os passos do pai sem segui-lo, na mesma revista que publicara, vinte anos antes, *Os contos de meus filhos*. É certo que, naquele ano de 1936, Horacio não havia publicado um só texto em qualquer revista ou jornal que fosse. Nos últimos quatro anos não fora muito mais que uma dezena. Não importava, Horacio, mesmo aposentado, seria sempre o Contista.

Uma peça não isenta de graça e de interesse, mesmo que um pouco ingênua. Horacio, na ocasião, não ficara indiferente nem à estreia nem à provocação do chefe de redação, e escreveu a Martínez Estrada: "Sobre Darío: envio conto dele. Como você comprovará, o menino tem sustança, tão principiante! Tem já o dom de contar; veremos, com o tempo, se ele tem mais do que isso. Eu o coloquei em guarda contra a advertência da direção, de que seu conto é naturalmente ingênuo, dada a idade do autor. Bando de brutos!"[336]

O conto de estreia era "Conto para exonerados",[337] um relato em primeira pessoa, bem-humorado, de um rapaz que em 1930 perdera seu cargo público e tivera que lidar com a carestia, enfrentando situações adversas e cômicas, como fugir da dona do apartamento, sua credora. A situação da penúria financeira do pai estava transfigurada naquelas primeiras linhas publicadas.

Dois meses depois, Darío voltava à carga, na edição 1341 de *Mundo Argentino*. O pai, doente, estava por chegar a Buenos Aires quando, em 30 de setembro de 1936, a revista publicou "Minha viagem à Suíça".[338] Outro relato humorístico, no qual se conta a experiência da viagem do protagonista a uma Suíça deliberadamente caricata, na qual o café da manhã só pode ser comido às nove, e não às dez, onde o menu do almoço tem os pratos determinados com antecipação de meses; onde a sesta dura exatamente três horas e os alpinistas se conhecem e se respeitam de acordo com a metragem que já tenham escalado. A terra da antiga companheira do pai, Alfonsina Storni, aparece deformada em uma exploração jocosa. As ilustrações que acompanham o conto dão a medida da leveza que se quer imprimir àquelas páginas, dirigidas, sugere-se, ao público infanto juvenil.

Dissera que não imitaria o pai. Como não o imitar, se ele escrevera mais de duzentos contos nos mais diversos estilos, e Darío lera absolutamente todos eles? De todo modo, há perguntas que apenas perturbam e dificultariam nele o exercício de escrever. Pôs-se a fazer seu conto mais ousado, sua experiência mais pessoal. Iria se chamar "A mulher branca"[339] e, contradizendo tudo o que prometera antes, ambientava-se nas selvas do Norte.

Fazer o quê? A selva também era dele, agora que a recordava em Buenos Aires. Quantas vezes, pensou, já não acontecera o mesmo com ele, com o pai? Recuperar o passado na escrita, já tão distante até geograficamente dos acontecimentos. Não importa. Seria sua fantasia literária, não são suas memórias. Não são.

Não será ele a contar a história, mas um outro. O narrador, um dentista, Mendes, é casado com Alina, filha de um fazendeiro carioca. Mendes precisa ir trabalhar numa fazenda, em meio aos indígenas na fronteira com o Mato Grosso. E recebera a advertência dos locais sobre o perigo de deixar a moça sozinha entre os nativos e, também, de sempre que possível evitar relações próximas com os nativos.

Os indígenas são sinistros. Primeiro a moça é avistada por um velho durante uma pescaria — o cruzamento de olhares não é complementado por nenhuma frase trocada entre eles. À noite, porém, vários nativos entram furtivamente no quarto da moça pela janela.

Enquanto isso, outro se dirige ao dono da casa, dizendo que tem fome e pedindo algo para comer. Mendes logo percebe que era um estratagema para outra coisa. A casa está tomada pelos nativos. Entretanto, os invasores não agridem ninguém, não furtam nada. Todos eles contemplam passivamente Alina, embevecidos.

"— Você não me disse que estava com fome?

"O velho índio olhou para ele enfastiado. Seguramente já nem se lembrava do que havia dito.

"— Não; índio não fome; todos querem ver mulher branca hoje, amanhã, todas as luas, sempre, todos os índios vêm."[340]

A garota passa então a ser submetida a um ritual diário de embevecida contemplação por cada vez mais indígenas que, todas as noites, invadem a casa para passar horas entregues, admirando seu corpo: "Alina, recostada, via brilharem na penumbra os seis olhos que nela se fixavam. Tentou se levantar, mas sentiu uma grande preguiça, uma grande lassidão. Tinha a confusa impressão de estar submetida dentro do campo de visão daqueles olhos, anulada já sua vontade. Renunciou ao esforço e deixou-se estar na mesma posição; mas sem dormir, durante toda a noite, até que os indígenas, com as primeiras luzes da madrugada, saíssem novamente pela janela, tão silenciosamente quanto haviam entrado."[341]

O conto inquietava. Os editores entenderam estar diante de uma obra literária que merecia mais apuro gráfico. Distribuído em duas páginas da revista, o conto era ilustrado a bico de pena por Montero Lacasa. Diferentemente dos casos anteriores, daquela vez o conto de Darío estava logo no começo da revista, não relegado ao fim.

O conto inquietava ainda por conta da revista onde estava publicado. *Mundo Argentino*, naqueles anos de 1936 e 1937, explorava os progressos da fotografia e da impressão, e se comprazia em exibir o corpo feminino em suas páginas. As segunda e terceira capas sempre traziam uma atriz estadunidense, por vezes argentina, em poses provocantes, exibindo pernas, braços e colo para o deleite visual — ou escândalo — de quem folheasse o magazine. O erotismo, antes limitado às salas escuras do cinema, ganhava as páginas de *Mundo Argentino*.

Eglé, orgulhosa do irmão, folheava a revista e lia: "Toda atleta deve se casar, opina uma grande campeã."[342] Quem falava era a nadadora Holm Jarret, campeã olímpica estadunidense. A garota se lembrou de Lenoble e fez um muxoxo. Logo, a esmo, encontrou um artigo de Sofia Castelli, *A mulher — dizem os fisiólogos — deve usar menos roupa que o homem*. Eglé leu de um só fôlego, até estourar em gargalhadas no parágrafo final: "Por isso se explica como uma frágil filha de Eva pode passear sem problemas nos dias duros de inverno com suas pernas apenas cobertas por uma finíssima meia de seda. O homem, por outro lado, tirita de frio apesar de vestir roupa de baixo, adequada para estação, um paletó de lã, sobretudo, cachecol e abrigos de toda espécie. Isso se deve ao fato de que o sexo forte é o mais frágil para as baixas temperaturas por carecer das defesas subcutâneas da mulher."[343]

A propaganda do sabonete Palmolive, páginas adiante — *Triunfa o romance... com uma cútis linda* —[344] levou Eglé, quase que automaticamente, a procurar no desenho a imagem do indígena olhando a moça. Ela fechou a revista. Ia visitar o pai no hospital.

Darío, por sua vez, dividia-se entre o novo ofício de contista, os cuidados com o pai no hospital e o novo emprego na Direção de Terras do Ministério da Agricultura,[345] que drenavam suas forças.

A morte do pai, poucas semanas depois, deitou seus planos de escritor por terra. Afinal, se escrevia para e por Horacio, sem o olhar de Horacio qual o sentido de continuar tentando? Fora essa uma pergunta resolvida em silêncio.

Com o apoio do amigo Ulyses Petit de Murat, publicou ainda, anos depois, um conto no jornal *La Nación*: "Quarenta graus de febre".[346] O jornal que ajudara o pai a tornar-se célebre; um conto delirante. Todos os caminhos por onde Darío se arriscava, lá estava a imagem de Horacio, dando-lhe um tapinha nas costas, reconhecendo seu esforço. Também a frustração de passar por um caminho já trilhado, mapeado, iluminado pelo outro. Aquele sol.

Prisioneiros da terra

Eglé teria gostado de assistir, mas já não vivia em 16 de agosto de 1939, dia da estreia de *Prisioneiros da terra*:[347] o filme que tivera seu irmão como autor do roteiro em parceria com o escritor Ulyses Petit de Murat, baseado em três contos do pai — "Os mensais", "Uma bofetada" e "Os destiladores de laranjas". Era o momento alto de Darío, mas Horacio e Eglé não puderam presenciá-lo.

Darío triunfava onde o pai havia fracassado: no cinema. As tentativas de roteiro de Horacio nunca foram levadas adiante. Não havia meios técnicos, não havia investidores, não havia nada. Em 1939, porém, a coisa tinha mudado de figura. Havia investidores, a Pampa Filme; havia um grande diretor, o experiente italiano Mario Soffici; havia o ousado projeto de fazer um filme épico, cheio de cenas externas e com não-atores. Havia também uma história para contar: a história dos peões das selvas missioneiras. Restava escolher o protagonista, que faria o peão Podeley, personagem do conto "Uma bofetada".

Ulyses Petit de Murat apostou no experiente José Gola, que já tinha participado de dezessete filmes até aquele momento, inclusive adaptações literárias. Ulyses enviou a José o roteiro, para ver se ele se interessava em ser o protagonista da trama. O efeito da leitura, contou o roteirista, foi fulminante: "Três horas depois, tocou meu telefone e, ao atender, escutei a voz entrecortada de José Gola: 'Terminei de ler, é o livro de minha vida'. Gola era um homem muito emotivo, e a tragédia do peão Podeley deixou-o à beira das lágrimas."[348]

Decidido o protagonista, a caravana partiu rumo a Oberá, em Misiones, bem perto de onde havia vivido Horacio. Lugar que, por muitos motivos, Darío conhecia como poucos. José Gola estava siderado com a possibilidade de protagonizar o filme. Havia sentido alguns mal-estares nos últimos tempos, mas não se preocupava com isso. O cinema tudo cura, dizia ele. Junto foi outro galã, Ángel Magaña, que estava de folga e ia acompanhar a trupe até Rosario para ver um jogo do River Plate.

Magaña assistiu ao jogo e, na volta, o pessoal da equipe prendeu-o, por brincadeira, no camarote do barco, obrigando-o a acompanhar a equipe a Misiones. Satisfeito com o desvio de rota, o ator aproveitou para conhecer, na companhia de Darío, a casa de Horacio Quiroga, de quem já tinha lido alguns livros.

No retorno da excursão, já em Oberá, José Gola sentiu-se mal. Sofria por uma apendicite não tratada, que o levou a ser operado às pressas, no improviso da selva, ao ar livre e sob a luz dos faróis dos carros.

A equipe ficou consternada pelo início pouco promissor. Mal operado, convalescente, José foi levado de volta a Buenos Aires. Fragilizado, só aguentou a longa jornada para morrer na capital. Não iria mais ser o peão Podeley.

Beneficiado pela sucessão de acasos, Ángel Magaña ficou com o papel. O que o habilitava a tal era ter visitado a casa de Horacio. Com todo o improviso que marcava a produção, feita em sua quase totalidade fora de um estúdio, logo apareceram os primeiros problemas. Magaña não tinha sequer figurino:

"A filmagem começava no dia seguinte. Vi um peão paraguaio passando. Ia a cavalo, com a mulher a pé. Chegaram à venda da esquina. Lá, me aproximei dele, falei com o patrão que pedisse a ele uma camisa, umas bombachas, umas polainas de lona que eles vestiam, as alpercatas, um chapéu e o facão. Eu ia comprar. O peão achou esquisito tudo aquilo. Disseram a ele que era um capricho de turista e ele me deu toda a roupa do corpo. Eu levei tudo para o hotel, pedi para ferverem na soda, botei para secar e, no dia seguinte, me vesti com aquela mesma roupa. Saí a campo onde estavam filmando e não me reconheceram. Podeley!"[349]

Algo mágico acontecia. Aquele lugar criado literariamente por Horacio ganhava outra dimensão, numa aliança entre seus leitores — Darío, Magaña, Ulyses — e aqueles que nunca o leram nem jamais o leriam, os habitantes missioneiros. Como não podia deixar de ser, algo se perdia naquela magia parcial. Ángel Magaña queria, no filme, toda a dureza da literatura de Horacio, presente no conto "Uma bofetada"; contudo, logo percebeu que ela foi algo apaziguada para entrar nos padrões do cinema burguês. Havia ali, enxertada em meio à selva, uma história de amor para tornar o roteiro mais palatável ao público, ainda que cuidadosamente enxugada: "Para sermos francos, o que se fez foi suavizar um pouco o fato de que Podeley expulsava o estrangeiro mais por amor à garota do que por aquele tipo de libertação que ele queria com 'Volta para sua terra, gringo añamembuí', que é uma espécie de maldição em guarani. E foi premonitório. Aquele chicote eram séculos que batiam; não era uma briguinha de amante derrotado. No fim das contas, temos esse homem aprisionado em sua terra. O filme tem coisas importantíssimas."[350]

Aquelas filmagens, no entanto, eram um acontecimento sem par na cinematografia argentina. Desde o dia 3 de maio daquele ano de 1939, o semanário *Mundo Argentino* informava regiamente a seu público, na seção "Mundo Cinematográfico", sobre as façanhas do Norte. A primeira nota publicada dava conta da morte de José Gola, ocorrida em Buenos Aires no dia 27, e de sua substituição por Ángel Magaña.

Em 14 de junho, após oito semanas de filmagem das externas, informa King, o crítico de *Mundo Argentino*, a equipe regressava extenuada para fazer as últimas cenas em Buenas Aires. Mais duas semanas, a mesma revista, para aguçar a curiosidade do público, trazia, em página dupla, uma reportagem fotográfica com sete fotografias das filmagens do filme em Misiones. O texto destacava a "vibração do cinema nacional", o uso de extras da região para fazer o papel de prostitutas e também que a origem da história se devia ao escritor Horacio Quiroga.

A revista tratava o acontecimento como a apoteose do cinema nacional, com um destaque que não dera até o momento a nenhuma outra produção. Em 16 de agosto, dia da estreia, a expectativa é elevada ao grau máximo:

"Hoje é a estreia de 'Prisioneiros da terra', produção da Pampa Film, que a julgar pelo destaque que o estúdio lhe deu pode ser um dos maiores filmes da temporada. O argumento é resultado da compilação de vários contos de Horacio Quiroga sobre a vida do peão em Misiones. Foi dirigida por Mario Soffici e interpretada em seus papéis principais por Francisco Petrone, Angel Magaña, Roberto Fugazoy e Elisa Gálvez."[351]

Dias antes, seguindo os passos de *Mundo Argentina*, também *El Hogar*, revista em que Horacio colaborou ao longo da vida, imprimiu reportagem fotográfica em página dupla, falando do autor do contos que dava origem ao filme: "A cinematografia nacional rende homenagem a Horacio Quiroga."[352] O escritor ressurgia, homenageado pela tela do cinema, finalmente desvinculado do patetismo das histórias pessoais. Era o artista criador, apenas.

Mais que isso, algumas críticas iam procurar o que da obra de Horacio se mantivera diante do desafio de transpor as narrativas ao universo do cinema comercial. Celu-Loide, uma semana após a estreia, comentou o filme novamente em *El Hogar*: "O espectador de 'Prisioneiros da terra' certamente entra, desde as primeiras cenas, em contato com o presságio do drama. O que vem depois é sua confirmação. E em tais circunstâncias reside o mérito destacável do filme que, sendo a versão inteligente, porém arbitrária, de alguns contos de Horacio Quiroga, limita-se com tal elogiável austeridade à grande técnica do grande contista, a tal ponto que felizmente quase não há erros nem concessões ao gosto alheio que lhe censurar."[353]

Na revista *Sur*, a crítica tardou um pouco mais e coube a Jorge Luis Borges. Foi na edição de setembro, e Borges destacou que o filme era dos melhores do cinema nacional e ainda melhor que muitos que vinham chegando de Hollywood e de Paris. Dizia que um de seus méritos era o de não ceder à afetação romântica do cinema estrangeiro. Concluía seu breve artigo confessando seu gosto por filmes violentos, porém parecendo-lhe que *Prisioneros de la tierra* ia além na brutalidade: "não me lembro, em tanto sanguinário filme, uma cena mais forte do que a penúltima de *Prisioneiros da terra*, na qual um homem é açoitado até um rio final. Aquele homem é valoroso, aquele homem é soberbo, aquele homem é mais alto que o outro... em cenas análogas em outros filmes, o exercício da brutalidade fica a cargo dos personagens brutais; em *Prisioneiros da terra* fica a cargo do herói e é quase intolerável de tão eficaz. (Se não me equivoco, essa atribuição magnífica ficou a cargo de Ulyses Petit de Murat; os atores a executam muito bem.)."[354]

Georgie foi preciso: o protagonista era brutal. Menos precisos seriam seus amargos parêntesis. O que elogia é a cena literal do fim de "Uma bofetada", de seu desafeto Horacio Quiroga, apenas transportada ao roteiro por Ulyses e Darío. O crítico calava o que não sabia como dizer, dando-se o benefício da dúvida. Dito estava.

Carteiros errantes, bombas e uma festa adiada

Na Argentina, desde as semanas de filmagem até a estreia de *Os prisioneiros da terra*, havia a noção mais ou menos disseminada, entre público e críticos, de que se estava diante de um acontecimento singular da recente cinematografia argentina. Os dias posteriores à estreia confirmaram a impressão.

Ao mesmo tempo, do outro lado do mar, numa Europa em transe com a ascensão do nazi-fascismo, os franceses anunciavam, desde junho, a criação de um festival de cinema que pudesse fazer frente ao que havia se tornado a Mostra Internacional de Cinema de Veneza, criada em 1932. Sob Mussolini, o evento causava constrangimento internacional em geral, especialmente aos franceses, que queriam celebrar os valores da democracia. Assim foi que se gestou a ideia do Festival de Cinema, democrático e antifascista.

A organização foi frenética e improvisada, pois almejavam que o festival fosse internacional e acontecesse ainda naquela temporada, aproveitando os últimos dias do verão.

Não faltou resistência: os cinemas locais já tinham as salas ocupadas por sua programação. Foi preciso encontrar um outro local livre, e assim se decidiu pelo balneário da Côte D'Azur, no edifício do Cassino Municipal, em Cannes. Iriam mesmo aproveitar o finzinho do verão, entre os dias 1 e 20 de setembro. Os turistas ficariam uns dias mais, os hotéis ficariam ocupados; além disso, o festival teria início logo após o fim da mostra de Veneza, facilitando o deslocamento dos cinéfilos estrangeiros.

Dando vazão à ideia de um evento democrático e antifascista, os organizadores terminaram por abrir inscrições para que todos os países que produzissem cinema pudessem inscrever, soberanamente, seus filmes. Ao mesmo tempo, o Festival de Cannes propunha-se como uma vitrine do mercado e, portanto, privilegiava os grandes produtores. Países que produziam mais de trezentos filmes ao ano poderiam inscrever-se com até 12 filmes — foi o caso dos Estados Unidos. A Argentina, por sua vez, que lançava menos de cem obras ao ano, tinha o direito de inscrever dois longa-metragens ou três curtas.

A revista *Mundo Argentino* repercutiu o convite de Cannes e disse que uma das obras locais a representar o país no festival seria *Prisioneiros da terra*: "Por indicação do Instituto Cinematográfico Argentino, a Pampa Film enviou por via aérea a Cannes duas cópias de 'Prisioneiros da terra' e 'Nativa' para fazer parte do grande concurso internacional".[355] Entretanto, publicada no dia 13 de setembro, a notícia da revista já era velha. Por aqueles dias o festival deveria já estar acontecendo.

Não era apenas a Argentina que tinha dificuldades com todo o improviso da primeira edição do festival antifascista. Em outras revistas lançadas às vésperas do festival, falava-se em trinta e dois filmes selecionados de nove países: Estados Unidos, Reino Unido, Rússia, Suécia, Checoslováquia, Polônia, Bélgica, Luxemburgo e Países Baixos. A publicação francesa especial, *La Sélection 1939*, informava que outros filmes eram ainda esperados, sobretudo de centros fora da Europa: "Países Baixos, Suécia, Polônia, Checoslováquia, Luxemburgo e União Soviética já informaram os filmes que enviarão a Cannes. Ademais, contamos com participações de última hora de México, Argentina, Egito etc."[356]

A apenas nove dias do início do Festival, o secretário geral do evento, Tony Ricou, ainda aguardava a chegada de algumas latas de filmes e inscrições para o evento: "Eu ainda estou esperando as inscrições de Irlanda, Egito, Portugal e Argentina. O Japão, que havia aceitado participar do festival, me informou que só conseguirá enviar os filmes no dia 17 de setembro — será tarde demais. Quanto à Alemanha e Itália, elas declinaram de nosso convite, assim como nós declinamos dos deles para ir a Veneza."[357]

O gesto político da cisão estava dado. A divisão geopolítica também. O mundo do cinema separava-se entre Cannes e Veneza. Os franceses acreditavam-se vitoriosos, pois haviam feito o possível para fazer frente às adversidades: o tempo escasso, a demora do correio internacional. Não haviam contado, no entanto, com outro evento, que se gestava insidioso e que teve sua data início no mesmo dia do evento de Cannes.

Em 1 de setembro de 1939 iniciava-se a Segunda Guerra Mundial. Ainda sem poder imaginar a magnitude do conflito, a organização adiou o início em dez dias, com a expectativa de que as condições melhorassem. A dimensão do seu otimismo logo se revelou. Não haveria mais festival.

A onda nazi-fascista pela Europa não seria afrontada pela celebração da sétima arte, o filme de Mario Soffici com os contos de Horacio não seria visto do outro lado do mar. O único espetáculo, pelos próximos anos, seria a guerra.

A notícia do Festival de Cannes, que não acontece, perde-se entre os horrores da Guerra, e o reconhecimento a *Prisioneiros da terra* ficará circunscrito ao segundo lugar do prêmio municipal de cinema de Buenos Aires, além de ser escolhido como o melhor filme do ano de 1939 pela revista *Sintonía*. Tal como Horacio viajara em 1900 à Cidade Luz e ficara eclipsado, o mesmo ocorreu ao filme de Soffici: fora novamente impedido de brilhar sob os holofotes franceses.

Ao menos até tempos bem recentes, quando a cópia que tinha por destino final Cannes foi localizada em Paris. Dado o desaparecimento de todas as cópias de 35mm existentes, circulavam cópias de 16mm, com problemas graves de imagem e qualidade técnica precária. Com a participação da *The Film Foundation*, do cineasta norte-americano Martin Scorsese e do laboratório italiano *L'Immagine Ritrovata*, de Bolonha, após três anos de trabalho o filme foi restaurado e digitalizado em formato 4K, para sua exibição na 2ª edição do festival *Il Cinema Ritrovato*, em 25 de junho de 2018. Havia a expectativa de que a cópia fosse exibida na 34ª edição do *Festival Internacional de Cine de Mar del Plata*, no dia 13 de novembro, oitenta anos e dois meses após sua estreia em Buenos Aires. Porém, mais uma vez, não aconteceu.

Os desterrados de Horacio continuam errando mundo afora, com sua imagem espectral, fazendo frente aos acasos e infortúnios aos quais está sujeita a produção artística de nossos países periféricos, com alguns lances de sorte.

Meu pai

Sem desconfiar das errâncias europeias das latas do filme que ajudou a realizar, em 13 de janeiro de 1949, Darío Quiroga, já um homem de quase quarenta anos, paraninfo de uma turma de formandos na Universidade de la República, em Montevidéu, fez uma conferência sobre Horacio. Sobre o cinema, sobre sua relação com o pai e com o cinema. Sobre a adaptação das obras do pai para o cinema. Sobre quanto ia ao cinema com o pai. Memória, trabalho, arte, tudo se misturava para Darío, e tudo tinha a ver com o pai.

Ele, que se dedicara à literatura e renunciara a ela por duas vezes, que fizera com Ulyses trabalhos técnicos no cinema e renunciara a eles, no fim das contas, sentia-se à vontade falando da história da família e de sua relação com o cinema, dos dois lados da tela: "Existem, nas grandes famílias, vocações e gostos coletivos. A nossa tem vários. Diante de uma mesa onde estejam servidos pratos de arroz, saber-se-á em seguida, por exemplo, quais são os Forteza. Não importa em qual margem do Prata ocorra a cena. (...) E não é esta a única preferência coletiva da família. O cinema tem, entre elas, grau principal. Minha avó, Pastora Forteza, com quase setenta anos, ia todos os dias ao cinema.

E foi precisamente em uma sala de projeção na qual lhe sobreveio o ataque mortal."[358]

Ele, organizador das obras do pai, corroteirista, auxiliar técnico, encontrava humilde um lugar de destaque no panteão familiar. O outro acerto de contas de Darío com Horacio e com o público era justificar o seu impenetrável silêncio público sobre o pai, a quem chama, reverentemente, por nome e sobrenome: "Esta é a primeira vez que falo de Horacio Quiroga. Durante dez anos guardei sobre ele um hermético silêncio porque acreditei, talvez injustificadamente, que ser mencionado por um membro da família poderia significar tanto uma homenagem quanto um usufruto. Posso agora, perfeitamente, romper com este ditame. Passados dez anos desde a morte de Horacio Quiroga, tudo quanto seja dito dele, mesmo por seu filho, não poderá ser considerado pela mais desconfiada das pessoas, como outra coisa que não uma justa e merecida homenagem."[359]

Após revelar as salas de cinema de Buenos Aires frequentadas pelo pai, como se davam suas colaborações como cronista de cinema e como aparecia o cinema em sua literatura, Darío passa a falar do desejo do pai em ser autor de cinema. O literato empreendedor que foi Horacio, que se arriscou em todas as frentes possíveis da indústria cultural rio-platense — literatura, teatro, crítica, crônica — também quis realizar um filme.

Darío conta do roteiro de "A jangada", que entregara, na véspera, à Biblioteca Nacional do Uruguai. Sabendo da tremenda semelhança entre aquele roteiro e o que foi levado às telas postumamente, explica a coincidência dizendo que ela se origina daquela cumplicidade entre pai e filho nas salas de cinema. Acrescenta que o roteiro só lhe chegara às mãos em 1940, com o filme já pronto: "Para o argumento de 'Prisioneiros da terra', escolhi, primeiramente, quatro contos de Horacio Quiroga: 'Uma bofetada', 'Os destiladores de laranjas', 'Um peão' e

'Os desterrados'. Os dois primeiros dariam a maior parte dos fatos; os outros, os personagens. Era preciso incorporar ao filme precisamente os prisioneiros da terra vermelha, aqueles que, como dissera seu criador, 'à semelhança das bolas de bilhar, nasceram com efeito, tomando os rumos mais inesperados'. Juntava-se, assim, o drama deste ex-homens com o dos nativos. A tragédia comum de opressores e oprimidos. Do enxerto e do pé (...), mas todo esse rico material humano era excessivo para um roteiro só e praticamente reduziu-se a uma hábil fusão entre 'Uma bofetada' e 'Os destiladores de laranja'."[360]

O pai, no entanto, não pudera filmar sua ideia, por impossibilidade orçamentária. Horacio dizia que deveria haver ao menos trinta mil pesos de investimento, e Valle, o produtor, recusava-se a investir mais de vinte mil. Darío diz que na Argentina de 1949, trinta mil pesos servem apenas para cobrir o orçamento da iluminação: "Desgraçadamente, Horacio Quiroga morreu quando estava apenas começando a qualificação do cinema nesta parte da América. Quando uma diferença de dez mil pesos começava a não ter importância; quando alguns produtores se animavam a experimentar, por assim dizer, elementos de qualidade superior ao senso comum. Tinham passado só dois anos da morte do escritor até a estreia de 'Prisioneiros da terra'. E este filme custou pouco mais de duzentos mil pesos. É uma pena pensar com que frequência se repete o caso de Moisés e a terra prometida."[361]

Darío traçara, com aquele filme, caminhos algo divergentes dos paternos. O pai falava de homens que se desterravam, o filho de homens presos à terra. No encontro entre Horacio e Darío na tela pelo filme de Mario Soffici, os personagens do puro movimento ganham a dimensão do filho. Ele, que nascera em San Ignacio e nunca se livrara daquela terra.

O perseguidor

Darío, o perseguidor, queria que o pai se orgulhasse dele: roubava os livros que achava que ele adoraria ter; escrevia os contos esperando que ele os lesse e aprovasse; ajudou a fazer o filme que imaginava que ele teria desejado, e que não pudera fazer. Sua pequena produção — contos, o filme e crítica de cinema — foi uma obra em torno a Horacio.

Darío se dedicou ao delicado gesto de completar a trajetória do pai: sua obra fez com que Borges tivesse que elogiar Horacio, mesmo que sem nomeá-lo; sua figura fez até com que Bioy Casares o quisesse bem e se mantivesse entre suas lembranças até seus anos finais: "fui amigo — amigo do clube de tênis, apenas, mas com agrado e afeto — de Darío, o filho de Quiroga. Nunca falamos de seu pai nem de literatura. Para mim, era a pessoa mais inteligente do clube e com um admirável senso de humor, com um laivo de pessimismo, que não me contrariava. Um dia, soube que havia se suicidado."[362]

Aquele homem, órfão desde criança, se suicidara pouco tempo depois da conferência em Montevidéu. Emma Barrandéguy descreveu Darío no momento da tentativa de salvar Eglé, que havia tomado veneno, como "seu irmão barbudo e tuberculoso".[363] Dos tempos da alegria compartilhada, Emma lembrava-se de um Darío encantado com as palavras, em jogos complicados compartilhados pelo trio: "'Vamos brincar de palavras'. Darío dizia uma letra e um assunto e era preciso seguir certas regras complicadas, que excluíam vocábulos fáceis e sem sentido. E nomes próprios. Era preciso dizer o máximo de palavras no mínimo de tempo. A gente ria incansavelmente."[364]

O outro com quem Darío brincava de palavras foi seu amigo Ulyses, a quem — segundo palavras do próprio — Eglé havia confiado seu irmão caçula, quando ela precisou se suicidar. Ulyses conta sempre haver temido que Darío terminasse pondo fim à própria vida: "Eu pressentia que Darío ia ter o mesmo destino do pai e da irmã, e minha preocupação constante foi tentar evitar isso. Meus conselhos, minhas longas conversas com Darío não conseguiram persuadi-lo. Um dia, uma voz de mulher me avisou pelo telefone que algo estranho estava acontecendo na casa de Darío. Fui correndo para lá com Carlos Selva Andrade e Poroto Botana e percebemos que o signo trágico dos Quiroga tinha feito outra vítima. Ele tinha se suicidado com barbitúricos que comprou em um hospital."[365]

Sem ninguém, sem cumprir suas altas aspirações, a vida de Darío se concluía. Deixasse que os tolos falassem de um condicionamento trágico, algo tão arbitrário quanto falar de gosto por arroz ou cinema. Tudo distração da morte. Horacio tinha enfrentado todas as dificuldades desejoso de sempre seguir adiante, irracionalmente. Enfrentou todos os desafios, até aqueles criados por ele. A irmã, apaixonada pela vida, desfrutou de todos seus momentos até beber naquela xícara cor de laranja o seu último chá. O que diriam de Darío? Darío estava cansado demais. Nem tudo precisa de explicação.

São Carlos, 28 de outubro de 2020.

O que move estas linhas

Quando começa e quando termina uma vida? Essa não é uma pergunta menor, para um livro cuja proposta é contar da existência de alguém. Qual é o ponto em que se inicia a vida que interessa relatar? A biografia começa com o dia em que os futuros pais se conhecem? Ou a vida parte do dia quando se coloca em movimento um "projeto de vida"? Na história de uma vida cabem apenas os amores públicos ou também os ocultos, íntimos? Só os vividos ou também os imaginados? Cabe na história de uma vida o que sobrevive ao corpo: os objetos deixados num baú, um cantil, uns recortes de jornais, um couro de cobra? O que se lega aos filhos é contável na biografia: os traços, os gestos, os modos de ser?

É claro que da resposta a essas perguntas depende o projeto sobre a história da vida que se quer contar. Sobretudo, foram essas as perguntas que me mobilizaram ao longo da escritura desta biografia do contista uruguaio-argentino Horacio Quiroga (1878-1937), a primeira a ser escrita sobre ele no Brasil. Nos seus dois países, Uruguai, onde ele nasceu e se fez poeta, e na Argentina, país onde se fez prosador célebre e onde gerou e criou seus filhos, as perguntas provavelmente seriam outras. Talvez não.

Escrevo sobre Horacio Quiroga interessado no escritor que se forjou, por isso o texto não começa com a história de sua família de origem, mas sim no momento em que havia, de Horacio, gestos indicando o desejo de uma escritura própria. Por outro lado, se suprimo o romance familiar da família de origem, isso não quer dizer que este livro não se ocupe da dimensão humana do escritor. De como, enfim, se dá a trajetória de sua invenção vital: suas casas, cidades, deslocamentos, bichos, textos, amores, filhos e plantas. Tomo sua vida como curso e como construção.

Desvio-me ainda dos mitos, do estereótipo — sempre tão presente em Quiroga — do escritor maldito, azarado, trágico e me concentro na figura daquele que forjou sua vida e sua escrita a despeito dos descaminhos da vida — mortes de pessoas próximas, intempéries políticas, movimentos adversos do mercado literário. Sua vida é uma luta indignada contra os obstáculos e um prodígio de invenção com os materiais disponíveis.

Acredito dar um passo importante: o de me livrar, dentro do possível, das determinações trazidas pelos importantes e primeiros biógrafos do escritor — e seus amigos de juventude — Delgado & Brignole, que, em 1939, apenas dois anos após sua morte escreveram uma história de vida edificante, exemplar, na qual não cabiam mulheres com as quais não tivesse se casado. O texto de Delgado & Brignole ressente-se de uma misoginia que não devemos apenas atribuir aos dois, pois é um cheiro que se sente percorrendo as páginas de diversas publicações populares das primeiras décadas do século vinte, nas quais se vê a mulher pouco menor que um ser doméstico e imprestável. Nada mais previsível, então, que uma figura central como a poeta Alfonsina Storni (1892-1939), mãe solteira com quem Horacio Quiroga, viúvo, teve uma história de afeto, sexo e partilha intelectual, não seja por eles sequer mencionada.

Não cabe aqui julgar os primeiros biógrafos, clamar deles o que não lhes foi possível fazer, ou seja, entender que a obra de Horacio se construiu à margem das instituições burguesas; que seus casamentos dizem coisas importantes sobre ele, mas não dizem o bastante. É preciso mais, isso sim, para alcançar: colocá-lo em perspectiva e em crise. A obra de Horacio Quiroga construiu-se com a sua capacidade de poder dizer do horrendo, do truculento, do obsceno, sem, no entanto, ceder ao horror, à truculência ou à obscenidade. Mas seria fácil — e muitos caíram nessa esparrela — espelhar a história de sua vida na desse mestre do horror. A vida de Horacio Quiroga, definitivamente, não é horrorosa. Na via estreita entre o aceitável e o dizível, onde construiu sua obra, foi também onde ele percorreu a existência. Ao momento de escrever tal vida, porém, faltaram-lhe biógrafos que lhe seguissem os passos estéticos: a narrativa curta, ágil, desprovida de preconceitos, aberta à surpresa e ao desencanto. Alguns anos após a morte de Horacio, com uma maldade tão precisa quanto lapidar, o antigo conhecido Luis Franco declarou numa carta pessoal ao editor Samuel Glusberg: "Desde Martínez Estrada a Barletta, quem se diz admirador de Quiroga é quase a negação de seu espírito."[366]

Por isso, muito do que tem sido historicamente silenciado nas não poucas biografias dedicadas ao escritor — o suicídio da primeira esposa, o amor por Alfonsina Storni, a paixão pela selva, a relação com a segunda esposa — precisa vir cada vez mais à luz, para que se possam revelar, cada vez mais, matizes apagados de Horacio. Retirar o escritor da moldura de maldito, de personagem intratável e mostrá-lo inventando sua escrita em resposta à adversidade — pessoal, política, histórica e financeira — é o mínimo a ser feito.

Fazer isso à distância temporal e geográfica, a partir do Brasil do século 21, e com os documentos que hoje temos disponíveis, é mostrar que a obra e a vida de Horacio seguem em ebulição: suas novas cartas a Monteiro Lobato; a repercussão nos jornais brasileiros à viagem do escritor ao Brasil ao longo de setembro de 1922; sua participação nas comemorações do centenário da independência nacional; as primeiras resenhas e traduções de contos surgidas em São Paulo e Rio constituem, por si só, material fundamental, porque nunca abordado. Entretanto, há mais: todo este material permite-nos entender as incidências da experiência brasileira na obra posterior do escritor, com o surgimento vigoroso do portunhol em dois importantes contos seus: "Los desterrados" (1925) e "Los precursores" (1927).

Entre os documentos descobertos recentemente, estão as cartas enviadas à pintora e poeta de Santa Fe, Emilia Bertolé (1896-1946) e à segunda esposa Maria Elena Bravo (1910 - ?). Tal descoberta, a devemos à crítica argentina Nora Avaro. Tais cartas revelam um registro íntimo e apaixonado de Horacio até há pouco tempo desconhecido, dando a dimensão de seu universo interior para além dos folhetins que ele próprio escreveu. Somem-se a tais cartas, aquelas dirigidas a Maria Elena Bravo — que encontrei num antiquário de Mar del Plata — e teremos uma nova imagem privada de Horacio, na qual ele, definitivamente, não é o patriarca, o macho no controle, mas um homem fragilizado e cheio de contradições, medos e vacilações. Topamos com sua humanidade, enfim.

O resgate da história de seus filhos Eglé (1911-1939) e Darío (1912-1951), nesse mesmo sentido, permitem a revelação de um certo legado pessoal do homem, quanto ao modo como se formaram aqueles a quem criou na selva inóspita de Misiones, no norte da Argentina, expostos aos perigos naturais. O que se tornaram aquelas crianças que receberam os relatos de *Contos da Selva* (1918) e das *Cartas de um caçador* — textos que fundam a literatura infantil argentina e que foram construídos no cerne da experiência selvagem de Horacio. Houve quem abordasse a educação dos dois filhos mais velhos para criticar a postura de Horacio de expô-los às intempéries da selva e acusá-lo, indiretamente, pelo suicídio de sua primeira esposa, Ana María Cirés.

Olhar para a vida futura dos garotos, revelada por uma pesquisa nas páginas de *Mundo Argentino* e *Crítica*, onde ambos deixaram suas marcas, torna mais complexa a simplista versão anteriormente referida. De Darío revela-se, na revista *Mundo Argentino*, sua paixão pelo pai e pelo cinema, com seus próprios contos e com a roteirização do filme *Prisioneros de la tierra*, sua recepção e sua pouco discutida inscrição para participar da primeira edição do Festival de Cannes, em 1939. Finalmente, resgato ainda a conferência proferida por

Darío na Universidad de la República, em Montevidéu, nos primeiros dias de 1949, na qual quebra um longo silêncio sobre sua relação com o pai, por meio do relato sobre os passeios juntos às salas de cinema.

Pela voz da escritora Emma Barrandéguy (1914-2006) é que ficamos sabendo dos anos de Eglé em Buenos Aires, trabalhando no mítico jornal *Crítica*. O relato apaixonado de Emma permite não apenas recobrar algo da personalidade da filha de Horacio, como também da vida íntima de uma jovem separada na Buenos Aires do fim dos anos trinta do século XX.

Esta é uma biografia de vozes, as vozes íntimas que circularam pelo entorno de Horacio Quiroga, aquelas que dão um sentido mais humano e cotidiano à sua circulação pelo mundo. Por isso é que, mesmo com documentação algo escassa, era preciso recobrar o timbre e as marcas da poeta Alfonsina Storni em sua vida, discernir os traços de sua relação íntima com Horacio, sem incidir no registro do trágico ou do folhetinesco, recobrando algo da importância da relação que incluía sexo, amor e respeito intelectual mútuo, por fora de todas as instituições.

E é do Brasil em chamas sob Bolsonaro e Temer, cada vez mais excludente, violento, anticultural e misógino, que proponho contar a vida de Horacio Quiroga, numa perspectiva plural, polifônica e literária. Um texto que se quer atento aos meandros das escolhas humanas e literárias do homem, da construção de uma obra que perdurasse e, ao mesmo tempo, de sua necessidade de uma vida mais ou menos natural na selva Argentina.

O que move este biógrafo

A premissa desta biografia, enfim, parte de um poema de Carlos Drummond de Andrade, presente no seu livro *A rosa do povo* (1945), "Resíduo": *de tudo fica um pouco*, diz um verso que retorna ao longo do poema e para além dele.

Era junho de 2012 e eu estava em Buenos Aires, casualmente terminando a revisão da minha tradução de *Contos de amor de loucura e de morte*, livro de 1917 de Quiroga. Finalizado o trabalho naquele começo de noite de domingo, ao invés de descer para visitar as livrarias da Rua Corrientes, onde estava hospedado, decidi bisbilhotar um sebo virtual em busca de alguma primeira edição do escritor. Foi quando deparei uma oferta difícil de acreditar: *Coleção de e sobre Horacio Quiroga*, com uma quantidade de livros e objetos de tirar o fôlego. Eu vinha me dedicando ao escritor desde 1999, na graduação em Letras, na Universidade de São Paulo, e aquela oferta tinha forte efeito.

Assim, tive acesso a documentos, objetos e livros que pertenceram ao escritor, e que ficaram sob a guarda de sua viúva, a argentina María Elena

Bravo. Do ponto de vista de um pesquisador, era material rico, que poderia render estudos que — se tudo desse certo — contribuiriam para a fortuna crítica do escritor. Do ponto de vista do escritor que eu era, soava na minha cabeça como o golpe de um gongo: em tudo o que escrevera sobre Horacio Quiroga até o momento, como o livro *Reverberações da fronteira em Horacio Quiroga* (2008), sempre me desviara dos seus aspectos biográficos, por acreditar que sua literatura é que deveria estar em primeiro plano; e, ainda, por entender que havia muita fantasia e mitologia ao redor de sua vida, por seu parentesco literário com Edgar Allan Poe (1809-1849) e por algumas de suas agruras pessoais — mortes acidentais e suicídios de pessoas queridas por diferentes motivos. Aquelas escolhas primeiras retornavam, então, como a reverberação de um gongo, repito, na minha caixa craniana.

O lote adquirido num antiquário chamado *El Zahir*, em Mar del Plata, não era um acerto. Estava em duas caixas de bananas equatorianas, com as quais atravessei a Argentina, até chegar ao Brasil, não sem dificuldade: propina para o motorista do ônibus de Mar del Plata, drible no taxista da rodoviária de Retiro, que dava partida no carro sem chave, juntando os fios para fazer contato, enquanto me inquiria sobre o conteúdo das caixas (papéis velhos, eu desconversava); excesso de bagagem e orações laicas para a Receita Federal do Brasil não implicar com a pele de dois metros de uma anaconda metida no fundo da mala.

Aquilo não era um arquivo, mas uma pilha de resíduos de um homem morto: livros encadernados com estopa e recobertos com poeira centenária, recortes de jornais em que publicou seus contos e recortes de reportagens sobre sua morte, fotos esmaecidas da natureza e de sua vida familiar, cartas manuscritas à segunda esposa, cartões de pêsames de seu velório no Cemitério da Chacarita, um rolo de filme de 8mm gravado por Enrique Amorim, um cantil... Tudo guardado com afeto, ao longo de anos, por María Elena, a esposa que sofrera o julgamento dos biógrafos de Horacio das primeiras décadas após sua morte, tratada como a garota fútil e egoísta que abandonara o marido doente à própria sorte.

Fui tomado pela necessidade de contar a história da qual fugira por anos. Ao caírem-me sobre a cabeça os pertences do morto, não me era mais possível adiar. Se a crítica literária, como uma vez disse George Steiner, deveria surgir como o pagamento de uma dívida de amor, isso ganhava estatuto de verdade particular naquele caso: uma paixão literária engendrava a necessidade da biografia. Em busca de um método de trabalho, enquanto adiava o início — pois era preciso reunir as condições mínimas de tempo, conservação do acervo e pesquisa de campo — fui tomado pela ilusão de que seria possível recobrar Horacio Quiroga, pela força daquele conjunto moribundo de papéis: fazê-lo reviver diante de meus olhos, tal qual o personagem do seu conto "A câmera escura" (1920); ir além das outras biografias já escritas, e foram muitas; tocar a verdade, restituir à literatura do escritor um corpo, seu corpo. A febre me acometia: *O Prometeu Moderno, O golem,* "O Vampiro", "O espectro". Desejos de imortalidade me tomavam porque eu ia, definitivamente, ressuscitar o verdadeiro Horacio Quiroga — personagem de meus pesadelos juvenis. Como se após ter lido um escritor ao longo dos anos, o presente ou a maldição de ter alguns de seus pertences nas mãos fossem a garantia de um acesso privilegiado.

Não. Os olhos ardem, o nariz espirra, lacrimeja-se. Cada parte do acervo escapa, produz uma deriva de associações, perguntas, ou simplesmente leva a um beco sem saída. Se o corpo de Horacio resiste, também o meu resistia ao jogo e, entre eles, o acervo restava intocável, avisando que a morte é irreversível também fora da literatura.

É preciso dizer, ao fim, que o que há são suas marcas, seus resíduos. Os arquivos de Horacio, como o da Biblioteca Nacional do Uruguai, a Casa Museu de Salto, a Casa de San Ignacio, o acervo do Centro de Documentação Alexandre Eulálio, em Campinas, são índices da sua passagem pelo mundo, seus rastros. Como o são os inestimáveis jornais e revistas da Hemeroteca da Biblioteca Nacional da Argentina, também eles guardados no subsolo de um edifício imponente. Ordenados com as mãos atenciosas de gerações de arquivistas, bibliotecários, apaixonados ou não por sua obra, que com alguma parcimônia e senso de ordenação, ofereceram uma ordem, qualquer uma, ao *corpus.*

Abrir mão do caminho idealizado foi necessário, para só então ser possível ter acesso a um compósito entre a escrita — privada e pública — de Horacio Quiroga e outras falas e discursos sobre ele — de seus contemporâneos, de seus biógrafos, dos críticos —, confirmados ou não pelos documentos aos que ia tendo acesso. Escrevi, portanto, apenas mais uma biografia, nem definitiva, nem revolucionária. Ela tem particularidades, como já disse, como a de não se conformar nem se deixar seduzir pela ideia de um destino trágico — o que de certa forma orientou muitos dos textos precedentes.

Traço aqui um trajeto que, como disse acima, parte da construção de Horacio como escritor, avança por momentos-chave: os primeiros artigos e poemas em sua cidade natal, Salto, a viagem a Paris, a morte de seu amigo Federico Ferrando antes do duelo, o projeto de ir viver na selva, passa pelas sucessivas tentativas de publicar uma literatura pela qual seja reconhecido e vai construindo um relato em que a escrita pública e literária é que mostra como se elabora o que lhe oferece a vida.

Depois de mais de oitenta anos de sua morte, biografias, tradição oral, mitologias incertas, lendas e relatos se aderiram ao seu nome próprio e ao seu tempo, de modo que é impossível falar de Horacio Quiroga como se todos os relatos *post mortem* não existissem. Assim, enveredar com fúria pelo discurso universitário e discutir com detalhe e minúcia o século que me antecede, impediria a escrita biográfica avançar. Numa antessala agora escura, tal trabalho foi feito — discutiu-se o gênero biográfico, discutiram-se as biografias anteriores de Horacio Quiroga e erigiu-se, à maneira de um monumento, qual poderia ser a biografia idealizada pelo autor desta.

Escrever esta biografia, enfim, não foi fácil. Uma primeira versão, que oscilava entre o acadêmico e o narrativo, sem se decidir sobre nenhum dos dois registros, foi concluída em 2019, como conclusão de dois anos de pesquisa num pós-doutorado em Letras, na Universidade de Campinas. Nesse processo, contei com a paciência e a escuta de Claudia Thereza Guimarães de Lemos, minha supervisora, que viu minhas palavras correrem, ora límpidas e olímpicas, ora trôpegas e gaguejadas, e muitas vezes cedendo ao portunhol. Desse trajeto pregresso, devem registrar-se aqui tão somente as marcas que, espera-se, tenham produzido seus efeitos.

Quando essencial, fiz referência à contribuição e àquilo que entendo como pontos em que se não se pôde avançar em trabalhos anteriores de outros pesquisadores, mas não me aprofundei em minúcias no debate. Haverá trabalhos acadêmicos nos quais discutirei isso em detalhe. Fora preciso deixar espaço para o que uma biografia deve ser: narrativa. Respeitei então a cronologia, cruzei-a com os livros publicados, tracei hipóteses sobre a escolha dos trajetos e não furtei a quem a tenha lido os momentos impressionantes de uma vida cheia de aventura, desejo e ousadia.

Do que me foi possível escrever, quero destacar que apresento uma imagem do escritor para os leitores brasileiros, que o conhecem principalmente pelos *Contos de amor de loucura e de morte*, que já teve no país mais de quatro traduções ao longo das últimas décadas,[367] por alguns contos ambientados em San Ignacio, Misiones, além dos infantis, cuja fama tem crescido ao longo da última década. Digo isso porque aqui no Brasil não se construiu propriamente uma mitologia em torno ao personagem. Tanto melhor. Reconstruir uma trajetória de vida, acontecida nas primeiras quatro décadas do século vinte, aporta alguns dados relevantes sobre a época: Paris como meridiano intelectual dos escritores na virada do século, o florescimento da grande imprensa em Buenos Aires, ao mesmo tempo em que o Norte selvagem mantinha as relações de poder pelo capital e com quase nula mediação do Estado. Para os leitores estrangeiros — sobretudo os rio-pratenses, o Horacio Quiroga que lhes apresentei é menos o autor trágico, responsável por uma obra assustadora, ou o escritor que assombrou a infância de muitos de vocês. O Horacio dessas páginas é um homem que já não precisa defender-se dos jovens vanguardistas da *Martín Fierro*, que pouco se importa com a opinião de Jorge Luis Borges (1899-1986) e que, em certo momento da vida, acha mais interessante ir plantar abacaxis na selva do que continuar tendo que lidar com os escritores afetados que tomaram conta da imprensa portenha.

Falar de Horacio sempre será falar de luta, contra o ambiente natural, contra contra convenções da sociedade burguesa, contra as dificuldades de se ter optado pelo ofício de escritor profissional e a carestia daí advinda, contra a doença, contra a indiferença. Falar de quem não se resigna às condições dadas e decide construir o impensado, dizer o inaudito, ir aonde não se foi, do modo como não se foi e contar tudo depois.

Há um tal desejo de novidade e invenção em sua obra que lidar com o fracasso é inerente a tamanho furor. O escritor foi um dos responsáveis por estabelecer o conto como gênero popular no Rio da Prata, foi precursor da crônica de cinema, foi responsável por escrever uma literatura infantil ambígua o suficiente para não encerrar uma moral edificante, foi editor de folhetins, jornalista, foi biógrafo até. Em paralelo a isso foi destilador de laranjas, doceiro, artesão, encadernador de livros, agricultor, caçador, navegador, mas também diplomata, funcionário público, professor de espanhol. Em sua vida pessoal, sustentou a utopia de viver na selva argentina e prover sua própria subsistência — plantando, caçando e escrevendo — sempre ao lado daqueles que amava: tentou repetir o roteiro com diferentes mulheres e diferentes amigos, foi bem ou malsucedido por períodos determinados e com intensidade diversa. Mas, repito: sempre escreveu sobre. Sobreviveu a tudo isso até os 58 anos de idade, deixando publicadas mais de duas centenas de contos, dois romances, dezenas de artigos sobre literatura e cinema, argumentos cinematográficos nunca filmados e sua farta correspondência. Gerou, com suas duas esposas, três filhos que de modo diverso relacionaram-se com a arte, cinema, literatura e tiveram vidas intensas. No universo de Horacio, ousar é um imperativo, e até mesmo fracassar é uma dádiva, porque permite jornadas sempre memoráveis. Deixo, aqui, minha versão da trajetória de Horacio.

Notas

1 Horacio Quiroga, em "Carta a Ezequiel Martínez Estrada. 13 de julho de 1936". In: *Quiroga Íntimo*, p. 578.

2 Elías Castelnuovo, em "La tragedia de Horacio Quiroga" [*Revista Claridad*, março de 1937].

3 Elías Castelnuovo, em "La tragedia de Horacio Quiroga" [*Revista Claridad*, março de 1937].

4 Elías Castelnuovo, em "La tragedia de Horacio Quiroga" [*Revista Claridad*, março de 1937].

5 Elías Castelnuovo, em "La tragedia de Horacio Quiroga" [*Revista Claridad*, março de 1937].

6 Elías Castelnuovo, em "La tragedia de Horacio Quiroga" [*Revista Claridad*, março de 1937].

7 Nota editorial, em "Horacio Quiroga" [*Revista Sur*, fevereiro de 1937].

8 Enrique Amorim. In: *El Quiroga que yo conocí*, p. 24-5.

9 Horacio Quiroga, em "Su chauffeur" [*La Nación*, 5 de abril de 1925].

10 em "Horacio Quiroga" [*Revista Sur*, fevereiro de 1937].

11 Luís Gusmán, em "Ropa difunta". In: *La casa del Dios Oculto*, p. 16.

12 Alfredo Palacios, em "Discurso en el Congreso de la Nación Argentina". *Apud* Cristina Mucci. In: *Leopoldo Lugones. Los escritores y el poder*, p. 17-8.

13 Horacio Quiroga, em "Para los ciclistas - De Salto a Paysandu". In: *Obras Inéditas y desconocidas. Época Modernista. Tomo VIII*.

14 Manuel Olarreaga. In: *El periodismo en el departamento de Salto. Aportes para una Historia del Periodismo*, p. 13.

15 Horacio Quiroga, em "Para los ciclistas - De Salto a Paysandu". In: *Obras Inéditas y desconocidas. Época Modernista. Tomo VIII*, p. 28.

16 Horacio Quiroga, em "Para los ciclistas - De Salto a Paysandu". In: *Obras Inéditas y desconocidas. Época Modernista. Tomo VIII*, p. 26.

17 Em contos como "Los remos de 'La Gaviota'" (1918) e "En la noche" (1919).

18 Horacio Quiroga, em "La profesión literaria". [*El Hogar*, 6 de janeiro de 1928]. In: *Todos los cuentos*, p. 1206.

19 César Tiempo. In: *Cartas inéditas y evocación de Horacio Quiroga*, p. 9.

20 Horacio Quiroga, em "Nocturno". In: *Obras inéditas y desconocidas. Época modernista. Tomo VIII*, p. 29.

21 Horacio Quiroga, em "Por qué no sale más la Revista del Salto" (*Revista del Salto*, 4 febrero de 1900).

22 Horacio Quiroga, em "30 de marzo [1900], 6.10 p. m.". In: *Quiroga íntimo*, p. 60.

23 Horacio Quiroga, em "3 de abril de 1900". In: *Quiroga Íntimo*, p. 66.

24 Horacio Quiroga, em "31 de marzo de 1900". In: *Quiroga Íntimo*, p. 61.

25 Horacio Quiroga, em "6 de abril de 1900". In: *Quiroga Íntimo*, p. 72.

26 Horacio Quiroga, em "24 de abril de 1900". In: *Quiroga Íntimo*, p. 92.

27 *La Reforma*, 20 de março de 1900. *Apud* Horacio Quiroga. In: *Obras Inéditas y Desconocidas. Época Modernista. Tomo VIII*, p. 220.

28 Horacio Quiroga, em "Desde París I". [*La Reforma*, 29 de maio de 1900] In: *Obras inéditas y desconocidas. Época modernista. Tomo VIII*, p. 100-1.

29 Horacio Quiroga, em "Desde París I" [*La Reforma*, 29 de maio de 1900]. In: *Obras Inéditas y Desconocidas. Época Modernista. Tomo VIII*, p. 101.

30 Horacio Quiroga, em "Desde París I". [*La Reforma*, 29 de maio de 1900]. In: *Obras Inéditas y Desconocidas. Época Modernista. Tomo VIII*, p. 102.

31 Horacio Quiroga, em "25 de abril de 1900". In: *Quiroga Íntimo*, p. 97-8.

32 Horacio Quiroga, em "26 de abril de 1900". In: *Quiroga Íntimo*, p. 99.

33 Horacio Quiroga, em "21 de mayo de 1900". In: *Quiroga Íntimo*, p. 72.

34 Horacio Quiroga, em "4 de junio de 1900". In: *Quiroga Íntimo*, p. 124.

35 Horacio Quiroga, em "16 de mayo de 1900". In: *Quiroga Íntimo*, p. 112.

36 Horacio Quiroga, em "5 de junio de 1900". In: *Quiroga Íntimo*, p.125.

37 Horacio Quiroga, em "5 de junio de 1900". In: *Quiroga Íntimo*, p. 125-6.

38 José M. Delgado; Alberto J. Brignole. In: *Vida y obra de Horacio Quiroga*, p. 101.

39 Horacio Quiroga, em "4 de abril de 1900". In: *Quiroga Íntimo*, p. 69.

40 *Consistorio del Gay Saber*.

41 "Sin razón, pero cansado…"

42 Horacio Quiroga. "Sin razón, pero cansado…" [*La Alborada*, 9 de dezembro de 1900]. In: *Obras Inéditas y Desconocidas. Época Modernista. Tomo VIII*, p. 113.

43 Horacio Quiroga, em "Sin razón, pero cansado…" [*La Alborada*, 9 de dezembro de 1900]. In: *Obras Inéditas y Desconocidas. Época Modernista. Tomo VIII* p. 115-6.

44 *El Hogar*, 6 de janeiro de 1928.

45 Guy de Maupassant, em "Un lâche". In: *Contes du jour et de la nuit*, p. 116.

46 Guy de Maupassant, em "Un lâche". In: *Contes du jour et de la nuit*, p. 115.

47 Jorge Luis Borges, em "El Martín Fierro" [*Revista Sur*, outono de 1931].

48 Guy de Maupassant, em "Un lâche". In: *Contes du jour et de la nuit*, p. 120.

49 *Essai sur le duel*.

50 Comte de Chatauvillard. In: *Essai sur le duel*, s/p.

51 *Canto a la batalla de Cachanga*.

52 "El hombre del caño".

53 Guzmán Papini y Zás, em "El hombre del caño" [*La Tribuna Popular. Apud* "El disparo trágico". *El Territorio*, 9 de fevereiro de 2015].

54 Guzmán Papini y Zás, em "El hombre del caño" [*La Tribuna Popular. Apud* "El disparo trágico". *El Territorio*, 9 de fevereiro de 2015].

55 "(…) por respeto al legítimo derecho de defensa".

56 Guzmán Papini y Zás, em "El hombre del caño" [*La Tribuna Popular. Apud* "El disparo trágico". *El Territorio*, 9 de fevereiro de 2015].

57 Eliseo Ricardo Gómez. *Apud* Alfredo Alzugarat, em "Federico Ferrando: una tragedia del 900" [*EspacioLatino.com*].

58 José M. Delgado; Alberto J. Brignole. In: *Vida y obra de Horacio Quiroga*, p. 139.

59 *Los arrecifes de coral*.

60 Horacio Quiroga, em "Carta a Maitland, Carta de 14 de abril de 1903". In: *Quiroga Íntimo*, p. 149.

61 Washington Bermúdez [*La Tribuna Popular*, 20 de novembro de 1901]. *Apud* José M. Delgado; Alberto J. Brignole. In: *Vida y obra de Horacio Quiroga*, p. 135.

62 Washington Bermúdez [*La Tribuna Popular*, 20 de novembro de 1901]. *Apud* Jorge Lafforgue. In: Horacio Quiroga, *Todos los cuentos*, p. 1237.

63 "El haschich".

64 "En cierta ocasión de mi vida tomé una fuerte dosis de haschich que me puso a la muerte." (Horacio Quiroga, em "El haschich". In: *Todos los cuentos*, p. 865.

65 Horacio Quiroga, em "El haschich". In: *Todos los cuentos*, p. 865.

66 Horacio Quiroga, em "Carta a Alberto Brignole. Carta de octubre o noviembre de 1904". In: *Quiroga Íntimo*, p. 167.

67 Horacio Quiroga, em "El crimen del otro". In: *Todos los cuentos*, p. 872.

68 Horacio Quiroga, em "El crimen del otro". In: *Todos los cuentos*, p. 879.

69 Horacio Quiroga, em "Desde París I". In: *Obras inéditas y desconocidas. Época modernista. Tomo VIII*, p. 101.

70 Horacio Quiroga, em "Carta a Maitland, 16 de febrero de 1904". In: *Quiroga Íntimo*, p. 156.

71 Horacio Quiroga, em "Carta a Maitland, 16 de febrero de 1904". In: *Quiroga Íntimo*, p. 156.

72 Horacio Quiroga, em "Carta a Maitland. 19 de octubre de 1904". In: *Quiroga íntimo*, p. 159.

73 "Oda a la desnudez".

74 *Las montãnas del oro*.

75 Leopoldo Lugones, em "Oda a la desnudez". In: *Las montãnas del oro*, p. 27-29)

76 Horacio Quiroga, em "Leopoldo Lugones". [*Revista del Salto*, 20 de novembro de 1899]. In: *Obras Inéditas y Desconocidas. Época Modernista. Tomo VIII*, p. 64.

77 Horacio Quiroga, em "Carta a Maitland. Carta de 14 de abril de 1903". In: *Quiroga Íntimo*, p 149.

78 Horacio Quiroga, em "Carta a Maitland. Carta de 14 de abril de 1903". In: *Quiroga Íntimo*, p. 150.

79 Leopoldo Lugones. In: *El Imperio Jesuítico*, p. 263-4.

80 *El Imperio Jesuítico*.

81 Horacio Quiroga, em "Los perseguidos". In: *Todos los cuentos*, p. 896.

82 Horacio Quiroga, "Carta a José María Fernández Saldaña. Saladito, Carta de 26 de diciembre de 1904". In: *Quiroga Íntimo*, p. 174.

83 Leopoldo Lugones, em "Prólogo a *Los Perseguidos*", p. 2.

84 Horacio Quiroga, em "Los perseguidos". In: *Todos los cuentos*, p. 888.

85 Horacio Quiroga, em "Los perseguidos". In: *Todos los cuentos*, p. 889.

86 Horacio Quiroga, em "Los perseguidos". In: *Todos los cuentos*, p. 889.

87 Horacio Quiroga, em "Los perseguidos". In: *Todos los cuentos*, p. 891.

88 Horacio Quiroga, em "Los perseguidos". In: *Todos los cuentos*, p. 895.

89 Horacio Quiroga, em "Europa y America". In: *Todos los cuentos*, p. 916.

90 Horacio Quiroga, em "Carta a José María Fernández Saldaña. Carta de 25 de julio de 1905". In: *Quiroga Íntimo*, p. 196.

91 Horacio Quiroga. em "Carta a José María Fernández Saldaña. Carta de 18 de diciembre de 1905". In: *Quiroga Íntimo*, p. 203.

92 Horacio Quiroga, em "Carta a José María Fernández Saldaña. Carta de 23 de enero de 1906". In: *Quiroga Íntimo*, p. 204.

93 Horacio Quiroga, em "Carta a José María Fernández Saldaña. Carta de 26 de marzo de 1906". In: *Quiroga Íntimo*, p. 207.

94 Horacio Quiroga, em "Carta a José María Fernández Saldaña. Carta de 1 de mayo de 1906". In: *Quiroga Íntimo*, p. 209.

95 Horacio Quiroga, em "Carta a José María Fernández Saldaña. Carta de 8 de octubre de 1906". In: *Quiroga Íntimo*, p. 220.

96 Horacio Quiroga, em "Carta a José María Fernández Saldaña. Carta de 24 de diciembre de 1906". In: *Quiroga Íntimo*, p. 223.

97 Horacio Quiroga, em "Carta a José María Fernández Saldaña. Carta de 29 de enero de 1907". In: *Quiroga Íntimo*, p. 225-6.

98 Horacio Quiroga, em "Carta a José María Fernández Saldaña. Carta de 1 de mayo de 1907". In: *Quiroga Íntimo*, p. 230.

99 Horacio Quiroga, em "Carta a José María Fernández Saldaña. Carta de 16 de septiembre de 1907". In: *Quiroga Íntimo*, p. 241-2.

100 Horacio Quiroga, em "Carta a José María Fernández Saldaña. Carta de 1 de octubre de 1907". In: *Quiroga Íntimo*, p. 243.

101 Horacio Quiroga, em "Carta a José María Fernández Saldaña. Carta de 14 de octubre de 1907". In: *Quiroga Íntimo*, p. 244-5.

102 Horacio Quiroga, em "Carta a José María Fernández Saldaña. Carta de 4 de abril de 1909". In: *Quiroga Íntimo*, p. 258.

103 José M. Delgado; Alberto J. Brignole. In: *Vida y obra de Horacio Quiroga*, p. 181.

104 Horacio Quiroga, em "La crisis del cuento nacional". In: *Los trucs del perfecto cuentista y otros escritos*, p. 135.

105 Horacio Quiroga, em "Carta a Maitland. Carta de 19 de octubre de 1904". In: *Quiroga Íntimo*, p. 160.

106 Horacio Quiroga, em "Carta a Leopoldo Lugones. Carta de 7 de octubre de 1912". In: *Cartas de una hermandad*, p. 87.

107 Horacio Quiroga, em "La voluntad". In: *Todos los cuentos*, p. 238.

108 Horacio Quiroga, em "Carta a Maitland. Carta de 3 de diciembre de 1909". In: *Quiroga Íntimo*, p. 262-3.

109 Horacio Quiroga, em "Carta a Luis Pardo. Carta de 28 de julio de 1910". In: *Quiroga Íntimo*, p. 267-8.

110 Horacio Quiroga, em "Carta a Luis Pardo. Carta de 28 de noviembre de 1910". In: *Quiroga Íntimo*, p. 271-2.

111 Horacio Quiroga. "Carta a Luis Pardo. Carta de 2 de diciembre de 1910". In: *Quiroga Íntimo*, p. 274.

112 Horacio Quiroga, em "Carta a Luis Pardo. Carta de 6 de marzo de 1911". In: *Quiroga Íntimo*, p. 275.

113 Horacio Quiroga, em "Carta a Maitland. Carta de 20 de enero de 1912". In: *Quiroga Íntimo*, p. 282.

114 Horacio Quiroga, em "Carta a Maitland. Carta de 31 de diciembre de 1912". In: *Quiroga Íntimo*, p. 301.

115 Horacio Quiroga, em "Carta a Luis Pardo. Carta de 10 de enero de 1913". In: *Quiroga Íntimo*, p. 302-3.

116 Horacio Quiroga, em "Carta a Luis Pardo. Carta de 2 de octubre de 1913". In: *Quiroga Íntimo*, p. 312-3.

117 em "El misterio sobrevuela la tumba de la esposa de Horacio Quiroga" [*El Territorio*, 22 de fevereiro de 2009].

118 Horacio Quiroga, em "Carta a Luis Pardo. 20 de noviembre de 1915". In: *Quiroga Íntimo*, p. 319-20.

119 Uma nota erudita: Érika Martínez, a organizadora da mais atual edição da correspondência completa de Quiroga, aventa que o "largo artículo" seria "La industria azucarera de Misiones", cuja publicação ter-se-ia dado na revista *Fray Mocho*, número 189, de 10 de dezembro de 1915, conforme consta no Repertório Bibliográfico de Quiroga, estabelecido por Walter Rela (1972). Porém, não era comum que um texto pudesse ser remetido e publicado em tão pouco tempo. Por sua vez, a crítica francesa Annie Boule, em uma publicação de 1999, na qual retifica e sugere alterações a alguns pontos o *Repertorio bibliográfico anotado de Horacio Quiroga*, de Walter Rela (1972), diz que o citado artigo — publicado sem assinatura — foi publicado na verdade em 5 de novembro de 1915, ou seja, antes da remessa da carta de Quiroga. Assim, o "largo artículo" a que faz referência Quiroga deveria ser "Berenice", publicado na mesma *Fray Mocho*, em 31 de dezembro de 1915. Era frequente o escritor referir-se a seus contos como "artículos" e "Berenice" ocupa três páginas da revista.

120 Horacio Quiroga, em "Berenice". In: *Todos los cuentos*, p. 280.

121 Horacio Quiroga, em "Berenice". In: *Todos los cuentos*, p. 283.

122 Horacio Quiroga, em "Berenice". In: *Todos los cuentos*, p. 283.

123 Edgar A. Poe, em "Berenice". In: *Nouvelles histoires extraordinaires*, p. 87). A versão brasileira foi extraída de: POE, Edgar Allan. *Histórias extraordinárias*. (Trad. Breno Silveira e outros.). São Paulo: Abril Cultural, 1978, p. 55.

124 Horacio Quiroga, em "Berenice". In: *Todos los cuentos*, p. 284.

125 Horacio Quiroga, em "Berenice". In: *Todos los cuentos*, p. 284.

126 Horacio Quiroga, em "Carta a Luis Pardo. Carta de 7 de marzo de 1916". In: *Quiroga Íntimo*, p. 320.

127 Horacio Quiroga, em "Carta a Luis Pardo. Carta de 30 de marzo de 1917". In: *Quiroga Íntimo*, p. 324.

128 Horacio Quiroga, em "Carta a Luis Pardo. Carta de 30 de marzo de 1917". In: *Quiroga Íntimo*, p. 325.

129 Horacio Quiroga, em "Carta a Luis Pardo. Carta de 30 de marzo de 1917". In: *Quiroga Íntimo*, p. 326.

130 Horacio Quiroga. "Carta a Luis Pardo", Carta de 30 de marzo de 1917, *Quiroga Íntimo*, p. 327.

131 Horacio Quiroga, em "Carta a Luis Pardo. Carta de 30 de marzo de 1917". In: *Quiroga Íntimo*, p. 327.

132 Cf. José M. Delgado; Alberto J. Brignole. In: *Vida y obra de Horacio Quiroga*, p. 235.

133 Manuel Gálvez. In: *Recuerdos de la vida literaria (1900-1910). Amigos y maestro de mi juventud*, p. 276.

134 Guillermo Cabrera Infante, em "Uma história do conto" [*Folha de São Paulo*, 30 de dezembro de 2001].

135 Manuel Gálvez, em "Negocios con Horacio Quiroga". In: *Recuerdos de la vida literaria (1900-1910). Amigos y maestro de mi juventud*, p. 277.

136 Manuel Gálvez, em "Negocios con Horacio Quiroga". In: *Amigos y maestros de mi juventud. Recuerdos de la vida literaria [1900-1910]*, p. 277.

137 Horacio Quiroga, em "Carta a José María Delgado. Carta de 8 de junio de 1917. In: *Quiroga Íntimo*, p. 332.

138 José M. Delgado; Alberto J. Brignole. In: *Vida y obra de Horacio Quiroga*, p. 251-3.

139 No Brasil, embora tenha sido resenhado na *Revista do Brasil*, por Monteiro Lobato, no início dos anos vinte, foi apenas traduzido pela primeira vez em 1989, numa edição universitária, da EDUFSC, de circulação restrita, por Tania Piacentini. Em 2007, pude traduzi-lo para uma edição comercial pela Iluminuras e, no ano seguinte, a mesma edição foi aprovada para um programa nacional de bibliotecas, sendo distribuídos 21 mil exemplares em todo o Brasil.

140 José M. Delgado; Alberto J. Brignole. In: *Vida y obra de Horacio Quiroga*, p. 255.

141 Horacio Quiroga. In: *Pasado Amor*, p. 80.

142 Horacio Quiroga, em "Jorge Walsh". In: *Arte y lenguaje del cine*, p. 169.

143 Horacio Quiroga, em "Jorge Walsh". In: *Arte y lenguaje del cine*, p. 170-1.

144 Horacio Quiroga, em "Mae Marsh — William Hart". In: *Arte y lenguaje del cine*, p. 43-4.

145 José M. Delgado; Alberto J. Brignole. In: *Vida y obra de Horacio Quiroga*, p. 271.

146 Darío Quiroga. In: *Horacio Quiroga, en ambos lados de la pantalla*. Conferência na Universidad de la República, Montevidéu. 13 de janeiro de 1939.

147 Horacio Quiroga, em "Carta a José María Delgado. 23 de diciembre de 1921". In: *Quiroga Íntimo*, p. 354-5.

148 José M. Delgado; Alberto M. Brignole. In: *Vida y obra de Horacio Quiroga*, p. 275.

149 Nora Avaro, em "Vida de artista". In: *Emilia Bertolé. Obra pictórica y poética*, p. 36.

150 Beatriz de Nobile; Norah Lange. In: *Palabras con Norah Lange*, p. 15.

151 Beatriz de Nobile; Norah Lange. In: *Palabras con Norah Lange*, p. 16.

152 Horacio Quiroga, em "Carta a Norah Lange. Carta de 5 de marzo [1922?]". In: *Quiroga Íntimo*, p. 360.

153 Edwin Williamson. In: *Borges, una vida*, p. 127.

154 María Esther de Miguel. In: *Norah Lange: una biografía. Apud* Williamson, p. 176)

155 Beatriz de Nobile; Norah Lange. In: *Palabras con Norah Lange*, p. 14.

156 Norah Lange, em "Jorge Luis Borges pensado en algo que no alcanza a ser poema" [*Martín Fierro*, 28 de abril de 1927].

157 Norah Lange. *45 días y 30 marineros*. 2015:46.

158 María Elena Legaz. In: *Norah Lange, 45 días y 30 marineros*, p. 12

159 Beatriz de Nobile; Norah Lange. In: *Palabras con Norah Lange*, p. 18.

160 Beatriz de Nobile; Norah Lange. In: *Palabras con Norah Lange*, p. 21.

161 Beatriz de Nobile; Norah Lange. In: *Palabras con Norah Lange*, p. 21.

162 Horacio Quiroga, em "Carta a Monteiro Lobato. Carta de 1921". In: *Quiroga Íntimo*, p. 351.

163 Nicolás Olivari. *Apud* Jorge Schwartz; Lorenzo Alcalá. In: *Vanguardas Argentinas. Anos 20*, p. 250

164 *Martín Fierro*, fevereiro de 1924.

165 Horacio Quiroga, em "Carta a Monteiro Lobato. Carta 6 de octubre de 1921". Acervo CEDAE-Unicamp.

166 *Revista do Brasil*, setembro de 1921.

167 *Revista do Brasil*, maio de 1922.

168 *Revista do Brasil*, maio de 1922.

169 Horacio Quiroga, em "Carta a Monteiro Lobato. Carta de 12 de noviembre de 1921". Acervo CEDAE-Unicamp.

170 *Revista do Brasil*, janeiro 1922, p. 17.

171 *Revista do Brasil*, outubro de 1922, p. 145.

172 Cf. Maria Paulo Gurgel Ribeiro. In: *Monteiro Lobato e a Argentina: mediações culturais*, p. 83.

173 José M. Delgado; Alberto J. Brignole. In: *Vida y obra de Horacio Quiroga*, p. 257.

174 *O Jornal*. Rio de Janeiro, 24 de agosto de 1922, p. 3.

175 *O Jornal*. Rio de Janeiro, 24 de agosto de 1922, p. 3.

176 Horacio Quiroga, em "Carta a Lobato. Carta de 4 de septiembre de 1922". Acervo CEDAE-Unicamp.

177 Horacio Quiroga, em "Carta a Lobato. Carta de 6 de septiembre de 1922". Acervo CEDAE-Unicamp.

178 Horacio Quiroga, em "Carta a Emilia y Cora Bertolé. Sin fecha". In: *Quiroga Íntimo*, p. 363-4.

179 Horacio Quiroga, em "Carta a Emilia Bertolé. Carta 19 de septiembre de 1922". In: *Quiroga Íntimo*, p. 363.

180 *Correio Paulistano*, 27 de julho de 1922.

181 José M. Delgado; Alberto J. Brignole. In: *Vida y obra de Horacio Quiroga*, p. 258.

182 Em "Carta a Monteiro Lobato. Carta de 14 de junio de 1923". Acervo CEDAE/Unicamp.

183 Horacio Quiroga, em "Los desterrados". In: *Todos los cuentos*, p. 634.

184 Benoît Peeters. In: *Trois ans avec Derrida*, p. 52.

185 Horacio Quiroga, em "Carta a José María Delgado. Carta de 22 de julio de 1922". In: *Quiroga Íntimo*, p. 360-1.

186 Berta Singermann. In: *Mis dos vidas*, p. 235-6.

187 Alejandro Storni, em entrevista a Cecilia Santoro, 2003.

188 Cf. Alejandro Storni, em entrevista a Cecilia Santoro, 2003.

189 Helvio Boltana. In: *Memorias. Tras los dientes del perro*, p. 36-7.

190 Enrique Amorim. In: *El Quiroga que yo conocí*, p. 59.

191 Nidia Orbea Álvarez de Fontanini, em "Alejandro, Hijo de Alfonsina Storni…".

192 Nidia Orbea Álvarez de Fontanini, em "Alejandro, Hijo de Alfonsina Storni…".

193 Horacio Quiroga, em "Carta a José María Delgado. Carta de 21 de enero de 1919". In: *Quiroga Íntimo*, p. 339-340.

194 Horacio Quiroga, em "Carta a José María Delgado. 18 de febrero de 1919". In: *Quiroga Íntimo*, p. 344.

195 Cf. Emir Rodríguez Monegal. *El Desterrado: vida y obra de Horacio Quiroga*, p. 181.

196 César Tiempo. In: *Cartas inéditas y evocación de Horacio Quiroga*, p. 24.

197 Alfonsina Storni, em "Horacio Quiroga" [*Revista Babel*, 1926].

198 Alfonsina Storni, em "Horacio Quiroga" [*Revista Babel*, 1926].

199 Josefina Delgado. In: *Alfonsina Storni. Una biografía esencial*. p. 119.

200 Pablo Neruda.

201 Manuel Mujica Lainez, In: *Diario inédito. Apud* Josefina Delgado. In: *Alfonsina Storni. Una biografía esencial*, p. 152-3.

202 Berta Singerman. In: *Mis dos vidas*, p. 44.

203 Emilia Bertolé, em "Carta a Cora Bertolé. Carta de 4 de junio de 1916". *Apud* Nora Avaro, em "Vida de artista". In: *Emilia Bertolé. Obra Poética y Pictórica*, p. 39.

204 Emilia Bertolé, em "Carta a Miguel Ángel. Carta de noviembre de 1916". *Apud* Nora Avaro, em "Vida de artista". In: *Emilia Bertolé. Obra Poética y Pictórica*, p. 34.

205 Sandro Berra, em "Carta a Emilia Bertolé. Carta de 1921". *Apud* Nora Avaro, em "Vida de artista". In: *Emilia Bertolé. Obra Poética y Pictórica*, p. 47.

206 César Pico, em "Carta a Emilia Bertolé. Carta de 1927". *Apud* Nora Avaro, em "Vida de artista". In: *Emilia Bertolé. Obra Poética y Pictórica*, p. 47.

207 Horacio Quiroga, em "Carta a Emilia Bertolé [sem data; 1922-3?]. In: *Quiroga Íntimo*, p. 369.

208 Horacio Quiroga, em "Carta a Emilia Bertolé [sem data; 1922-3?]. In: *Quiroga Íntimo*, p. 369.

209 Horacio Quiroga, em "Carta a Emilia Bertolé [sem data; 1922-3?]. In: *Quiroga Íntimo*, p. 371.

210 Horacio Quiroga, em "Carta a Emilia Bertolé [sem data; 1922-3?]. In: *Quiroga Íntimo*, p. 371.

211 Horacio Quiroga, em "Carta a Emilia Bertolé [sem data; 1922-3?]. In: *Quiroga Íntimo*, p. 372.

212 Emilia Bertolé, em "Por qué no he querido casarme. Entrevista a Bruno Carbalho" *Apud* Nora Avaro, em "Vida de artista". In: *Emilia Bertolé. Obra Poética y Pictórica*, p. 43-4.

213 Emilia Bertolé, em entrevista a Blanca y Alfonsina Storni. [El Heraldo de Madrid, 18 de janeiro 1930].

214 Alfonsina Storni. *Apud* Pedro de Alcázar Civit, em "Reportaje: Alfonsina Storni, que ha debido vivir como un varón, reclama para sí una moral de varón". [El Hogar, Septiembre de 1931].

215 Alfonsina Storni, em "Tú que nunca serás". In: *Ocre*, p. 280.

216 Enrique Amorim. In: *El Quiroga que yo conocí*, p. 58-9.

217 Horacio Quiroga. In: *Pasado Amor*, p. 37.

218 Horacio Quiroga. In: *Pasado Amor*, p. 71, p. 88.

219 Horacio Quiroga. In: *Pasado Amor*, p. 56.

220 Horacio Quiroga. In: *Pasado Amor*, p. 84.

221 Horacio Quiroga. In: *Pasado Amor*, p. 100.

222 Horacio Quiroga. In: *Pasado Amor*, p. 104.

223 Horacio Quiroga. In: *Pasado Amor*, p. 106.

224 Horacio Quiroga. In: *Pasado Amor*, p. 107.

225 Horacio Quiroga. *Apud* César Tiempo, em *Cartas Inéditas y evocación de Horacio Quiroga*, p. 22.

226 Horacio Quiroga, em "Los desterrados". In: *Los desterrados*, p. 47.

227 "Una visita a Horacio Quiroga y varias opiniones"

228 Manuel Gálvez, em "Una visita a Quiroga y varias opiniones" [Babel - Revista de bibliografía, novembro de 1926].

229 Horacio Quiroga, em "Decálogo del perfecto cuentista". [El Hogar, 21 de dezembro de 1928].

230 Luísa Israel, "Una visita a Quiroga y varias opiniones" [Babel - Revista de bibliografía, novembro de 1926].

231 Roberto Arlt, em "Ventanas Iluminadas" [Crítica, 19 de setembro de 1928]. A versão brasileira é de Maria Paula Gurgel Ribeiro (In: Arlt, Roberto. Águas fortes portenhas seguidas de Águas fortes cariocas. São Paulo: Iluminuras, 2013, p. 103-5.

232 Luis García, em "Epitafio" [Martín Fierro, 15 de agosto de 1927].

233 Adolfo Bioy Casares. In: *Descanso de caminantes*, p. 89.

234 Adolfo Bioy Casares. In: *Descanso de caminantes*, p. 204.

235 Adolfo Bioy Casares. In: *Borges*, p. 355-6.

236 Horacio Quiroga, em "El almohadón de plumas" [Caras y Caretas, 13 de julho de 1907].

237 Horacio Quiroga. In: *Cuentos de amor de locura y de muerte. Todos los cuentos*, p. 97.

238 Ricardo Piglia, em "Teses sobre o conto". In: *Formas Breves*, p. 89-90.

239 Horacio Quiroga. "El almohadón de pluma". In: *Cuentos de amor de locura y de muerte. Todos los cuentos*, p. 98.

240 Horacio Quiroga. "El almohadón de pluma". In: *Cuentos de amor de locura y de muerte. Todos los cuentos*, p. 99.

241 Horacio Quiroga. "El almohadón de pluma". In: *Cuentos de amor de locura y de muerte. Todos los cuentos*, p. 100.

242 Horacio Quiroga. "El almohadón de pluma". In: *Cuentos de amor de locura y de muerte. Todos los cuentos*, p. 101.

243 Dedicatória manuscrita de Horacio Quiroga em exemplar de *Los desterrados*.

244 Horacio Quiroga, em "Carta a Isidoro Escalera. Carta de 17 de maio de 1927". In: *Quiroga Íntimo*, p. 381-2.

245 Maria Elena Bravo *apud* Perrone, em "Viaje al país de Horacio Quiroga" [1978]. In: Horacio Quiroga. *Historia de un amor turbio*, s/p.

246 "Carta de Carlos María Gurméndez, Cónsul General de Uruguay, al Ministro Rufino T. Domínguez. Carta de diciembre de 1927". In: José M. Delgado; Alberto J. Brignole. *Vida y obra de Horacio Quiroga*, p. 318-9.

247 Horacio Quiroga, em "El manual del perfecto cuentista" [El Hogar, 10 abril de 1925].

248 Horacio Quiroga, em "Carta a Isidoro Escalera. Carta de marzo de 1930". In: *Quiroga Íntimo*, p. 393.

249 Maria Elena Bravo *apud* Perrone, em "Viaje al país de Horacio Quiroga" [1978]. In: Horacio Quiroga. *Historia de un amor turbio*, sp.

250 Horacio Quiroga, em "Carta a Isidoro Escalera. Carta de 21 de julio de 1931". In: *Quiroga Íntimo*, p. 409.

251 Horacio Quiroga, em "Carta a Isidoro Escalera. Carta de 21 de julio de 1931". In: *Quiroga Íntimo*, p. 393.

252 Horacio Quiroga, em "Carta a Isidoro Escalera. Carta de 9 de noviembre de 1931". In: *Quiroga Íntimo*, p. 413.

253 Horacio Quiroga, em "Carta a Isidoro Escalera. Carta de 9 de noviembre de 1931". In: *Quiroga Íntimo*, p. 413.

254 Horacio Quiroga, em "El regreso a la selva" [La Nación, 4 de dezembro de 1932].

255 Horacio Quiroga, em "El regreso a la selva" [La Nación, 4 de dezembro de 1932].

256 Horacio Quiroga, em "El regreso a la selva" [La Nación, 4 de dezembro de 1932].

257 Maria Elena Bravo *apud* Perrone, em "Viaje al país de Horacio Quiroga" [1978]. In: Horacio Quiroga. *Historia de un amor turbio*, sp.

258 Horacio Quiroga, em "El regreso a la selva" [La Nación, 4 de dezembro de 1932].

259 Horacio Quiroga, em "El regreso a la selva" [La Nación, 4 de dezembro de 1932].

260 Horacio Quiroga, em "Carta a César Tiempo. Carta de 17 de julio de 1934". In: *Quiroga Íntimo*, p. 435-6.

261 Horacio Quiroga, em "Carta a María Elena Bravo. Carta de 14 de octubre de 1933". In: *Nuevos papeles íntimos. Cartas inéditas de Horacio Quiroga*, p. 71.

262 Horacio Quiroga, em "Carta a José María Fernández Saldaña. Carta de 3 de agosto de 1934". In: *Quiroga Íntimo*, p. 439.

263 José M. Delgado; Alberto J. Brignole. In: *Vida y obra de Horacio Quiroga*, p. 330; 331; 340; 342.

264 "aceitar y edulcorar sus amores"

265 José M. Delgado; Alberto J. Brignole. In: *Vida y obra de Horacio Quiroga*, p. 344.

266 José M. Delgado; Alberto J. Brignole. In: *Vida y obra de Horacio Quiroga*, p. 344.

267 Emir Rodríguez Monegal. In: *El juicio de los parricidas*, p. 34.

268 Horacio Quiroga, em "Carta a César Tiempo. Carta de 30 de enero de 1935". In: *Quiroga Íntimo*, p. 462.

269 Alberto Zum Felde. In: *Proceso Intelectual de Uruguay y crítica de su literatura — tomo II*, p. 41.

270 s.a. In: Carlos Vaz Ferreira. *Sobre feminismo*. Buenos Aires / Montevidéu: Sociedad Amigos del Libro Rioplatense, 1933.

271 Horacio Quiroga, em "Carta a César Tiempo. Carta de 30 de mayo de 1934". In: *Quiroga Íntimo*, p. 423-4.

272 Cf. Emir Rodríguez Monegal. In: *El desterrado: vida y obra de Horacio Quiroga*, p. 270.

273 Horacio Quiroga, em "Carta a César Tiempo. Carta de 30 de enero de 1935". In: *Quiroga Íntimo*, p. 461.

274 Noé Jitrik. In: *Una obra de experiencia y riesgo*, p. 44.

275 Emir Rodríguez Monegal. In: *El desterrado: vida y obra de Horacio Quiroga*, p. 271-2.

276 Judith Podlubne. In: *Escritores de Sur*, p. 81.

277 Eduardo Mallea, em "Más allá" [La Nación, 3 de março de 1935].

278 Horacio Quiroga, em "Carta a César Tiempo. Carta de 5 de marzo de 1935". In: *Quiroga* Íntimo, p. 471.

279 Eduardo Mallea, em "Más allá" [La Nación, 3 de março de 1935].

280 Horacio Quiroga, em "Carta a César Tiempo. Carta de 25 de marzo de 1935". In: *Quiroga Íntimo*, p. 477.

281 Horacio Quiroga, em "Carta a César Tiempo. Carta de 16 de junio de 1935. In: *Cartas Inéditas y evocación de Quiroga*, p. 44.

282 Horacio Quiroga, em "Carta a César Tiempo. Carta de 17 de julio de 1934". In: *Quiroga Íntimo*, p. 433-4.

283 César Tiempo, em "Evocación de Horacio Quiroga". In: *Cartas inéditas y evocación de Horacio Quiroga*, p. 16.

284 em "Carta de Martín Etchegoyen a Asdrúbal Delgado. Carta de 10 de diciembre de 1935". In: Acervo da Biblioteca Nacional do Uruguai.

285 Horacio Quiroga, em "Carta a Asdrúbal Delgado. Carta de 19 de junio de 1935". In: *Quiroga Íntimo*, p. 491.

286 Horacio Quiroga, em "Carta a Julio Payró. Carta de 18 de junio de 1935". In: *Quiroga Íntimo*, p. 492.

287 Horacio Quiroga, em "Carta a César Tiempo. Carta de 27 de septiembre de 1935". In: *Quiroga Íntimo*, p. 503.

288 Horacio Quiroga, em "Carta a Asdrúbal Delgado. 10 de mayo de 1936". In: *Quiroga Íntimo*, p. 551.

289 Horacio Quiroga, em "Carta a Ezequiel Martínez Estrada. Carta de 25 de junho de 1936". In: *Quiroga Íntimo*, p. 566.

290 Horacio Quiroga, em "Carta a Asdrúbal Delgado. 10 de mayo de 1936". In: *Quiroga Íntimo*, p. 551.

291 Horacio Quiroga, em "Carta a César Tiempo. Carta de 16 de julio de 1934". In: *Quiroga Íntimo*, p. 431.

292 Horacio Quiroga, em "Carta a César Tiempo. Carta de 17 de julio de 1934". In: *Quiroga Íntimo*, p. 434.

293 Horacio Quiroga, em "Frangipane" [La Prensa, 29 de setembro de 1935].

294 Horacio Quiroga, em "Carta a José María Fernández Saldaña. Carta de 10 de agosto de 1935". In: *Quiroga Íntimo*, p. 496.

295 Horacio Quiroga, em "Su olor a dinosaurio" [El Hogar, 14 de junho de 1935].

296 Horacio Quiroga, em "Carta a Ezequiel Martínez Estrada. 19 de junio de 1936". In: *Quiroga íntimo*, p. 561-2.

297 Horacio Quiroga, em "Carta a Ezequiel Martínez Estrada. Carta de 26 de agosto de 1936". In: *Quiroga Íntimo*, p. 606.

298 Horacio Quiroga, em "Carta a Ezequiel Martínez Estrada. Carta de 30 de junio de 1936". In: *Quiroga Íntimo*, p. 573.

299 Horacio Quiroga, em "Carta a Ezequiel Martínez Estrada. Carta de 22 de julio de 1936". In: *Quiroga Íntimo*, p. 581-2.

300 Horacio Quiroga, em "Carta a José María Fernández Saldaña. Carta de 9 de septiembre de 1936". In: *Quiroga Íntimo*, p. 619.

301 Horacio Quiroga, em "Carta a Asdrúbal Delgado. Carta de 4 de octubre de 1936". In: *Quiroga Íntimo*, p. 626.

302 Horacio Quiroga, em "Carta a Adrúbal Delgado. Carta de 26 de octubre de 1936". In: *Quiroga Íntimo*, p. 629.

303 Horacio Quiroga, em "Carta a Adrúbal Delgado. Carta de 21 de noviembre de 1936". In: *Quiroga Íntimo*, p. 631.

304 Horacio Quiroga, em "Carta a Asdrúbal Delgado. Carta de 21 de noviembre de 1936". In: *Quiroga Íntimo*, p. 632.

305 Horacio Quiroga, em "Carta a Jorge Lenoble. Carta de 29 de noviembre de 1936. In: *Quiroga Íntimo*, p. 632.

306 Burucúa *apud* Federico Pérgola, em "Historia del Hospital de Clínicas: Dos edificios, una institución" [Encrucijadas, abril de 2005].

307 Horacio Quiroga, em "Carta a Asdrúbal e José María Delgado. Carta de 4 de octubre de 1936". In: *Quiroga Íntimo*, p. 626.

308 Ezequiel Martínez Estrada, em "Despedida de Horacio Quiroga". In: *Mensajes*, p. 33.

309 Horacio Quiroga, em "Carta a Asdrúbal Delgado. Carta de 12 de enero de 1937". In: *Quiroga Íntimo*, p. 633.

310 Horacio Quiroga, em "Carta a Isidoro Escalera. Carta de 25 de enero de 1937". In: *Quiroga Íntimo*, p. 635.

311 María Elena Bravo *apud* Alberto Perrone. In: *Viaje al país de Horacio Quiroga*, s/p.

312 Horacio Quiroga, em "Carta a Ezequiel Martínez Estrada. Carta de 9 de febrero de 1937". In: *Quiroga Íntimo*, p. 635-6.

313 Horacio Quiroga, em "Carta a Ezequiel Martínez Estrada. Carta de 19 de agosto de 1930". In: *Quiroga Íntimo*, p. 600.

314 Horacio Quiroga, em "Carta a Elías Castelnuovo. Carta de 4 de noviembre de 1927 In: *Nuevos papeles íntimos. Cartas inéditas de Horacio Quiroga*, p. 58.

315 Crítica, 19 de fevereiro de 1937.

316 em "Ha muerto Horacio Quiroga, el más grande narrador de Sud América." [Crítica, 19 de fevereiro de 1937].

317 em "Ha muerto Horacio Quiroga, el más grande narrador de Sud América." [Crítica, 19 de fevereiro de 1937].

318 Elías Castelnuovo, em "La tragedia de Horacio Quiroga". [Revista Claridad, março de 1937].

319 Notícias Gráficas, 19 de fevereiro de 1937.

320 em "Horacio Quiroga, nuestro Rudyard Kipling, ha muerto" [Noticias Gráficas, 19 de fevereiro de 1937].

321 El Mundo, 20 de fevereiro de 1937.

322 "Horacio Quiroga" [El Mundo, 20 de fevereiro de 1937].

323 César Tiempo. In: *Cartas Inéditas y evocación de Horacio Quiroga*, p. 25.

324 em "Con la desaparición de Leopoldo Lugones pierde América uno de sus grandes poetas" [El Mundo, 20 de fevereiro de 1938].

325 Eglé Quiroga, em "Carta a Samuel Glusberg. Carta de marzo de 1937". In: *Diario y correspondencia*, p. 498.

326 Elías Castelnuovo, em "Carta a Arturo Sergio Visca. Carta de 20 de marzo de 1977". In: Acervo Biblioteca Nacional do Uruguai. Docs 301-308.

327 Elías Castelnuovo, em "Carta a Arturo Sergio Visca. Carta de 20 de marzo de 1977". In: Acervo Biblioteca Nacional do Uruguai. Docs 301-308.

328 em "Montevideo rindió sentido homenaje a Horacio Quiroga" [La Nación, 28 de fevereiro de 1937].

329 Tribuna Salteña, 1 de março de 1937.

330 Tribuna Salteña, 23 de fevereiro de 1937.

331 Giucc, Guillermo. "Las cenizas de Horacio Quiroga" In Revista Olhar, ano 11, número 20, jan-jul 2009, p. 19.

332 Emma Barrandéguy. In: Habitaciones, p. 110.

333 Emma Barrandéguy. In: Habitaciones, p. 76-7.

334 Emma Barrandéguy. In: Habitaciones, p. 110-1.

335 em "La vocación intelectual" [Mundo Argentino, 24 de junho de 1936].

336 Horacio Quiroga, em "Carta a Ezequiel Martínez Estrada. Carta de 12 de septiembre de 1936". In: Quiroga Íntimo, p. 620.

337 "Cuento para cesantes"

338 "Mi viaje a Suiza"

339 "La Mujer Blanca" (Mundo Argentino, 18 de novembro de 1936, p. 12-3).

340 Darío Quiroga Cires, em "La Mujer Blanca" [Mundo Argentino, 18 de novembro de 1936].

341 Darío Quiroga Cires, em "La Mujer Blanca" [Mundo Argentino, 18 de novembro de 1936].

342 "Toda atleta debe casarse, o… pina una gran campeona".

343 Sofía Castelli, em "La mujer — dicen los fisiólogos — deben usar menos ropa que el hombre" [Mundo Argentino, 30 de setembro de 1936].

344 "Triunfa el romance… con un cútis lindo"

345 Dirección de Tierras

346 "Cuarenta grados de fiebre"

347 Prisioneros de la tierra.

348 Ulyses Petit de Murat. In: Silvio Huberman. Hasta el alba con Ulyses Petit de Murat, p. 97.

349 Ángel Magaña, em entrevista. In: Calistro et alli. Reportaje al cine argentino. Los pioneros del sonoro, p. 103-4.

350 Ángel Magaña, em entrevista. In: Calistro et alli. Reportaje al cine argentino. Los pioneros del sonoro, p. 104.

351 Mundo Argentino, 16 de agosto de 1939.

352 El Hogar, 4 de agosto de 1939.

353 Celu-Loide, em "Prisioneros de la tierra" [El Hogar, 25 agosto de 1939].

354 Jorge Luis Borges, em "Prisioneros de la Tierra" [Sur, setembro de 1939].

355 King, em "Mundo Cinematográfico". [Mundo Argentino, 13 de setembro de 1939].

356 em La Sélection 1939, p. 14-15. Apud Olivier Loubes. In: Cannes 1939, le festival qui n'a pas eu lieu, p. 248-9.

357 Tony Ricou, em entrevista a L'Éclair de Nice de 21 de agosto de 1939. Apud Olivier Loubes. In: Cannes 1939, le festival qui n'a pas eu lieu, p. 166-7.

358 Darío Quiroga Cires, em "Aspectos poco conocidos de la vida de Horacio Quiroga", 13 de janeiro de 1949, mimeo, p. 1-2.

359 Darío Quiroga Cires. "Aspectos poco conocidos de la vida de Horacio Quiroga", 13 de janeiro de 1949, mimeo, p. 1. Acervo pessoal.

360 Darío Quiroga Cires. "Aspectos poco conocidos de la vida de Horacio Quiroga", 13 de janeiro de 1949, mimeo, p. 10. Acervo pessoal.

361 Darío Quiroga Cires. "Aspectos poco conocidos de la vida de Horacio Quiroga", 13 de janeiro de 1949, mimeo, p. 12. Acervo pessoal.

362 Adolfo Bioy Casares, 24 de dezembro de 1987. In: Descanso de caminantes, p. 456-7.

363 Emma Barrandéguy. In: Habitaciones, p. 103.

364 Emma Barrandéguy. In: Habitaciones, p. 103.

365 Ulyses Petit de Murat. In: Silvio Huberman. Hasta el alba con Ulyses Petit de Murat, p. 78.

366 Luis Pardo, em "Carta a Samuel Glusberg. Carta de 19 de abril de 1947". In: Horacio Tarcus, Cartas de una hermandad, p. 314.

367 Existe a tradução de Eric Nepomuceno (Ed. Record, 2001, relançada pela Abril em 2010), a minha (Iluminuras, 2013), a de John O´Kuinghttons (Hedra, 2013) e a de Janaína Oliveira (Martin Claret, 2015).

Referências Bibliográficas[1]

De Horacio Quiroga

QUIROGA, Horacio (1908). *Historia de un amor turbio.* Buenos Aires: Documenta, 1978.

_____ (1927). *Pasado Amor.* Madri: Losada, 1981

_____ (1973). *Cuentos.* Época Modernista. Tomo VIII. Montevidéu: Arca.

_____ (1996) *Todos los cuentos.* São Paulo: ALLCA XX / Edusp.

_____ (1997) *Arte y lenguaje del cine.* Buenos Aires: Losada.

_____ (2007). *Diario y Correspondencia* (Ed. Jorge Lafforgue & Pablo Rocca). Buenos Aires: Losada.

_____(2010). *Quiroga íntimo. Correspondencia. Diario de viaje a París.* (Ed. Erika Martínez). Madri: Páginas de Espuma.

_____(2022). *Nuevos papeles íntimos. Cartas inéditas.* Montevidéu: +Quiroga.

Traduções de Quiroga citadas no trabalho

QUIROGA, Horacio. "Uma estação de amor" (Trad. Lila Escobar). In: *Revista do Brasil.* São Paulo, setembro de 1922, núm 73, pp. 17-29.

_____. "A insolação". (Trad. Lila Escobar). In: *Ilustração Brasileira*, Rio de Janeiro, 24 de fevereiro de 1922. Ano X. num. 18, s/p. Disponível em: http://memoria.bn.br/DocReader/107468/5293?pesq=horacio%20quiroga Consultado em: 6 de abril de 2019.

_____. "A mancha hyptalmica" (tradutor desconhecido). In: *Jornal das moças.* Ano XII, num, 564. 8 de abril de 1926, pp. 1-2. Disponível em:

http://memoria.bn.br/DocReader/111031_02/12353?pesq=horacio%20quiroga

Consultado em: 6 de abril de 2019.

_____. "As meias das cegonhas" (tradutor desconhecido). In: *Correio da Manhã.* Rio de Janeiro, 12 de setembro de 1926, p. 15. Disponível em:

http://memoria.bn.br/DocReader/089842_03/27333?pesq=horacio%20quiroga Consultado em: 6 de abril de 2019.

Sobre Horacio Quiroga

ALVES-BEZERRA, Wilson. (2008). *Reverberações da Fronteira em Horacio Quiroga.* São Paulo : Humanitas/FAPESP.

AMORIM, Enrique Amorim (1983). *El Quiroga que yo conocí.* Montevidéu: Arca / Calicanto..

ATORRESI, Ana (1997). *Un amor a la deriva. Horacio Quiroga y Alfonsina Storni.* Buenos Aires: Solaris.

CABAÇA, Ricardo (2017). *Storni-Quiroga.* Lisboa: Licorne.

---

[1] Esta não é uma bibliografia exaustiva. Recolhe-se aqui o principal que compôs este livro. A principal referência aos contos de Horcio Quiroga é o livro *Todos los cuentos*, de 1996, da Coleção Archivos. Mesmo assim, por questões de precisão, muitas vezes cito ao longo do texto a primeira edição em revista ou jornal.

CABRERA INFANTE, Guillermo. "Uma história do conto" (2). *Folha de São Paulo,* 30 de dezembro de 2001.

CARDETTINI, Onelia (1987) "Dos muertes inéditas y un mito: los veranos fatales". Disponível em: http://www.elortiba.org/old/pdf/Cardettini_Quiroga.pdf, consultado em 29 de maio de 2019.

CASTELNUOVO, Elias (1937). "La tragedia de Horacio Quiroga" In *Claridad.* Buenos Aires, núm 311, março de 1937.

CORBELLINI, Helena (2007). *La vida brava. Los amores de Horacio Quiroga.* Montevidéu: Sudamericana.

DELGADO, José M.; BRIGNOLE, Alberto J (1939). *Vida y obra de Horacio Quiroga.* Montevidéu: Claudio García y Cia.

"EL DISPARO trágico". *El Territorio.* Posadas: 9 de fevereiro de 2015. Disponível em: https://www.elterritorio.com.ar/el-disparo-tragico-9602381690389657-et., consultado em 22 de fevereiro de 2023.

"EL MISTERIO sobrevuela la tumba de la esposa de Horacio Quiroga". *El Territorio.* Posadas: 22 de fevereiro de 2009. Disponível em: https://www.elterritorio.com.ar/el-misterio-sobrevuela-la-tumba-de-la-esposa-de-horacio-quiroga-1679909820129222-et, consultado em 26 fevereiro de 2019

ESTRADA, Ezequiel Martínez. "Horacio Quiroga". Revista Sur, fevereiro de 1937.

FELDE, Alberto Zum Felde (1941). *Proceso Intelectual de Uruguay y crítica de su literatura.* Montevidéu: Editorial Claridad.

GÁLVEZ, Manuel (1926). "Una visita a Quiroga y varias opiniones" In: *Babel. Revista de bibliografía.* Buenos Aires, novembro de 1926, segunda época, número 21.

_____. (1944). "Negocios con Horacio Quiroga" In: *Amigos y maestros de mi juventud. Recuerdos de la vida literaria (1900-1910).* Buenos Aires: Guillermo Kraft, pp. 273-345

GARTH, Todd (2016). *Pariah in the desert. The heroic and the monstruous in Horacio Quiroga.* Lanham: Bucknell University Press.

GIUCCI, Guillermo (2009). "Las cenizas de Horacio Quiroga" In: *Revista Olhar,* ano 11, número 20. São Carlos: CECH, janeiro a junho de 2009, pp.12-20.

"HA MUERTO Horacio Quiroga, el más grande narrador de Sud América." Crítica, 19 de fevereiro de 1937.

"HORACIO Quiroga" [El Mundo, 20 de fevereiro de 1937]

Nota editorial, em "Horacio Quiroga" [*Revista Sur,* fevereiro de 1937]

ISRAEL, Luísa (1926). "Una visita a Quiroga y varias opiniones" In: *Babel. Revista de bibliografía.* Buenos Aires, novembro de 1926, segunda época, número 21.

JITRIK, Noé (2018). Horacio Quiroga: *Una obra de experiencia y riesgo.* Sáenz Peña: EdUntref.

LOBATO, Monteiro (1921) "Cuentos de la selva" In: *Revista do Brasil,* setembro de 1921.

LOBATO, Monteiro (1922) "Eduardo Barrios — EL HERMANO ASNO" In: *Revista do Brasil,* outubro de 1922.

LUGONES, Lugones, (1920) "Prólogo" In: QUIROGA, Horacio. *Los Perseguidos".* Buenos Aires: Cuadernos Quincenales de Letras y Ciencias. Ediciones Selectas de América.

MALLEA, Eduardo (?). "Más allá". In: *La Nación,* 3 de março de 1935, p. 4

MARTÍNEZ ESTRADA, Ezequiel (1957). *El hermano Quiroga.* Montevidéu: I.N.I.A.L, 1957.

MONTALDO, Graciela (2004). "Quiroga: o fracasso do dândi, o fracasso do aventureiro". In: *A propriedade da cultura: ensaios sobre literatura e indústria cultural na América Latina.* Chapecó: Argos, 2004, p. 207-224.

ONETTI, Juan Carlos (1986). "Hijo y padre de la selva" In: *Cuentos, artículos y miscelânea.* Barcelona: Galaxia Gutenberg, 2009: 784-8.

ORGAMBIDE, Pedro (1954). *Horacio Quiroga: El Hombre y su Obra*. Buenos Aires: Stilcograf.

_____ (1994). *Horacio Quiroga. Una biografía*. Buenos Aires: Planeta.

PÉREZ MARTÍN, Norma (1997). *Testimonios autobiográficos de Horacio Quiroga: Cartas y Diario de Viaje*. Buenos Aires: Corregidor.

PERRONE, Alberto (1978). "Viaje al país de Horacio Quiroga" In QUIROGA, Horacio. *Historia de un amor turbio*. Buenos Aires: Documenta.

RELA, Walter (1972). Horacio Quiroga: Repertorio Bibliográfico anotado, 1897-1971. Buenos Aires: Casa Pardo.

RIBEIRO, Maria Paulo Gurgel (2008) In: *Monteiro Lobato e a Argentina: mediações culturais*. Tese de Doutoramento. São Paulo: FFLCH-USP.

ROCCA, Pablo (1996). *Horacio Quiroga: El escritor y el mito*. Montevidéu: Ediciones de la Banda Oriental.

_____ (2007). *Horacio Quiroga: El escritor y el mito. Revisiones*. Montevidéu: Ediciones de la Banda Oriental.

RODRÍGUEZ MONEGAL, Emir (1968). *El desterrado: Vida y obra de Horacio Quiroga*. Buenos Aires: Losada.

TOSCANO, Ana María da Costa (2002). *El discurso autobiográfico en la escritura de Horacio Quiroga*. Valladolid: Universitas Castellae.

Obras diversas

ARLT, Roberto. Águas fortes portenhas seguidas de Águas fortes cariocas (Trad. Maria Paula Gurgel Ribeiro). São Paulo: Iluminuras, 2013.

ALZUGARAT, Alfredo. "Federico Ferrando: una tragedia del 900" In EspacioLatino.com. Montevidéu, sd. Disponível em http://letras-uruguay.espaciolatino.com/alzugarat/ferrando.htm, acesso em 29 de janeiro de 2019.

BARRANDÉGUY, Emma. *Habitaciones*. Buenos Aires: La Parte Maldita, 2020.

BERTOLÉ, Emilia. *Obra pictórica y poética*. Rosario: Editorial Municipal de Rosario, 2006.

BOTANA, Helvio I. (1977). *Tras los dientes del perro*. Buenos Aires: Pena Lillo Editor.

CALISTRO, Mariano et alli. (1978). *Reportaje al cine argentino. Los pioneros del sonoro*. Buenos Aires: Anesa.

CASTELLI, Sofía. "La mujer — dicen los fisiólogos — deben usar menos ropa que el hombre". Mundo Argentino, 30 de setembro de 1936.

BIOY CASARES, Adolfo. *Descanso de caminantes. Diarios íntimos*. (Ed. Daniel Martino) Buenos Aires: Sudamericana, 2001.

_____. *Borges*. (Ed. Daniel Martino). Barcelona: Blacklist, 2011.

CIRES, Darío Quiroga, em "La Mujer Blanca" In: *Mundo Argentino*, 18 de novembro de 1936.

CIVIT, Pedro de Alcázar. "Alfonsina Storni, que ha debido vivir como un varón, reclama para sí una moral de varón". El Hogar, Septiembre de 1931.

DE NOBILE, Beatriz (1968). *Palabras com Norah Lange*. Buenos Aires: Carlos Perez Editor.

DELGADO, Josefina (2010). *Alfonsina Storni. Una biografía essencial*. Buenos Aires: Sudamericana.

_____ (2014) *Memorias imperfectas*. Buenos Aires: Sudamericana, ebook.

_____ (2018). *Salvadora. La dueña del diário Crítica*. Buenos Aires: Sudamericana.

FERREIRA, Carlos Vaz Ferreira. *Sobre feminismo*. Buenos Aires / Montevidéu: Sociedad Amigos del Libro Rioplatense, 1933

FONTANINI, Nidia Orbea Álvarez de, em "Alejandro, Hijo de Alfonsina Storni". Disponível em: https://sepaargentina.com/2020/05/04/16-06-2002-alejandro-hijo-de-alfonsina-storni/, consultado em 25 de agosto de 2020.

GALLERO, María Cecilia & KRAUTSTOFL, Elena M. "Proceso de poblamiento y migraciones en la Provincia de Misiones, Argentina (1881-1970)" In: Revista Ava, 16, 2010. Disponível em: http://www.scielo.org.ar/img/revistas/ava/n16/html/n16a13.htm, consultada em 20 de fevereiro de 2019.

GUSMÁN, Luis. "Ropa difunta" In: La casa del Dios Oculto. Buenos Aires: Edhasa, 2012.

HUBERMAN, Silvio (1979). Hasta el alba con Ulyses Petit de Murat. Buenos Aires: Corregidor.

LANGE, Nora. 45 días y 30 marineros. Buenos Aires: Interzona, 2015.

_____. "Jorge Luis Borges pensado en algo que no alcanza a ser poema", Martín Fierro, año 4, número 40, 28 de abril de 1927.

LOUBES, Olivier. (2016) Cannes 1939. Le festival que n'a pas eu lieu. Paris : Armand Colin.

LUGONES, Leopoldo. "Oda a la desnudez". In: Las montānas del oro [1897]. Montevideo: La Editorial Rioplatense, 1919.

MAGAÑA, Ángel. Entrevista. In: Calistro et alli. Reportaje al cine argentino. Los pioneros del sonoro,

MAUPASSANT, Guy de. "Un lâche" In: Contes du jour et de la nuit. Paris: Gallimard, 1985, pp. 115-126.

MUCCI, Cristina (2009). Leopoldo Lugones. Los escritores y el poder. Buenos Aires: Ediciones B.

NALÉ ROXLO, Conrado (1964). Genio y figura de Alfonsina Storni. Buenos Aires: Editorial Universitaria de Buenos Aires.

OLARREAGA, Manuel (1962). El periodismo en el departamento de Salto. Aportes para una Historia del Periodismo. Salto.

PÉRGOLA, Federico (abril 2005). Historia del Hospital de Clínicas : Dos edificios, una institución. In: Encrucijadas, no. 31. Universidad de Buenos Aires. Disponível em: http://repositoriouba.sisbi.uba.ar/gsdl/collect/encruci/index/assoc/HWA_582.dir/582.PDF. Consultado em 21 de maio de 2019.

PEETERS, Benoît (2010). In: Trois ans avec Derrida. Les carnets d'un biographe. Paris: Flammarion.

PODLUBNE, Judith (2011). Escritores de Sur. Los inicios literarios de José Bianco y Silvina Ocampo. Rosario: Beatriz Viterbo

POE, Edgar Allan. Histórias extraordinárias. (Trad. Breno Silveira e outros.). São Paulo: Abril Cultural, 1978.

REMEDI, José Martinho Rodrigues (2009). "Intelectuais e honorabilidade: o papel dos duelos como forma de pertencimento ao campo social" In: Métis: história e cultura. Vol. 8. Núm. 15, pp. 167-184, jan. / jul. 2009.

ROCCA, Pablo (org.) (2001). Polémicas literarias del 900. Montevidéu: Banda Oriental.

RONCAGLIOLO, Santiago (2012). El amante uruguayo. Una historia real. Lima: Santillana.

SINGERMAN, Berta (1981). Mis dos vidas. Buenos Aires: Ediciones Tres Tiempos.

STEINER, George (1959). Tolstoi ou Dostoiévski. (Trad. Isa Kopelman). São Paulo: Perspectiva, 2017.

STORNI, Alejandro. Entrevista a Cecilia Santoro (mimeo), 2003

_____. Obras. Poesia. Tomo I. (Org. Delfina Muschietti). Buenos Aires: Losada, 1999.

_____. Obras. Ensayo. Periodismo. Teatro. Tomo II. (Org. Delfina Muschietti). Buenos Aires: Losada, 2002.

SCHWARTZ, Jorge; ALCALÁ, May Lorenzo. In: Vanguardas Argentinas. Anos 20. São Paulo: Iluminuras, 1992.

TARCUS, Horacio (org.) (2009). Cartas de una hermandad. Leopoldo Lugones, Horacio Quiroga, Ezequiel Martínez Estrada, Luis Franco, Samuel Glusberg. Buenos Aires: Emecé.

Sobre o autor

Wilson Alves-Bezerra, São Paulo, 1977, é crítico literário, poeta, romancista, crítico e professor na Universidade Federal de São Carlos. Traduziu livros de Horacio Quiroga: *Contos da Selva, Cartas de um caçador, Contos de amor de loucura e de morte e Os desterrados,* Luis Gusmán, *Os outros, Hotel Éden* e *Pele e Osso,* finalista do Prêmio Jabuti 2011, na categoria melhor tradução literária espanhol-português, Alfonsina Storni, *Sou uma selva de raízes vivas,* antologia, 2020 e Sergio Bizzio *Era o céu,* 2022, todos pela Iluminuras. Tem também um livro sobre Horacio Quiroga, *Reverberações da Fronteira em Horacio Quiroga,* Humanitas/FAPESP, 2008, recentemente lançado no Uruguai, *Reverberaciones de la frontera en Horacio Quiroga,* tradução de Emilia Sphan, +Quiroga, 2021. Sobre o mesmo autor, publicou ainda no Uruguai uma coletânea de cartas inéditas, *Nuevos Papeles Íntimos. Cartas inéditas,* +Quiroga, 2022. É ainda autor dos livros de poemas *Vertigens,* Iluminuras, 2015, prêmio Jabuti na categoria Poesia, escolha do leitor, *O Pau do Brasil,* Urutau, 2016-2019 e *Malangue Malanga,* Iluminuras, 2021, entre outros. Publicou ainda os romances *Vapor Barato,* Iluminuras, 2018 e *A Máquina de Moer os Dias,* Iluminuras, 2023. É professor de Letras na Universidade Federal de São Carlos e atualmente ocupa a direção da EdUFSCar.

Agradecimentos do autor

Parte do presente trabalho foi realizada ao longo de um estágio de pós-doutoramento na Universidade Estadual de Campinas, entre 2017 e 2019, com a supervisão e a interlocução valiosa de Cláudia Thereza Guimarães de Lemos. Foram consultados acervos em diversos países, a cujas instituições expresso meu agradecimento: Biblioteca Nacional Mariano Moreno — Buenos Aires; Biblioteca Nacional do Uruguai; Hemeroteca da Biblioteca Nacional da Espanha; Hemeroteca da Biblioteca Nacional do Brasil; Hemeroteca Digital da UNESP; Instituto Ibero-Americano, de Berlim; Centro de Documentação Alexandre Eulálio, da Universidade Estadual de Campinas. Cabe agradecer ainda a Vera Lucia Coscia, pela conservação e reparo das cartas inéditas de Horacio Quiroga e de sua biblioteca pessoal, um trabalho minucioso e de valor inestimável. *Gracias* a todos os editores que acolheram este manuscrito: Adam Rummens, Alejandro Ferrari, Paulo Slachevsky e Samuel Leon. Finalmente, agradeço a quem se ocupou em corrigir, traduzir e preparar, com atenção e diligência, estes originais em português, espanhol e inglês: Andrezza Jaquier, Eder Cardoso, Felipe Menezes, João Pereira de Sá Neto, Juana Adcock, Patrícia Oliveira Leme e Tauan Tinti.

A *Iluminuras* dedica suas publicações à memória de sua sócia Beatriz Costa [1957-2020] e a seu pai Alcides Jorge Costa [1925-2016].